900 / 20 r

Lehr- und Handbücher
zu
Sprachen und Kulturen

Herausgegeben
von
José Vera Morales
und
Martin M. Weigert

Bisher erschienene Werke:

Baumgart · Jänecke, Rußlandknigge
Jöckel, Wirtschaftsspanisch – Einführung
Lavric · Pichler, Wirtschaftsfranzösisch fehlerfrei –
le français économique sans fautes
Liu · Siebenhandl, Einführung in die
chinesische Wirtschaftssprache
Padilla Gálvez · Figueroa de Wachter,
Wirtschaftsspanisch – Textproduktion
Rathmayr · Dobrušina, Texte schreiben und präsentieren
auf Russisch
Schäfer · Galster · Rupp, Wirtschaftsenglisch, 11. Auflage
Schnitzer · Martí, Wirtschaftsspanisch –
Terminologisches Handbuch, 2. Auflage
Zürl, English Training: Confidence in Dealing
with Conferences, Discussions, and Speeches

Einführung in die chinesische Wirtschaftssprache

Von

a.o. Univ.-Prof. Dr. Songbai Liu

und

Dr. Heinz Siebenhandl

R. Oldenbourg Verlag München Wien

Die Deutsche Bibliothek - CIP-Einheitsaufnahme

Liu, Songbai:
Einführung in die chinesische Wirtschaftssprache / von Songbai Liu
und Hans Siebenhandl. – München ; Wien : Oldenbourg, 1998
  (Lehr- und Handbücher zu Sprachen und Kulturen)
  ISBN 3-486-24196-6

© 1998 R. Oldenbourg Verlag
Rosenheimer Straße 145, D-81671 München
Telefon: (089) 45051-0, Internet: http://www.oldenbourg.de

Gedruckt auf säure- und chlorfreiem Papier
Gesamtherstellung: R. Oldenbourg Graphische Betriebe GmbH, München

ISBN 3-486-24196-6

Vorwort

Das vorliegende Lehrwerk bietet eine in drei Teilen gegliederte systematische Einführung in die Fachsprache Wirtschaftschinesisch. Es eignet sich sowohl für Wirtschaftstreibende, die in China tätig sind als auch für Sinologiestudenten, die sich einen Grundwortschatz aus dem Bereich Wirtschaft bzw. Außenhandel aneignen wollen. Grundkenntnisse der chinesischen Sprache werden vorausgesetzt.

Der erste Teil dieses Buches vermittelt dem ausländischen Kaufmann den Grundwortschatz, den er für die Bewältigung von Alltagssituationen im chinesischen Geschäftsleben benötigt. Die einzelnen Lektionen bestehen aus einem Textteil, der in das jeweilige Thema einführt sowie aus mehreren Dialogen und einem Übungsteil. Der zweite Teil, der ähnlich aufgebaut ist, behandelt Fragen, die im Zusammenhang mit der Abwicklung von Außenhandelsgeschäften stehen. Er beinhaltet aber auch eine kurze Einführung in das Verfassen von Geschäftsbriefen.

Der dritte Teil der Arbeit, welcher sich auf authentisches Material stützt, wurde von Dr. Hans Siebenhandl verfaßt. Während im ersten und zweiten Teil dieses Lehrbuches vor allem die mündliche Sprechfertigkeit vermittelt wird, steht hier das Leseverständnis im Vordergrund. Ausgewählte Artikel aus der Zeitung "Renmin Ribao, Haiwaiban" zum Thema "Reform- und Öffnungspolitik" in China bilden jeweils das Kernstück der insgesamt 15 Lektionen. Für diejenigen Studenten, die diesen Teil im Selbststudium erarbeiten möchten, gibt es im Anhang einen Lösungsschlüssel.

Nach dem Studium dieses Lehrwerkes ist man in der Lage, einfache Fachgespräche aus dem Bereich Wirtschaft zu führen sowie chinesische Wirtschaftszeitungen global zu verstehen. Die drei Teile des Buches können auch unabhängig voneinander durchgearbeitet werden.

Die Autoren

INHALTSVERZEICHNIS

第一部分：日常经济汉语

Teil 1: Chinesisch im alltäglichen Wirtschaftsleben

第一课 欢迎
Lektion 1   Begrüßung

课文 Text

Liú Míng zài Zhōngguó Běijīng *Wàndá* gōngsī gōngzuò. Tā qù
刘 明 在 中国 北京 万达 公司 工作。 他去

jīchǎng jiē Déguó Hànbǎo *Kǎ'ěr* gōngsī de dàibiǎo hé Déguó Fǎlánkèfú
机场 接 德国 汉堡 卡尔 公司 的 代表 和 德国 法兰克福

A&C gōngsī de màoyì dàibiǎotuán. Zài jīchǎng tā xiàng láibīn zuòle
A&C 公司 的 贸易 代表团。 在 机场,他 向 来宾 做了

zìwǒ jièshào, bìng dàibiǎo gōngsī xiàng láibīn biǎoshì huānyíng.
自我 介绍, 并 代表 公司 向 来宾 表示 欢迎。

[生词 Vokabeln]

1.	欢迎	huānyíng	Begrüßung; begrüßen
2.	刘明	Liú Míng	(*Personenname*)
3.	万达	Wàndá	(*Firmenname*)
4.	公司	gōngsī	Firma; Unternehmen
5.	工作	gōngzuò	Arbeit
6.	机场	jīchǎng	Flughafen
7.	接	jiē	abholen
8.	德国	Déguó	Deutschland (*Ortsname*)
9.	汉堡	Hànbǎo	Hamburg (*Ortsname*)
10.	卡尔	Kǎ'ěr	*Karl* (*Personenname*)
11.	代表	dàibiǎo	Vertreter; im Namen
12.	法兰克福	Fǎlánkèfú	Frankfurt (*Ortsname*)
13.	贸易	màoyì	Handel

14.	代表团	dàibiǎotuán	Delegation
	贸易代表团		Handelsdelegation
15.	来宾	láibīn	Gast; Besucher
16.	自我介绍	zìwǒ jièshào	sich selbst vorstellen
17.	表示	biǎoshì	zeigen; ausdrücken

[补充词 Zusätzliche Wörter]

1.	上海	Shànghǎi	Shanghai (*Ortsname*)
2.	深圳	Shēnzhèn	Shenzhen (*Ortsname*)
3.	广州	Guǎngzhōu	Guangzhou (*Ortsname*)
4.	天津	Tiānjīn	Tianjin (*Ortsname*)
5.	慕尼黑	Mùníhēi	München (*Ortsname*)
6.	布莱梅	Bùláiméi	Bremen (*Ortsname*)
7.	斯图加特	Sītújiātè	Stuttgart (*Ortsname*)
8.	杜塞尔多夫	Dùsài'ěrduōfū	Düsseldorf (*Ortsname*)

[练习 Übungen]

一、根据课文，回答下列问题
Beantworten Sie die folgenden Fragen zum Text.

Liú Míng zài nǎr gōngzuò?
1. 刘 明 在 哪儿 工作？

Tā qù jīchǎng jiē shuí?
2. 他 去 机场 接 谁？

二、替换和扩展 Variationsübungen

Tā zài Zhōngguó <u>Běijīng</u> *Wàndá* gōngsī gōngzuò.
1. 他 在 中国 <u>北京</u> 万达 公司 工作。

- 上海
- 广州

- 深圳
- 天津

Tā qù jiē Déguó <u>Hànbǎo</u> *Kǎ'ěr* gōngsī de dàibiǎo.
2. 他 去 接 德国　<u>汉堡</u>　卡尔　公司　的　代表.

- 慕尼黑
- 斯图加特

- 不莱梅
- 杜塞尔多夫

会话 Dialoge

Auf dem Flughafen

1

Qǐngwèn, nín shì *Huòfūmàn* xiānsheng ma?
刘明：　请问，　您 是 霍夫曼　先生　吗？

Shìde. Wǒ shì Déguó Hànbǎo *Kǎ'ěr* gōngsī de
霍夫曼：　是的. 我 是 德国　汉堡 卡尔 公司 的

Huòfūmàn.
霍夫曼。

Nínhǎo! Wǒ shì Liú Míng, shì Běijīng *Wàndá*
刘明：　您好！ 我 是 刘 明，　是 北京　万达

màoyì gōngsī pàilái jiē nín de.
贸易　公司 派来 接 您 的.

Nínhǎo, Liú xiānsheng! Rènshì nín hěn gāoxìng.
霍夫曼：　您好，　刘　先生！ 认识 您 很 高兴.

Rènshì nín wǒ yě hěn gāoxìng. Wǒ dàibiǎo gōngsī
刘明：　认识 您我 也 很　高兴. 我 代表　公司

xiàng nín biǎoshì huānyíng!
向　您　表示　　欢迎！

Xièxie. Qǐng duō guānzhào.
霍夫曼：　谢谢。　请　多　关照[1]。

Búbì kèqi.
刘明：　不必 客气。

2

刘明：
Duìbùqǐ, qǐngwèn nǐmén shì cóng Fǎlánkèfú lái de
对不起，　请问　你们 是 从　法兰克福 来 的

màoyì dàibiǎotuán ma?
贸易　代表团　吗？

Herr A:
Shìde.
是的。

刘明：
Qǐngwèn, nǎ wèi shì *Mài'ěr* xiānsheng?
请问，　哪 位 是 迈尔　先生？

迈尔：
Wǒ jiù shì.
我　就 是。

刘明：
Nínhǎo! Wǒ shì Zhōngguó Běijīng *Wàndá* gōngsī
您好！我 是 中国　北京　万达　公司

de *Liú Míng*, lái jiē nǐmén de. Wǒ gěi nǐmén
的 刘　明，来 接 你们 的。我 给 你们

jièshào yíxià.
介绍　一下。(*Liu Ming zeigt auf den Herrn neben*

Zhè shì wǒmén gōngsī de fùzǒngjīnglǐ Bái
sich) 这 是 我们　公司 的 副总 经理 白

Lín xiānsheng.　　　　　　Zhè shì
林　先生。　(*Er zeigt auf Herrn Mayer*) 这 是

dàibiǎotuán tuánzhǎng *Mài'ěr* xiānsheng.
代表团　　团长　　迈尔　先生。

白林:
Nínhǎo! *Mài'ěr* xiānsheng. Hěn gāoxìng rènshì
您好！迈尔　先生。　很　高兴　认识

nín.
您。

迈尔:
Nínhǎo! Bái xiānsheng. Wǒ yě hěn gāoxing rènshì
您好！白　先生。　我　也　很　高兴　认识

nín. Wǒ gěi nín jièshào yíxià wǒmén dàibiǎotuán
您。我　给　您　介绍　一下　我们　　代表团

de qítā chéngyuán. Zhè shì *Mǐlè* xiānsheng,
的其他　成员。　　这　是　米勒　先生，

gōngsī xiāoshòubù jīnglǐ. Zhè shì *Shīnàidé* xiān-
公司　销售部　经理。这　是　施奈德　先

sheng. Zhè shì *Bǎo'ěr* xiānsheng.
生。　这　是　鲍尔　先生。

白林:
Hěn gāoxìng rènshì gèwèi. Huānyíng nǐmén dào
很　高兴　认识　各位。　欢迎　你们　到

Zhōngguó lái.
中国　　来。

迈尔:
Xièxie!
谢谢！

白林:
Nǐmén yílùshàng xīnkǔ le. Xiān qù fàndiàn xiūxi
你们　一路上　辛苦　了²。　先　去　饭店　休息

xiūxi, wǎnshàng wǒmén gōngsī shèyàn huānyíng
休息，　晚上　我们　公司　设宴　欢迎

gèwèi.
各位。

刘明：
Wǒ sòng nǐmén qù fàndiàn. Chē jiù zài wàibiān.
我 送 你们 去 饭店。 车 就在 外边。

Qǐng gēn wǒ lái!
请 跟 我 来！

3

Als Herr Hofmann Herrn Liu Ming sieht, der ein Schild "HOF-MANN" hochhält, geht er auf ihn zu.

霍夫曼：
Duìbùqǐ, qǐngwèn nín shì Běijīng *Wàndá* gōngsī de
对不起， 请问 您 是 北京 万达 公司 的

Liú xiānsheng ma?
刘 先生 吗？

刘明：
Shìde. Nànín yídìng shì Déguó *Kǎ'ěr* gōngsī de
是的。 那 您 一定 是 德国 卡尔 公司 的

Huòfūmàn xiānsheng la?
霍夫曼 先生 啦？

霍夫曼：
Shìde.
是的。

刘明：
Huānyíng nín, *Huòfūmàn* xiānsheng.
欢迎 您， 霍夫曼 先生。

霍夫曼：
Xièxie. Rènshì nín hěn gāoxìng.
谢谢。 认识 您 很 高兴。

刘明：
Xièxie. Nín de zhùchù ānpái zài *Tiāntán* Fàndiàn.
谢谢。 您 的 住处 安排 在 天坛 饭店。

Wǒ xiān sòng nín qù fàndiàn xiūxi, xiàwǔ jiē nín
我 先 送 您 去 饭店 休息， 下午 接 您

qù gōngsī.
去 公司。

Máfàn nín le.

霍夫曼:　麻烦　您了。

Búkèqi. Chē zài wàibiān, qǐng gēng wǒ lái.

刘明:　不客气。车　在　外边，　请　跟　我　来。

4

Herr Liu holt Herrn Hofmann, den er von früher kennt, vom
Flughafen ab.

Nínhǎo, *Huòfūmàn* xiānsheng! Hěn gāoxìng yòu

刘明:　您好，　霍夫曼　　先生！　很　高兴　又

jiàndào nín.

　见到　您。

Nínhǎo,　Liú xiānsheng! Hǎojiu bú jiàn le,　nín

霍夫曼:　您好，　刘　先生！　好久　不　见　了，　您

shēnti hǎo ma?

　身体　好　吗？

Hěnhǎo, xièxie.　Nín ne?

刘明:　很　好，　谢谢。　您　呢？

Wǒ yě hěnhǎo,　xièxie.

霍夫曼:　我　也　很好，　谢谢。

Yílùshàng hái shùnlì ba?

刘明:　一路上　还　顺利　吧？

Hěn shùnlì.

霍夫曼:　很　顺利。

Zhè cì lái Běijīng, nín yǒu shénme ānpái?

刘明:　这　次　来　北京，　您　有　什么　安排？

Wǒ xiǎng hé guì gōngsī tántan wǒmén xiàyíbù

霍夫曼:　我　想　和　贵　公司　谈谈　我们　下一步

hézuò de wèntí. Xīwàng néng jìnkuài jiàndào
合作 的 问题。 希望 能 尽快 见到

nǐmén zǒngjīnglǐ.
你们 总经理。

	Wǒ jìnkuài wèi nín ānpái.
刘明:	我 尽快 为 您 安排。

	Xièxie. Wǒ děng nín de huíhuà.
霍夫曼:	谢谢。 我 等 您 的 回话。

	Wǒ xiànzài sòng nín qù fàndiàn, hǎo ma?
刘明:	我 现在 送 您 去 饭店, 好 吗？

	Hǎo, wǒmén zǒu ba!
霍夫曼:	好, 我们 走 吧！

[注释 Erläuterungen]

[1]谢谢，请多关照。 Dieser Satz bedeutet "Dank für Ihre Bemüh-
nungen".

[2]你们一路上辛苦了。 Dieser Satz bedeutet nach einer freien
Übersetzung: "Die Reise ist sicher sehr anstrengend gewesen". Aber
das ist oft nur eine Höflichkeitsfloskel und man braucht darauf keine
Antwort zu geben.

[生词 Vokabeln]

1.	霍夫曼	Huòfūmàn	*Hofmann (Personenname)*
2.	派	pài	schicken; entsenden
3.	认识	rènshi	kennenlernen
4.	高兴	gāoxìng	sich freuen; froh

5.	关照	guānzhào	für jn/etw. sorgen
6.	客气	kèqi	höflich; freundlich
	不(必)客气		keine Ursache
7.	迈尔	Mài'ěr	*Mayer (Personenname)*
8.	介绍	jièshào	vorstellen; jn bekannt machen
9.	副总经理	fùzǒngjīnglǐ	stellvertretender Direktor
10.	白林	Bái Lín	*(Personenname)*
11.	团长	tuánzhǎng	Delegationsleiter
12.	其他	qítā	andere(-r, -s)
13.	成员	chéngyuán	Mitglied
14.	米勒	Mǐlè	*Müller(Personenname)*
15.	销售	xiāoshòu	vertreiben; verkaufen
16.	部(门)	bù (mén)	Abteilung
	销售部	xiāoshòubù	Verkaufsabteilung
17.	经理	jīnglǐ	Direktor; Manager
18.	施奈德	Shīnàidé	*Schneider(Personenname)*
19.	鲍尔	Bāo'ěr	*Bauer (Personenname)*
20.	各位	gèwèi	jeder; alle
21.	设宴	shèyàn	ein Bankett geben
22.	一定	yídìng	sicher; bestimmt; zweifellos
23.	辛苦	xīnkǔ	mühsam; anstrengend
24.	饭店	fàndiàn	Hotel
25.	休息	xiūxi	Pause machen
26.	住处	zhùchù	Unterkunft; Wohnsitz
27.	安排	ānpái	organisieren, arrangieren
28.	天坛	Tiāntán	*Tempel des Himmels*
29.	麻烦	máfàn	umständlich; belästigen; stören

30.	顺利	shùnlì	glatt; reibungslos
31.	下一步	xiàyíbù	nächster Schritt
32.	合作	hézuò	Zusammenarbeit
33.	问题	wèntí	Frage; Problem
34.	希望	xīwàng	hoffen
35.	尽快	jìnkuài	so früh wie möglich
36.	见到	jiàndào	treffen; sehen
37.	总经理	zǒngjīnglǐ	Generaldirektor
38.	等	děng	warten
39.	回话	huíhuà	Antwort

[补充词 Zusätzliche Wörter]

1.	外国	wàiguó	Ausland
	外国的	wàiguóde	ausländisch
2.	知道	zhīdào	wissen
3.	应该	yīnggāi	sollen; müssen
4.	怎样	zěnyàng	wie
5.	问	wèn	fragen
6.	告诉	gàosù	sagen; mitteilen; erzählen
7.	日程	rìchéng	Tagesplan; Programm; Plan
8.	见面	jiànmiàn	treffen
9.	访问	fǎngwèn	besuchen; Besuch
10.	计划	jìhuà	Plan; Programm
11.	以前	yǐqián	früher; vorher
12.	扮演	bànyǎn	eine Rolle spielen
13.	不同	bùtóng	ungleich; verschieden
14.	练习	liànxí	Übung; üben

15. 人物	rénwù	Person; Persönlichkeit; Rolle
16. 思考	sīkǎo	denken; nachdenken
17. 讨论	tǎolùn	diskutieren; Diskussion
18. 职员	zhíyuán	Angestellte; Mitarbeiter

[练习 Übungen]

一、根据课文，回答下列问题
Beantworten Sie die folgenden Fragen zu den Dialogen.

1. 你在机场接一位外国公司的代表。你知道他的名字，但不认识他,你应该怎样问？

2. 你应该怎样做自我介绍？

3. 你在机场接一个中国贸易代表团。你要找代表团团长，你应该怎样问？

4. 你怎样向来宾介绍你们公司的副总经理？

5. 你怎样向中国公司的代表介绍你们代表团的其他成员？

6. 对来宾表示欢迎时，你说什么？

7. 如何告诉来宾，他住的饭店和公司的日程安排？

8. 你在机场接一位老朋友，见面时说什么？

9. 怎样问来宾的访问计划？

二、根据课文，在正确的句子后画 × Lesen Sie noch einmal die Dialoge und kreuzen Sie die richtigen Sätze an.

1. 公司派刘明去机场接德国客人。（ ）

2. 迈尔先生是法兰克福贸易代表团团长。（ ）

3. 法兰克福 A&C 公司的销售部经理是米勒先生。（ ）

4. 白林以前认识法兰克福贸易代表团的成员。（ ）

5. 刘明从机场送德国客人去饭店吃饭. (　)

6. 刘明从机场送德国客人去饭店休息. (　)

三、会话练习 Dialogübungen

分A，B组扮演本课会话1至4中的不同人物，练习怎样在机场接人。

四、思考与讨论 Fragen zur Diskussion

1. 刘明是北京万达公司的经理，还是职员？

2. 刘明问您，"您是霍夫曼先生吗？"，您不是，您应该怎样回答？

第二课　食宿
Lektion 2 Unterkunft und Verpflegung

课文 Text

Běijīng *Wàndá* gōngsī zài Běijīng Fàndiàn wèi Déguó kèrén
北京　万达　公司 在 北京　饭店　为　德国　客人

yùdìng le fángjiān. Liú Míng sòng Déguó kèrén dào *Běijīng Fàndiàn*,
预订 了 房间。　刘　明　送　德国　客人 到　北京　饭店，

wèi tāmén ānpái hǎo zhùchù. Déguó kèrén zài Běijīng dòuliú qījiān
为　他们 安排 好　住处。　德国　客人 在 北京　逗留　期间

zhù zài zhèlǐ.　Tāmén zài fàndiàn de cāntīng yòngcān. Tāmén yě hěn
住 在 这里。　他们 在　饭店　的　餐厅 用餐。　他们 也　很

xǐhuān qù jiē shàng de fànguǎn chī zhōngcān.
喜欢 去 街　上　的　饭馆 吃　中餐。

[生词 Vokabeln]

1.	预订	yùdìng	reservieren; vorbestellen
2.	逗留	dòuliú	bleiben; sich aufhalten
3.	期间	qījiān	während
4.	餐厅	cāntīng	Speisehalle; Restaurant
5.	用餐	yòngcān	essen
6.	喜欢	xǐhuān	mögen
7.	饭馆	fànguǎn	Restaurant; Lokal; Gaststätte
8.	中餐	zhōngcān	chinesische Küche

[补充词 **Zusätzliche Wörter**]

1.	单人房间	dānrén fángjiān	Einzelzimmer
2.	双人房间	shuāngrén fángjiān	Doppelzimmer
3.	套间	tàojiān	Appartement
4.	空调	kōngtiáo	Klimaanlage
5.	快餐店	kuàicāndiàn	Schnellimbißstube; Fast food-Restaurant
6.	淋浴	línyù	Dusche
7.	盆浴	pényù	Bad
8.	宾馆	bīnguǎn	Hotel

[练习 **Übungen**]

一、根据课文，回答下列问题
Beantworten Sie die folgenden Fragen zum Text.

1. 北京万达公司在哪为德国客人预定了房间？
2. 刘明到北京饭店做什么？
3. 德国客人在哪用餐？
4. 德国客人也很喜欢去哪儿中餐？

二、 替换和扩展 Variationsübungen

1. 他为德国客人预定了房间。

- 两个单人房间
- 一个双人房间
- 一个套间
- 一个带空调的房间
- 一个带淋浴的房间
- 一个带盆浴的房间

2. 他们在<u>餐厅</u> <u>用餐</u>.

- 饭店　吃午饭　　　• 宾馆　吃晚饭
- 饭馆　吃饭　　　　• 快餐店　吃快餐

会话 **Dialoge**

1

在饭店服务台

刘 明:　Nínhǎo!　Wǒ zài nín zhèr wèi Déguó dàibi ǎotuán
　　　　您好!　我 在 您 这儿 为 德国 代表团

　　　　yùdìng le sì gè dānrén fángjiān.
　　　　预订 了四个 单人 房间。

服务员:　Nín guìxìng
　　　　您 贵姓?

刘 明:　Wǒ xìng Liú, Běijīng *Wàndá* gōngsī de Liú Míng.
　　　　我 姓 刘, 北京 万达 公司 的 刘 明。

服务员:　Qǐng tāmén tián yíxià zhùsù dēngjìbiǎo hé chūshì
　　　　请 他们 填 一下 住宿 登记表 和 出示

　　　　yíxià tāmén de hùzhào.
　　　　一下 他们 的 护照。

刘 明:　Zhè shì tāmén de hùzhào hé dēngjìbiǎo.
　　　　这 是 他们 的 护照 和 登记表。

服务员:　　　　　　　　　　　　Qǐng nín shōuhǎo. Tāmén
　　　　(*Er gibt die Pässe zurück*) 请 您 收好。 他们

　　　　de fángjiān zài bācéng 801, 802, 803, 804. Zhìshì
　　　　的 房间 在 八层 801, 802, 803, 804。 这是

fángjiān de yàoshi. Tāmén de xínglì fúwùyuán
房间 的 钥匙。 他们 的 行李 服务员

yíhuìr huìsòng dào tāmén de fángjiān qù.
一会儿会 送 到 他们 的 房间 去。

Xiè xie!
刘 明: 谢谢！

2

去房间

Wǒmén xiànzài qù fángjiān hǎoma?
刘 明: 我们 现在 去 房间 好吗？

hǎode.
德国客人: 好的。

Diàntī zài nàbiān. Bācéng dàole. Nǐmén sìwèi de
刘 明: 电梯 在 那边。 八层 到了。 你们 四位 的

fángjiān zài zhèr, 801 zhì 804 fángjiān.
房间 在 这儿， 801 至 804 房间。

Xièxie!
德国客人: 谢谢！

Cāntīng、 yóujú hé yínháng dōu zài yīcéng. Nǐmén
刘 明: 餐厅、 邮局和 银行 都 在 一层。 你们

rúguǒ hái yǒu shénme yāoqiú, kěyǐ gēn fúwùtái
如果 还 有 什么 要求, 可以 跟 服务台

liánxì. Nàr de fúwùyuán dōu huì jiǎng yīngyǔ.
联系。那儿的 服务员 都 会 讲 英语。

Rúguǒ méiyǒu qítā shì, wǒ xiǎng xiànzài gàocí le.
如果 没有 其它 事, 我 想 现在 告辞了。

德国客人：

Wǒmén wǎnshàng jǐdiǎn jiànmiàn?
我们　　晚上　　几点　见面？

刘 明：

Liùdiǎn wǒ lái jiē nǐmén. Zàijiàn!
六点　我　来　接　你们。再见！

德国客人：

Zàijiàn!
再见！

3

在餐厅

(1)

餐厅服务员：

Nínhǎo! Nín jǐwèi?
您好！您　几位[1]？

迈尔：

Sìwèi.
四位。

餐厅服务员：

Nín qǐng zhèr zuò. Zhì shì càidān. Nǐmén xiǎng hē
您　请　这儿　坐。这　是　菜单。你们　想　喝

diǎnr shénme? Báijiǔ、píjiǔ háishì qítā yǐnliào?
点儿　什么？　白酒、啤酒　还是　其它　饮料？

迈尔：

Yǒu shénme píjiǔ?
有　什么　啤酒？

服务员：

Wǒmén yǒu Běijīng Píjiǔ、Yānjīng Píjiǔ、Qīngdǎo
我们　有　北京　啤酒、　燕京　啤酒、　青岛

Píjiǔ hé Bǎiwēi Píjiǔ.
啤酒和　百威　啤酒。

迈尔：

Wǒ yào yì bēi Qīngdǎo Píjiǔ.
我　要　一杯　青岛　啤酒。

米勒:
Wǒ yě yào yì bēi Qīngdǎo Píjiǔ.
我 也要 一 杯 青岛 啤酒。

施奈德:
Wǒ yào yì bēi báipútáojiǔ hé yì bēi kuàngquánshuǐ.
我 要 一 杯 白葡萄酒 和一 杯 矿泉水。

鲍尔:
Wǒ yào yì bēi kěkǒukělè.
我 要 一 杯 可口可乐。

餐厅服务员:
Nǐmén xiǎng chīdiǎnr shénme? Zhōngcān háishì
你们 想 吃点儿 什么? 中餐 还是

xīcān?
西餐?

迈尔:
Wǒmén xiǎng chī zhōngcān. Nín néng wèi wǒmén
我们 想 吃 中餐。 您 能 为 我们

tuījiàn jǐgè cài ma?
推荐 几个菜 吗?

餐厅服务员:
Nǐmén sìgè rén kěyi dìng yí gè tàocān. Bāokuò sì gè
你们 四个人 可以 定 一个 套餐。 包括 四个

lěngpán, yí gè suānlàtāng, yí gè hóngshāoyú, yí gè
冷盘, 一个 酸辣汤, 一个 红烧鱼, 一个

yóumèng dàxiā, yí gè táng cù páigǔ, yí gè mápó
油焖 大虾, 一个 糖醋 排骨, 一个 麻婆

dòufù hé yí gè guǒpán. Zěnmeyàng?
豆腐 和一个 果盘。 怎么样?

德国客人:
Kěyǐ.
可以。

餐厅服务员:
Zhù nǐmén hǎo wèikǒu.
祝 你们 好 胃口。

德国客人:
Xièxie.
谢谢。

(2)

迈尔：
Xiǎojie, jiézhàng.
小姐，   结帐[2]。

餐厅服务员：
Yí gè tàocān 280 Yuán, liǎng gè píjiǔ, yì bēi
一个 套餐 280 元，   两 个 啤酒，一杯

báipútáojiǔ, yì bēi kěkǒukělè, yì bēi kuàngquánshuǐ,
白葡萄酒，一杯 可口可乐，一杯   矿泉水，

yígòng shì 308 Yuán.
一共   是 308 元。

迈尔：
Zhè shì 330 Yuán. Búyòng zhǎo le.   Duōde qián
这 是 330 元。   不用 找 了。多的   钱

shì gěi nín de xiǎofèi. Wǒmén chīde hěnhǎo. Nín
是 给 您 的 小费。我们 吃得 很好。 您

tuījiàn de cài dōu hěn hǎochī, xièxie nín.
推荐 的 菜 都 很 好吃，谢谢 您。

餐厅服务员：
Nǐmén néng chīhǎo, wǒ hěn gāoxìng. Dànshì
你们 能   吃好，我 很 高兴。 但是

wǒmén bùshōu xiǎofèi, zhèshì zhǎo nín de 22 Yuán.
我们   不收 小费，这是 找   您 的 22 元。

Xièxie nín.
谢谢 您。

[注释 Erläuterungen]

[1] "您几位？ " ist umgangssprachlich und bedeutet: "Für wie viele Personen?".

[2]   "结帐" bedeutet: "Ich möchte die Rechnung bezahlen". In Südchina und manchen Städten in Nordchina sagt man gern "mǎidān"

(买单) statt "jiézhàng" (结帐). Das bedeutet, daß der/die Kellner(in) nur dem Gastgeber die Rechnung geben soll. Die anderen Gäste sollen nicht wissen, wie hoch die Rechnung ist. Das gilt vor allem dann, wenn einige Freunde zusammen essen gehen und einer davon die anderen einladen möchte.

[生词 **Vokabeln**]

1.	服务台	fúwùtái	Rezeption
2.	填	tián	ausfüllen
3.	住宿	zhùsù	Unterkunft
4.	登记表	tēngjìbiǎo	Formular
5.	护照	hùzhào	Paß
6.	钥匙	yàoshi	Schlüssel
7.	行李	xínglì	Gepäck
8.	服务员	fúwùyuán	Kellner; Bedienungspersonal
9.	电梯	diàntī	Fahrstuhl; Lift
10.	邮局	yóujú	Postamt
11.	银行	yínháng	Bank
12.	如果	rúguǒ	wenn; falls
13.	要求	yāoqiú	Wunsch; Forderung
14.	直接	zhíjiē	direkt
15.	告辞	gàocí	Abschied nehmen
16.	菜单	càidān	Speisekarte
17.	白酒	báijiǔ	Schnaps; Branntwein
18.	啤酒	píjiǔ	Bier
19.	饮料	yǐnliào	Getränk
20.	燕京啤酒	Yànjīng Píjiǔ	Yanjing Bier (*eine Bier-Marke*)

21.	青岛	Qīngdǎo	Tsingdao (*Stadtname*)
22.	百威啤酒	Bǎiwēi Píjiǔ	Budweiser (*eine Bier-Marke*)
23.	白葡萄酒	báipútáojiǔ	Weißwein
24.	矿泉水	kuàngquánshuǐ	Mineralwasser
25.	可口可乐	Kěkǒukělè	Coca Cola
26.	西餐	xīcān	europäische Küche
27.	推荐	tuījiàn	empfehlen
28.	套餐	tàocān	ein komplettes Essen
29.	冷盘	lěngpán	kalte Vorspeise
30.	酸辣汤	suānlàtāng	Scharf-Saure Suppe
31.	红烧鱼	hóngshāoyú	in Sojasoße gekochter Fisch
32.	油焖大虾	yóumèngdàxiā	gebratene Garnele
33.	糖醋排骨	tángcùpáigǔ	Rippenstücke in süß-saurer Sauce
34.	麻婆豆腐	mápódòufù	Mapo Tofu (eine Sichuan Spezialität)
35.	果盘	guǒpán	Obst-Nachtisch
36.	胃口	wèikǒu	Appetit
37.	结帐	jiézhàng	eine Rechnung bezahlen
38.	小费	xiǎofèi	Trinkgeld
39.	找	zhǎo	herausgeben

[补充词 Zusätzliche Wörter]

1.	需要	xūyào	brauchen; bedürfen
2.	表	biǎo	Formular
3.	告别	gàobié	Abschied
4.	定	dìng	bestellen
5.	帮助	bāngzhù	helfen

6.	茅台酒	máotáijiǔ	*Maotai* Schnaps
7.	红葡萄酒	hóngpútáojiǔ	Rotwein
8.	扎啤	zhāpí	Faßbier
9.	橙汁	chéngzhī	Orangensaft
10.	芬达	fēndá	*Fanta*
11.	雪碧	xuěbì	*Sprite*
12.	苹果水	píngguǒshuǐ	Apfelsaft
13.	椰汁	yēzhī	Kokosmilch
14.	某	mǒu	gewiß; bestimmt

[练习 Übungen]

一、根据课文，回答下列问题
Beantworten Sie die folgenden Fragen zu den Dialogen.

1. 你在饭店预订了房间。在饭店服务台你可以怎样问？
2. 客人在服务台需要填什么表？
3. 德国客人的房间在几层？几号房间？
4. 餐厅、邮局和银行在几层？
5. 刘明和德国客人晚上几点见面？
6. 刘明想和德国客人告别时，他是怎么说的？
7. 餐厅服务员问您"您想喝点儿什么？"，你怎么回答？
8. 德国客人在餐厅吃饭时定了什么饮料？
9. 德国客人在餐厅吃中餐还是西餐？
10. 你不知道定什么菜好，你想让服务员帮助你，你说什么？
11. 吃完饭你想结帐，你怎么说？

二、替换和扩展 Variationsübungen

1. – 您喝什么？
    – 我要一杯<u>啤酒</u>。

    • 白葡萄酒   • 红葡萄酒
    • 茅台   • 扎啤
    • 橙汁   • 芬达
    • 可口可乐   • 雪碧
    • 苹果水   • 椰汁

2. – 您吃什么？
    – 我要一个<u>红烧鱼</u>。

    • 油焖大虾   • 糖醋排骨
    • 麻婆豆腐   • 酸辣汤

三、会话练习 Dialogübungen

分A，B组扮演本课中的不同人物，参照会话1至3，练习在饭店如何 住宿和吃饭。

四、思考与讨论 Fragen zur Diskussion

1. 如果你想为你的朋友预订房间，你说什么？
2. 如果你不知道某种菜或饮料是什么，你怎样问？

第三课 招待会，宴会
Lektion 3   Empfang, Bankett

课文 Text

Běijīng *Wàndá* gōngsī zài Běijīng Kǎoyādiàn shèyàn huānyíng
北京 万达   公司 在 北京   烤鸭店 设宴 欢迎

Déguó kèren. Yànxí shàng, gōngsī zǒngjīnglǐ Sòng Bō dàibiǎo gōngsī
德国 客人。宴席 上， 公司 总经理 宋 波 代表 公司

zhìcí, huānyíng Déguó kèren de dàolái, bìng tíyì wèi shuāngfāng
致词, 欢迎   德国 客人 的 到来，并 提议 为   双方

yǒuhǎo hézuò gānbēi. Déguó gōngsī de dàibiǎo duì zhōngfāng de
友好 合作 干杯。德国 公司 的 代表 对 中方   的

shèngqíng kuǎndài biǎoshì zhōngxīn gǎnxiè, bìng xīwàng shuāngfāng
盛情   款待 表示 衷心 感谢，并 希望   双方

qiàtán nénggòu qǔdé chénggōng. Déguó gōngsī zài líkāi Zhōngguó
洽谈 能够 取得 成功。 德国 公司 在 离开 中国

qián jǔxíng le dáxiè yànhuì.
前 举行 了 答谢 宴会。

[生词 Vokabeln]

1.	招待会	zhāodàihuì	Empfang
2.	宴会	yànhuì	Bankett
3.	北京烤鸭店	Běijīng Kǎoyādiàn	Restaurant *"Beijing-Ente"*
4.	宴席	yànxí	Bankett
5.	致词	zhìcí	eine Ansprache halten
6.	宋波	Sòng Bō	(*Personenname*)

7.	提议	tíyì	vorschlagen
8.	双方	shuāngfāng	beide Seiten; beide Parteien
9.	友好	yǒuhǎo	freundlich; freundschaftlich
10.	干杯	gānbēi	prosten; austrinken
11.	中方	zhōngfāng	die chinesische Seite
12.	盛情	shèngqíng	herzlicher Empfang
13.	款待	kuǎndài	jn gastfreundlich aufnehmen
14.	衷心	zhōngxīn	herzlich; aufrichtig
15.	感谢	gǎnxiè	Dank; danken; sich bedanken
16.	洽谈	qiàtán	Verhandlung; Unterredung
17.	取得	qǔdé	erzielen
18.	成功	chénggōng	Erfolg
19.	离开	líkāi	verlassen
20.	举行	jǔxíng	veranstalten; abhalten; stattfinden
21.	答谢	dáxiè	sich erkenntlich zeigen
	答谢宴会	dáxiè yànhuì	Bankett zur Erwiderung einer Einladung

[补充词 Zusätzliche Wörter]

1.	长城	Chángchéng	Große Mauer
2.	贸易公司	màoyì gōngsī	Handelsfirma
3.	长城饭店	Chángchéng Fàndiàn	Hotel *"Große Mauer"*
4.	工业	gōngyè	Industrie
5.	总公司	zǒnggōngsī	Zentrale
6.	北京饭店	Běijīng Fàndiàn	*Beijing* Hotel
7.	经济	jīngjì	Wirtschaft

8.	四川饭店	Sìchuāng Fàndiàn	*Sichuan* Restaurant
9.	友谊	yǒuyí	Freundschaft
10.	健康	jiànkāng	Gesundheit

[练习 Übungen]

一、 根据课文，回答下列问题
Beantworten Sie die folgenden Fragen zum Text.

1. 北京万达公司在北京烤鸭店做什么？
2. 北京万达公司总经理在宴会上提议做什么？
3. 德国公司在何时举行答谢宴会？
4. 德国公司为什么来中国？

二、 替换和扩展 Variationsübungen

1. 北京万达公司在北京烤鸭店设宴欢迎德国客人。

- 北京长城贸易公司，长城饭店，德国贸易代表团
- 北京长城工业总公司，北京饭店，德国经济代表团
- 德国汉堡卡尔公司，四川饭店，中国客人

2. 为双方友好合作干杯！

- 友谊
- 健康
- 洽谈成功

会话 Dialoge

1

Die Firma "Peking *Wanda*" gibt in dem berühmten Restaurant "Peking-Ente" einen Empfang für Herrn Hofmann, den Vertreter der deutschen Firma "Hamburg *Karl*".

刘明:	各位请入座。我给你们介绍一下，这是德国汉堡卡尔公司的代表霍夫曼先生，这是我们公司总经理宋波先生。
霍夫曼:	(*Er steht auf*) 您好，总经理先生！很高兴认识您。
宋波:	您好，霍夫曼先生！请坐。我们公司在这里设便宴[1]欢迎您。请允许我代表公司，为我们的友好合作干杯！
全体:	干杯！
霍夫曼:	总经理先生，我以公司的名义，对您和贵公司的盛情款待表示衷心感谢，并希望我们的合作能够取得预期成果！
宋波:	这也是我们的愿望。来，请用菜。这里的北京烤鸭很有名，希望能合您的口味。

2

Die Firma "Peking *Wanda*" gibt in dem berühmten Restaurant "Peking-Ente" einen Bankett für eine deutsche Handelsdelegation.

刘明:	我先来介绍一下。 这位是我们公司的总经理宋波先生。 这是法兰克福 A&C 迈尔公司贸易代表团团长迈尔先生。
迈尔:	您好，宋总经理！很高兴认识您。
宋波:	(握手) 您好，团长先生！
刘明:	这位是米勒先生。
宋波:	(握手) 您好！
刘明:	这位是施奈德先生。
宋波:	(握手) 您好！
刘明:	这位是鲍尔先生。
宋波:	(握手) 您好！欢迎各位的光临。 请各位入席。
德国客人:	谢谢。
宋波:	尊敬的团长先生、尊敬的代表团全体成员，首先，我代表公司对你们的来访表示热烈的欢迎。 (鼓掌) 我提议，为我们的友好合作干杯！
全体:	干杯！
迈尔:	总经理先生，各位中国朋友，我们非常感谢贵公司对我们的热情招待。我想借此机会，代表我们

公司的总经理，向贵公司赠送一点小礼品，并预
祝我们的洽谈能够取得成功！

宋波：　　　谢谢。请代我向你们总经理表示问候。

迈尔：　　　我一定转达您的问候。

宋波：　　　请用餐。希望大家能吃好，过个愉快的夜晚。

3

Nach dem Ende der Geschäftsverhandlungen lädt die deutsche Handelsdelegation den chinesischen Geschäftspartner zu einem Empfang mit
kaltem Büfett ein.

迈尔：　　　尊敬的中国万达贸易公司总经理先生，尊敬的各
位来宾，今天我们在这儿设冷餐会，答谢贵公司
的盛情款待和庆祝洽谈取得了圆满成功。我提议，
让我们大家举杯，为我们的合作和友谊干杯！

全体：　　　干杯！

宋波：　　　这次洽谈的圆满成功，是我们双方共同努力的结
果。我们对贵公司的友好合作表示感谢！祝我们
的德国朋友身体健康，干杯！

全　体：　　干杯！

迈尔：　　　宋经理，让我再敬您一杯[2]！

宋经理：　　谢谢，干杯！希望我们不久能再见面。

[注释 Erläuterungen]

¹ 便宴 bedeutet ursprünglich "informelles Essen". Obwohl es sich in diesem Fall um ein großes Essen bzw. Bankett handeln könnte, spricht der Gastgeber aus Höflichkeit oder Bescheidenheit nur von einem "informellen Essen".

² 敬您一杯: "Auf Ihr Wohl!" oder "Darf ich mit Ihnen anstoßen!"

[生词 Vokabeln]

1.	便宴	biànyàn	informelles Essen
2.	允许	yúnxǔ	dürfen
3.	以 ... 名义	yǐ ... míngyì	im Namen
4.	预期	yùqī	erwarten; erhoffen
5.	成果	chéngguǒ	Erfolg; Leistung
6.	愿望	yuànwàng	Wunsch
7.	光临	guānglín	Ihre geschätzte Anwesenheit
8.	入席	rùxí	einen Platz (am Tisch) einnehmen
9.	尊敬	zūnjìng	verehren; hochschätzen
10.	首先	shǒuxiān	zuerst
11.	来访	láifǎng	Besuch; zu Besuch kommen
12.	热烈	rèliè	voller Begeisterung; herzlich
13.	借...机会	jiè...jīhuì	die Gelegenheit... benutzen
14.	赠送	zèngsòng	schenken
15.	礼品	lǐpǐn	Geschenk

16.	预祝	yùzhù	etw. im voraus wünschen
17.	代	dài	an js Stelle treten; ersetzen
18.	问候	wènhòu	grüßen
19.	转达	zhuǎndá	ausrichten
20.	冷餐会	lěngcānhuì	Empfang mit kaltem Büfett
21.	举杯	jǔbēi	das Glas erheben
22.	共同	gòngtóng	zusammen; gemeinsam
23.	努力	nǔlì	sich anstrengen; sich bemühen
24.	结果	jiéguǒ	Ergebnis; Folge
25.	敬	jìng	etw. höflich anbieten
26.	庆祝	qìngzhù	feiern

[补充词 Zusätzliche Wörter]

1.	开始	kāishǐ	beginnen
2.	祝酒	zhùjiǔ	einen Toast ausbringen
3.	评价	píngjià	beurteilen; einschätzen

[练习 Übungen]

一、根据课文，回答下列问题
Beantworten Sie die folgenden Fragen zu den Dialogen.

Zu Dialog 1

1. 北京万达公司设便宴欢迎德国汉堡卡尔公司。当客人们到后，刘 明说了什么？

2. 北京万达公司设便宴欢迎德国汉堡卡尔公司。便宴开始时，宋经理说了什么？

3. 宋经理是如何祝酒的？

4. 霍夫曼在便宴上是怎样表达对北京万达公司的感谢的？

Zu Dialog 2

1. 在与法兰克福 A&C 公司贸易代表团成员一一握手问候后，宋经理说了什么？

2. 宴会开始时，宋经理是如何致词的？

3. 迈尔团长代表谁向中国公司赠送礼品？

4. 宋经理是如何请迈尔先生转达他向法兰克福 A&C 公司总经理的问候的？

Zu Dialog 3

1. 在答谢宴会上，迈尔先生说了些什么？

2. 宋经理是如何评价洽谈的圆满成功的？

二、造句 Bilden Sie Sätze.

1. 以 ... 的名义

2. 为 ... 干杯！

3. 祝 ..., 干杯！

4. 借此机会

三、选词填空 Ergänzen Sie die Sätze mit einem der fogenden gegebenen Wörtern.

代表　宴　　便宴　冷餐会　入席　允许　提议　款待

招待　光临　赠送　祝　　庆祝　　预祝　成功　成果

结果

1. 我们公司今晚设＿＿欢迎霍夫曼先生。

2. 他是德国卡尔公司的＿＿。

3. 他＿＿公司对德国客人的来访表示热烈欢迎。

4. 请各位＿＿。

5. 我＿＿，为我们的友好合作干杯！

6. 欢迎各位的＿＿。

7. 这次洽谈的圆满成功，是我们双方共同努力的＿＿。

8. 德国公司明晚举办＿＿＿答谢中国公司。

9. 德国公司向中国公司＿＿礼品。

10. 我们＿＿洽谈能够取得＿＿。

11. 希望我们的合作能够取得预期＿＿。

12. 我们对贵公司的盛情＿＿表示衷心感谢！

13. 公司设＿欢迎北京万达公司贸易代表团。

14. 我们非常感谢贵公司对我们的热情＿＿。

15. ＿您身体健康，干杯！

16. 今天我们在这儿设冷餐会，＿＿洽谈取得了圆满成功。

17. 请＿＿我代表公司，为我们的友好合作干杯！

四、会话练习 Dialogübungen

参照会话1至3，扮演本课中的不同人物，练习如何祝酒。

五、思考与讨论 Fragen zur Diskussion

1. 如果是公司的老朋友来访，招待会或宴会应该怎样进行？

2. 招待会或宴会上是否需要互送礼品？如果需要的话，什么时候送好？

第四课　购物
Lektion 4　Einkaufen

课文 Text

Zàihuá qījiān, Déguó màoyì dàibiǎotuán wèile liáojiě Zhōngguó de
在华　期间，德国　贸易　代表团　为了　了解　中国　　的

xiāofèi shìchǎng, cānguān le Zhōngguó de bǎihuòshāngchǎng、 gòuwù
消费　市场，　参观　了　中国　的　百货商场、　　购物

zhōngxīn、 chāojí shìchǎng、 nóngmào shìchǎng hé yìxiē zhuānyè
中心、　超级　市场、　　农贸　市场　和　一些　专业

shāngdiàn, rú diànqì shāngdiàn、 wǔjīn shāngdiàn、 fúzhuāngdiàn、
商店，如　电器　商店、　　五金　商店、　　服装店、

yǎnjìngdiàn、 wánjùdiàn、 yīnxiàng shāngdiàn、 jìsuànjī shāngdiàn、
眼镜店、　　玩具店、　音像　商店、　计算机　商店、

shípǐndiàn、 shuǐguǒdiàn、 xiémàodiàn、 càishìchǎng、 huādiàn hé
食品店、　　水果店、　　鞋帽店、　菜市场、　花店　和

shūdiàn děng. Huíguó qián, tāmén qù gōngyìpǐn shāngdiàn mǎi le
书店　等。　回国　前，他们　去　工艺品　　商店　买了

yìxiē jìniànpǐn, zhǔnbèi dàihuí Déguó, liúzuò jìniàn hé sònggěi qīnqi
一些　纪念品，　准备　带回　德国，留作　纪念　和　送给　亲戚

péngyǒu.
朋友。

[生词 Vokabeln]

1.	购物	gòuwù	einkaufen
2.	了解	liáojiě	etw. genau wissen, untersuchen

3.	消费	xiāofèi	Konsum
4.	市场	shìchǎng	Markt
5.	参观	cānguān	besichtigen; besuchen
6.	百货商场	bǎihuòshāngchǎng	Kaufhaus
7.	购物中心	gòuwù zhōngxīn	Einkaufszentrum
8.	超级市场	chāojí shìchǎng	Supermarkt
9.	农贸市场	nóngmào shìchǎng	Bauernmarkt; Freimarkt
10.	专业	zhuānyè	Fach
11.	商店	shāngdiàn	Geschäft; Laden
12.	电器	diànqì	Elektrogeräte
13.	五金	wǔjīn	Metallwaren
14.	服装	fúzhuāng	Kleidung
15.	眼镜	yǎnjìng	Brille
16.	玩具	wánjù	Spielzeug
17.	工艺品	gōngyìpǐn	kunstgewerbliche Produkte
18.	音像商店	yīnxiàng shāngdiàn	Geschäft für Audio- und Videokassetten
19.	计算机	jìsuànjī	Computer
20.	食品	shípǐn	Lebensmittel
21.	水果	shuǐguǒ	Obst
22.	鞋	xié	Schuhe
23.	帽	mào	Hut
24.	菜市场	càishìchǎng	Gemüsemarkt
25.	花店	huādiàn	Blumengeschäft
26.	书店	shūdiàn	Buchhandlung
27.	等	děng	usw.
28.	回国	huíguó	in die Heimat zurückkommen
29.	纪念品	jìniànpǐn	Souvenir

30.	准备	zhǔnbèi	vorbereiten
31.	亲戚	qīnqi	Verwandte

[补充词 Zusätzliche Wörter]

1.	许多	xǔduō	viel
2.	类型	lèixíng	Typ; Art
3.	东西	dōngxi	Ding; Sache
4.	下列	xiàliè	folgend(e)
5.	丝绸	sīchóu	Seide
6.	皮鞋	píxié	Lederschuhe
7.	录像带	lùxiàngdài	Videokassette
8.	录音带	lùyīndài	Audio-Kassette; Tonband
9.	电视机	diànshìjī	Fernsehapparat
10.	录音机	lùyīnjī	Tonbandgerät
11.	录像机	lùxiàngjī	Videorecorder
12.	洗衣机	xǐyījī	Waschmaschine
13.	电冰箱	diànbīngxiāng	Kühlschrank
14.	文具	wénjù	Schreibwaren
15.	字画	zìhuà	Kalligraphien und Gemälde

[练习 Übungen]

一、根据课文，回答下列问题
Beantworten Sie die folgenden Fragen zum Text.

1. 德国代表团为什么参观了许多中国的市场和商店？

2. 他们参观了哪些类型的市场和商店？

3. 他们在工艺品商店买了什么东西？

4. 他们为什么买纪念品？

二、 填空 Ergänzen Sie die fehlenden Wörter.

他能去哪儿买下列东西？

1. 他去 _____ 买服装。

2. 他去 _____ 买食品。

3. 他去 _____ 买水果。

4. 他去 _____ 买工艺品。

5. 他去 _____ 买中国丝绸。

6. 他去 _____ 买录音带。

7. 他去 _____ 买皮鞋。

8. 他去 _____ 买菜。

9. 他去 _____ 买眼镜。

10. 他去 _____ 买电视机。

11. 他去 _____ 买玩具。

12. 他去 _____ 买文具。

13. 他去 _____ 买洗衣机。

14. 他去 _____ 买书。

15. 他去 _____ 买录像机。

16. 他去 _____ 买字画。

17. 他去 _____ 买计算机。

18. 他去 _____ 买录音机。

19. 他去 _____ 买电冰箱。

20. 他去 _____ 买录像带。

会话 Dialoge

1

在购物中心

(1)

顾客:	小姐，请问哪儿卖丝绸制品？
售货员:	四层服装部。
顾客:	谢谢。
售货员:	不客气。

(2)

顾客:	小姐，请问有丝绸衬衫和丝绸睡衣吗？
售货员:	有。您要多大号的？我们有小号、中号、大号和特大号的。
顾客:	我想买特大号的男衬衫和大号的女睡衣。
售货员:	(*Sie zeigt die Kleiderständer*) 这边是大号和特大号的。您喜欢什么颜色的，可以自己挑。我们这儿有白的、黄的、蓝的，粉的、黑的和花的。
顾客:	谢谢您。小姐，我买这两件衬衫和这两件睡衣。
售货员:	您请去16号收款台交钱。

2

在农贸市场

(1)

顾客:	西红柿多少钱一斤？
蔬菜商:	一块三。
顾客:	太贵了，能便宜点儿吗？
蔬菜商:	多买便宜。二斤两块四。
顾客:	我买二斤。
蔬菜商:	两块四。
顾客:	这是十块。
蔬菜商:	找您七块六。

(2)

顾客:	苹果多少钱一斤？
水果商:	两块五。
顾客:	橘子呢？
水果商:	一块八。
顾客:	给我约一下这四个苹果和四个橘子。
水果商:	四个苹果二斤三两，四个橘子整一斤，一共是七块五毛五。

3

在工艺品商店

售货员:　　先生，您好。您想买点儿什么？

顾客:　　　我想买一对儿景泰蓝的花瓶。

售货员:　　您看这对儿行吗？

顾客:　　　这对儿太大了。有小一点儿的吗？

售货员:　　有。您看这对儿行吗？

顾客:　　　就要这对儿吧。多少钱？

售货员:　　六百六十元。

顾客:　　　再给我拿十把檀香扇。

售货员:　　十把檀香扇一百五十元。一共是八百一十元。您
　　　　　　请去收款台交款。

顾客:　　　好的。

[注释 Erläuterungen]

1. "四层"

   "Vierter Stock". In der Umgangssprache sagt man auch oft
   "四楼 "(sìlóu) statt "四层"。

2. "服装部"

   "Bekleidungsabteilung". "部" bedeutet hier "Abteilung"

3. "小号、中号、大号和特大号"

   bedeuten hier die Größe der Bekleidung: S, M, L, XL.

4. "您请去16号收款台交钱。 ” bedeutet: "Zahlen Sie bitte bei der Kasse Nr. 16." Man kann auch sagen: "请您去16号收款台交款”。

Im Kaufhäusern und Kaufzentren Chinas bekommen die Kunden beim Kauf normalerweise bei der Verkäuferin zuerst eine Art der Verkaufsbestätigung, die den Warennamen und den Preis enthält, mit dieser Bestätigung bezahlt man sodann an der Kasse. Danach holt man mit der Zahlungsbestätigung (oder Quittung) bei der Verkäuferin die Waren.

5. "一斤”

Ein *Jin* (斤) entspricht einem halben Kilo. Ein Kilo heißt im Chinesischen *Gongjin* (公斤).

6. "一块三", "七块五毛五” ： "￥1,30", "￥7,55".

Die chinesische Währungseinheit heißt Yuan (元)、 *Jiao* (角) und *Fen* (分). In der Umgangssprache sagt man *Kuai* (块)、 *Mao* (毛) und *Fen* (分).

[生词 Vokabeln]

1.	顾客	gùkè	Kunden
2.	制品	zhìpǐn	Produkt; Fertigware
3.	售货员	shòuhuòyuán	Verkäufer(in)
4.	服装部	fúzhuāngbù	Bekleidungsabteilung
5.	衬衫	chènshān	Hemd
6.	睡衣	shuìyī	Pyjama
7.	特大	tèdà	extra groß
8.	颜色	yánsè	Farbe
9.	挑	tiāo	auswählen

10.	白	bái	weiß
11.	黄	huáng	gelb
12.	蓝	lán	blau
13.	粉	fěn	rosa
14.	黑	hēi	schwarz
15.	花的	huāde	farbig
16.	收款台	shōukuǎntái	Kasse
17.	交	jiāo	zahlen; übergeben
18.	西红柿	xīhóngshì	Tomaten
19.	蔬菜商	shūcàishāng	Gemüsehändler
20.	贵	guì	teuer
21.	便宜	piányì	billig
22.	水果商	shuǐguǒshāng	Obsthändler
23.	约	yāo	abwiegen
24.	对儿	duìr	ein Paar
25.	景泰蓝	jǐngtàilán	Cloisonné
26.	花瓶	huāpíng	Vase
27.	行	xíng	es geht, in Ordnung
28.	檀香	tánxiāng	Sandelholz
29.	扇	shàn	Fächer
30.	款	kuǎn	Geld; Geldsumme

[补充词 Zusätzliche Wörter]

1.	询问	xúnwèn	nach etw. fragen
2.	售货台	shòuhuòtái	Verkaufsstand
3.	地点	dìdiǎn	Ort
4.	问价	wènjià	nach dem Preis fragen

5.	胶卷	jiāojuǎn	Film
6.	照相器材	zhàoxiàng qìcái	Photoapparate und -zubehör
7.	卷	juǎn	(*Zählwort*)
8.	盘	pán	(*Zählwort*)
9.	台	tái	(*Zählwort*)
10.	幅	fú	(*Zählwort*)
11.	讨价还价	tǎojiàhuánjià	(um den Preis) handeln; feilschen

[练习 Übungen]

一、根据课文，回答下列问题
Beantworten Sie die folgenden Fragen zu den Dialogen.

1. 如何向售货员询问你要找的售货台的地点？
2. 如何向售货员询问你要买的东西有没有？
3. 在农贸市场如何问价？
4. 你觉得东西太贵了，你怎么说？
5. 你觉得东西太大了，你怎么说？

二、替换和扩展，并做对话练习 Variationsübungen und Dialogübungen

例句 1： 丝绸制品/四层服装部

　A: 请问，哪儿卖<u>丝绸制品</u>？

　B: <u>四层服装部</u>。

- 服装/四层服装部
- 胶卷/六层照相器材部
- 工艺品/七层礼品部
- 眼镜/三层眼镜部

- 录像带/五层电器部
- 皮鞋/八层鞋帽部
- 水果/一层食品部
- 玩具/二层玩具部

例句 2:　一件/丝绸衬衫

　　A:　您想买点儿什么?

　　B:　我想买<u>一件丝绸衬衫</u>。

• 一件/丝绸睡衣	• 一对儿/景泰蓝花瓶
• 一斤/苹果	• 一双/皮鞋
• 一卷/胶卷	• 一盘/录像带
• 一本/书	• 一把/扇子
• 一台计算机	• 一幅中国画

例句 3:　西红柿/一斤/一块五

　　A:　<u>西红柿</u>多少钱<u>一斤</u>?

　　B:　<u>一块五</u>。

• 橘子/一斤/一块八	• 苹果/一斤/两块四
• 胶卷/一卷/十四块	• 录像带/一盘/三十五块
• 皮鞋/一双/三百九十八	• 檀香扇/一把/十五块

三、会话练习 Dialogübungen

　　参照会话1至3，扮演本课中的不同人物，练习如何买东西。

四、思考与讨论 Fragen zur Diskussion

　　1.　在哪儿买东西可以讨价还价?

　　2.　你喜欢在哪儿买东西? 为什么?

第五课　三资企业
Lektion 5　Die drei Investitionsformen

课文 Text

Déguó *Hànsēn* gōngsī dǎsuàn zài Zhōngguó tóuzī bàn qǐyè. Tāmén
德国　汉森　公司　打算　在　中国　投资 办 企业。他们

xiān qù Zhōngguó *huánqiú* guójì jīngjì zīxún gōngsī, zài nàr liáojiě le
先　去　中国　环球　国际 经济 咨询　公司，在 那儿 了解 了

Zhōngguó yǒuguān wàishāng tóuzī qǐyè hé yúnxǔ tóuzī de zhǔyào
中国　有关　外商　投资 企业 和 允许 投资 的 主要

hángyè de fǎguī hé zhèngcè. Zhīhòu tāmén juédìng tóuzī yú jīxiè
行业 的 法规 和 政策。 之后 他们 决定 投资 于 机械

zhìzàoyè de jiào chē shēngchǎn. Tāmén juédìng yǔ Zhōngguó de *Fēimǎ*
制造业 的 轿车 生产。 他们 决定 与 中国 的 飞马

qìchē gōngyè gōngsī gòngtóng chuàngjiàn zhōngwài hézī jīngyíng
汽车 工业 公司 共同 创建 中外 合资 经营

qǐyè. Tāmén hé Zhōngguó *Fēimǎ* qìchē gōngyè gōngsī tǎolùn le yǒuguān
企业。他们 和 中国 飞马 汽车 工业 公司 讨论 了 有关

gōngsī de zǔzhī xíngshì、zhùcè zīběn、dǒngshìhuì、lìrùn fēnpèi hé
公司 的 组织 形式、 注册 资本、 董事会、 利润 分配 和

zhígōng gōngzī děng wèntí.
职工 工资 等 问题。

[生词 Vokabeln]

1.	三资企业	sān zī qǐyè	die drei Investitionsformen
2.	汉森	Hànsēn	*Hansen (Firmenname)*
3.	打算	dǎsuàn	planen; vorhaben

4.	投资	tóuzī	investieren
5.	办	bàn	errichten; gründen
6.	企业	qǐyè	Unternehmen
7.	环球	Huánqiú	*(Firmenname)*
8.	国际	guójì	international
9.	咨询	zīxún	sich beraten lassen; konsultieren
10.	有关	yǒuguān	betreffen; bezüglich
11.	外商投资	wàishāng tóuzī	ausländische Investition
12.	允许	yúnxǔ	erlauben; zulassen
13.	主要	zhǔyào	wesentlich; hauptsächlich
14.	行业	hángyè	Branche
15.	法规	fǎguī	Gesetz und Verordnungen
16.	政策	zhèngcè	Politik
17.	之后	zhīhòu	danach; nachdem
18.	决定	juédìng	bestimmen; entscheiden
19.	机械制造	jīxièzhìzào	Maschinenbau
20.	轿车	jiàochē	Auto
21.	生产	shēngchǎn	produzieren; herstellen
22.	飞马	Fēimǎ	*(Firmenname)*
23.	汽车	qìchē	Kraftfahrzeug; Auto
24.	共同	gòngtóng	zusammmen; gemeinsam
25.	创建	chuàngjiàn	gründen; errichten
26.	中外	zhōngwài	chinesisch und ausländisch
27.	合资	hézī	gemeinsame Investition
28.	经营	jīngyíng	wirtschaften; führen; betreiben
	合资经营		mit gemeinsamem Kapital wirtschaften; Joint-Venture
29.	组织	zǔzhī	Organisation

30. 形式	xíngshì	Form
31. 注册	zhùcè	Register
32. 资本	zīběn	Kapital
33. 董事会	dǒngshìhuì	Vorstand
34. 利润	lìrùn	Gewinn; Profit
35. 分配	fēnpèi	Verteilung; Distribution
36. 职工	zhígōng	Arbeitnehmer; Mitarbeiter
37. 工资	gōngzī	Lohn

[练习 Übungen]

一、根据课文，回答下列问题
Beantworten Sie die folgenden Fragen zum Text.

    1. 德国汉森公司打算在中国做什么？

    2. 他们在中国环球国际经济咨询公司了解了什么？

    3. 他们决定投资于哪个行业？

    4. 他们决定创建什么企业？

    5. 他们和中国飞马汽车工业公司讨论了什么问题？

二、造句 Bilden Sie Sätze.

    1. 打算 ＿＿＿

    2. 投资 ＿＿＿

    3. 创建 ＿＿＿

    4. 讨论 ＿＿＿

会话 Dialoge

1

在中国环球国际经济咨询公司

德国公司代表： 您好！我是德国汉森公司的代表。我们想了
　　　　　　　 解在中国投资办企业的法规和政策。

咨询公司职员： 外商在中国投资办企业有三种类型：中外合
　　　　　　　 资经营企业、中外合作经营企业和外资企业。
　　　　　　　 俗称"三资企业"。

德国公司代表： 什么是中外合资经营企业？

咨询公司职员： 它是由外国投资者在中国境内同中国的公司、
　　　　　　　 企业或其它经济组织共同举办的合营企业。企
　　　　　　　 业的形式是有限责任公司。

德国公司代表： "合营"的含义是什么？

咨询公司职员： 是中外双方共同投资，共同经营，共负盈亏。

德国公司代表： 对双方投资比例有什么规定吗？

咨询公司职员： 有。双方投资比例，由双方共同商定，但外
　　　　　　　 国合营者的投资比例，不得低于总投资额的
　　　　　　　 25％。

德国公司代表： 什么是中外合作经营企业呢？

咨询公司职员： 它是一种契约式合营企业。双方投资或合作
　　　　　　　 条件、收益分配、风险和亏损分担、经营管理

方式、企业终止时财产的归属，均由双方协商

签订的协议、合同规定。

德国公司代表：外资企业是指全部资本都由外方投资的企业

吗？

咨询公司职员：是的。

德国公司代表：中国对外商投资行业有什么规定吗？

咨询公司职员：有。中国规定了鼓励、限制和禁止外商投资

行业的项目。

德国公司代表：中国在哪些行业鼓励外商投资呢？

咨询公司职员：目前在轻工业、电力工业、冶金工业、机械

工业、电子工业、化学工业、建筑材料工业、

服务业等行业都有鼓励外商投资的项目。

德国公司代表：汽车制造属于哪一类？

咨询公司职员：汽车关键零部件制造、汽车技术研究与设计

属于鼓励投资项目；轿车整车制造属于限制投

资项目，它必须由中方合作者控股。

德国公司代表：您提供的信息，对我们很有帮助。谢谢您。

咨询公司职员：不用谢。我们愿意为贵公司提供服务。

2

在中国飞马汽车工业公司

中方代表：　我们很高兴，贵公司愿意和我们合作办公司，在华共同生产轿车。请问，贵公司打算办合营企业还是合作企业呢？

德方代表：　合营企业就是合资经营企业吧？

中方代表：　是的。它是合资经营企业的简称。

德方代表：　我们希望办合营企业。它的组织形式为有限责任公司。我方的责任以我方投资额为限。

中方代表：　我们同意。贵方的投资额计划是多少呢？

德方代表：　根据我们合作项目的需要，我方的投资额计划为1000万美元左右。

中方代表：　对于董事名额的分配和利润分配，将按投资比例确定。贵方对此有何建议？

德方代表：　建议董事会由5人组成。贵方3人，我方2人。董事长由中方委派，副董事长由我方委派。对利润分配问题，我方没有意见。

中方代表：　那么，我们接下来讨论一下职工报酬问题。

德方代表：　对于高级管理人员，我们主张支付高工资。

中方代表：　在合营企业，这完全可以由董事会决定。

德方代表：　德国雇员的工资，我们将按我们在德国公司的标准支付；中国雇员的工资标准，我们主张适当提高。但对于合营后剩余的职工，我们主张不再聘用。

中方代表：　剩余职工的安置问题，是我们应该合作协商解决

的重要问题之一。这个问题比较复杂，我们下次

再进行讨论，怎么样？

德方代表：　好的。

[生词 Vokabeln]

1.	外资	wàizī	ausländisches Kapital
2.	俗称	súchēng	volkstümliche Redensart
3.	投资者	tóuzīzhě	Investor
4.	境内	jìngnèi	innerhalb der Grenzen
5.	其它	qítā	andere(r)
6.	举办	jǔbàn	organisieren; veranstalten
7.	有限	yǒuxiàn	beschränkt
8.	责任	zérèn	Haftung; Pflicht
	有限责任公司		Ges. m. b. H.
9.	含义	hányì	Bedeutung
10.	盈亏	yíngkuī	Gewinn und Verlust
11.	比例	bǐlì	Proportion
12.	规定	guīdìng	Bestimmung; Vorschrift
13.	商定	shāngdìng	vereinbaren; übereinkommen
14.	投资额	tóuzī'é	Investitionsbetrag
15.	契约	qìyuē	Kontrakt; Vertrag
16.	收益	shōuyì	Ertrag; Gewinn
17.	风险	fēngxiǎn	Risiko

18.	亏损	kuīsǔn	Verlust
19.	分担	fēndān	für etw. die Verantwortung teilen
20.	方式	fāngshì	Art und Weise
21.	终止	zhōngzhǐ	aufhören; abschließen
22.	财产	cáichǎn	Vermögen; Eigentum
23.	归属	guīshǔ	Zugehörigkeit; zugehören
24.	均	jūn	alle; ganz
25.	协商	xiéshāng	konsultieren; beraten
26.	签订	qiāndìng	(einen Vertrag) schließen
27.	协议	xiéyì	Vereinbarung; Übereinkommen
28.	合同	hétong	Vertrag
29.	指	zhǐ	zeigen; aufzeigen
30.	全部	quánbù	alle
31.	鼓励	gǔlì	fördern; ermuntern
32.	限制	xiànzhì	beschränken
33.	禁止	jìnzhǐ	verbieten; Verbot
34.	项目	xiàngmù	Projekt
35.	轻工业	qīnggōngyè	Leichtindustrie
36.	电力工业	diànlì gōngyè	Energiewirtschaft
37.	冶金工业	yějīngōngyè	Hüttenindustrie
38.	机械工业	jīxiègōngyè	Maschinenbauindustrie
39.	电子工业	diànzigōngyè	Elektronische Industrie
40.	化学	huàxué	Chemie
41.	建筑材料	jiànzhùcáiliào	Baumaterial
42.	服务业	fúwùyè	Dienstleistungsgewerbe
43.	制造	zhìzào	erzeugen; herstellen
44.	属于	shǔyú	gehören

45.	类	lèi	Kategorie; Typ
46.	关键	guānjiàn	Schlüssel; Angelpunkt
47.	零部件	língbùjiàn	Einzel-; Ersatz-; Bauteil
48.	技术	jìshù	Technik
49.	设计	shèjì	entwerfen; planen
50.	整	zhěng	ganz
51.	控股	kònggǔ	der Mehrheitsanteil am Kapital
52.	提供	tígōng	liefern; anbieten
53.	信息	xìnxī	Information; Nachricht
54.	愿意	yuànyì	bereit sein
55.	德方	défāng	die deutsche Seite
56.	简称	jiǎnchēng	Abkürzung
57.	同意	tóngyì	einverstanden sein
58.	马克	mǎkè	Mark
59.	左右	zuǒyòu	etwa; ungefähr
60.	董事	dǒngshì	Vorstandsmitglied
61.	名额	míng'é	Zahl; Quote
62.	建议	jiànyì	vorschlagen
63.	委派	wěipài	jn in ein Amt einsetzen
64.	接下来	jiēxiàlái	anschließend; folgend
65.	高级	gāojí	hochrangig
66.	管理人员	guǎnlǐrényuán	führendes Personal; Management
67.	主张	zhǔzhāng	befürworten; behaupten
68.	完全	wánquán	ganz; absolut
69.	雇员	gùyuán	Arbeitnehmer
70.	标准	biāozhǔn	Standard; Norm
71.	支付	zhīfù	zahlen; bezahlen

72.	适当	shìdàng	passend; angemessen
73.	剩余	shèngyú	Überschuß; Rest
74.	聘用	pìnyòng	(jn in einer Firm) anstellen
75.	安置	ānzhì	für jn Platz finden; unter-bringen
76.	比较	bǐjiào	relativ; verhältnismäßig
77.	复杂	fùzá	kompliziert

[补充词 Zusätzliche Wörter]

1.	列举	lièjǔ	anführen

[练习 Übungen]

一、根据课文，回答下列问题
Beantworten Sie die folgenden Fragen zu den Dialogen.

1. 您想了解在中国投资办企业的有关法规和政策，您怎样问？
2. 什么是"三资企业"？
3. 什么是中外合资经营企业？
4. 什么是中外合作经营企业？
5. 什么是外资企业？
6. 课文中列举的行业有哪些？
7. 中外合资经营企业的组织形式是什么？
8. 董事会成员由几人组成？
9. 高级管理人员的工资标准由谁来决定？

二、朗读下列各组词组 Lesen Sie die folgenden Wörter und Sätze.

1. 企业
   中外合资经营企业
   中外合作经营企业
   合营企业
   合作企业
   外资企业
   三资企业

2. 行业
   轻工业
   电力工业
   冶金工业
   机械工业
   电子工业
   化学工业
   建筑材料工业
   服务业

3. 公司
   国际经济咨询公司
   汽车工业公司
   有限责任公司
   贸易公司

4. 投资
   投资比例
   总投资额
   投资项目

5. 利润
   利润分配
   收益
   收益分配

6. 董事会
   董事长
   副董事长
   董事

7. 汽车
   轿车

8. 报酬
   工资

9. 资本
   全部资本
   注册资本

10. 职工
    雇员

三、会话练习 Dialogübungen

　　参照会话1和2，扮演本课中的不同人物，练习如何咨询和与中方企业讨论创建合资企业。

四、思考与讨论 Fragen zur Diskussion

1. 你认为，在"三资企业"中办哪一种企业最好？
2. 合资企业带来的剩余职工问题应该如何解决？

第六课 行政管理
Lektion 6 Behördenwege

课文 Text

Láihuá gōngzuò de Déguó gōngsi dàibiǎo, Huòfūmàn xiānsheng
来华　工作　的 德国　公司　代表，　霍夫曼　　先生

láidào qū gōng'ānjú wàiguórén chūrùjìng guǎnlǐkē, bànlǐ hùjí dēngjì
来到 区 公安局　外国人　出入境　管理科，办理户籍 登记

shǒuxù. Zài gōng'ānjú tā tiánxiě le línshí zhùsù dēngjì biǎo hé tíjiāo le
手续。在　公安局 他 填写 了 临时　住宿　登记　表 和 提交 了

yǒuguān zhèngmíng cáiliào. Shǒuxù hěnkuài jiù bàn hǎo le. Sāngèyuè
有关　　证明　　材料。手续　很快　就 办　好 了。三个月

hòu tā láidào shì gōng'ānjú wàiguórén chūrùjìng guǎnlichù bànlǐ
后 他 来到　市　公安局　　外国人　出入境　管理处　办理

qiānzhèng yánqī shǒuxù.
签证　　延期　手续。

　Zài jiēdào shì duìwài jīngjì màoyì wěiyuánhuì xiàngmù pīzhǔn
在 接到 市 对外 经济 贸易　委员会　项目　批准

wénjiàn hé pīzhǔn zhèngshū hòu, Zhōngguó *Fēimǎ* qìchē gōngyè gōngsī
文件 和 批准　证书　后，中国　飞马　汽车 工业　公司

de dàibiǎo hé *Huòfūmàn* xiānsheng yìqǐ qù shì gōngshāng xíngzhèng
的 代表 和 霍夫曼　　先生　一起 去 市　工商　　行政

guǎnlǐjú xúnwèn le yǒuguān wàishāng tóuzī qǐyè bànlǐ zhùcè dēngjì
管理局 询问 了 有关　外商　投资 企业 办理 注册 登记

shǒuxù shìyí.
手续 事宜。

[注释 Erläuterungen]

1. 公安局 - Das Amt für öffentliche Sicherheit gliedert sich innerhalb einer Stadt in drei Stufen, nämlich in das städtische Amt für öffentliche Sicherheit (市公安 局), das Bezirks-Büro für öffentliche Sicherheit (区公安局) und die Polizeiwache, die in China 派出所 (pàichūsuǒ) heißt und z. Z. stufenweise in *Jǐngcháshǔ* (警察署) umgenannt und reformiert wird.

2. 对外经济贸易委员会 - Die Kommission für Außenwirtschaft und -handel gliedert sich in drei Stufen, nämlich für die Provinz, die Stadt und für den Bezirk. Ein Projekt mit einer ausländische Investition von über 10 Millionen US Dollar muß von der Provinz- oder Stadt-Kommission nach erfolgter Prüfung genehmigt werden. Ein Projekt mit einer ausländischen Investition von unter 10 Millionen US Dollar oder unter 5 Millionen US Dollar wird von der Bezirksregierung (区政府 Qūzhèngfǔ) oder der Bezirkskommission für Außenwirtschaft und -handel nach Prüfung genehmigt.

[生词 Vokabeln]

1.	行政管理	xíngzhèng guǎnlǐ	Verwaltung; Administration
2.	区	qū	Bezirk
3.	公安局	gōng'ānjú	Amt für öffentliche Sicherheit; Polizei
4.	出入境	chūrùjìng	Ausreise und Einreise
5.	科	kē	Abteilung
6.	办理	bànlǐ	erledigen; behandeln
7.	户籍	hùjí	gemeldeter Wohnsitz

8.	登记	dēngjì	registrieren
9.	手续	shǒuxù	Formalität
10.	临时(臨時)	línshí	vorläufig; befristet
11.	提交	tíjiāo	vorlegen
12.	证明	zhèngmíng	Bestätigung
13.	材料	cáiliào	Material; Dokument
14.	市	shì	Stadt
15.	处	chù	Abteilung; Amt; Büro
16.	签证	qiānzhèng	Visum
17.	延期	yánqī	Verlängerung; verlängern
18.	对外	duìwài	auswärtig
19.	委员会	wěiyuánhuì	Kommission
20.	批准	pīzhǔn	genehmigen
21.	文件	wénjiàn	Dokument, Akte
22.	证书	zhèngshū	Zeugnis; Zertifikat
23.	工商	gōngshāng	Industrie und Handel
24.	事宜	shìyí	in Sachen...; über etw.

[补充词 Zusätzliche Wörter]

1.	签发	qiānfā	ausstellen; etw. nach Unter-zeichnung herausgeben
2.	入学	rùxué	in eine Schule eintreten
3.	申请	shēnqǐng	Antrag; beantragen
4.	报告	bàogào	Report; Bericht

[练习 Übungen]

一、根据课文，回答下列问题
  Beantworten Sie die folgenden Fragen zum Text.

1. 霍夫曼先生到区公安局做什么？

2. 他到市公安局做什么？

3. 谁接到了项目批准文件和批准证书？

4. 由谁签发外商投资企业项目批准文件和批准证书？

5. 他们在哪儿询问了办理外商投资企业注册登记手续？

二、 填空，替换与扩展 Variationsübungen

1. 办理<u>户籍登记</u>手续。

   • 企业注册登记　　• 出入境　　• 入学

2. 填写<u>入学申请表</u>。

   • 临时住宿登记表　　• 入境登记表　　• 签证申请表

3. 提交<u>证明</u>。

   • 申请　　• 报告

会话 Dialoge

1

报户口

霍夫曼:　　　我想报户口。

警察:　　　请您先填一下这张临时住宿登记表。(*siehe Formular 1*)

霍夫曼:　　　表填好了。您看对吗？

警察:　　　您需要提供您的护照和户主证明材料。

霍夫曼:　　　我都带来了，给您。这是护照，这是户主证明。

警察: 手续办好了。这是您的户口卡，这是您的护照，

请您收好。

霍夫曼: 谢谢。

2
签证延期

霍夫曼: 请给我一份申请表，我想办理签证延期手续。

警察: 这是申请表。请一式两份填好。

霍夫曼: (*nach Ausfüllung der Formulare*)这是我的申请表

和我的护照。

警察: 您带照片了吗？

霍夫曼: 带了。要几张？

警察: 两张。

霍夫曼: 给您。

警察: 您有在华工作证明或劳动合同吗？

霍夫曼: 有。给您。

警察: 请一周后来取您的签证。

霍夫曼: 谢谢。

3
在工商行政管理局

公司代表: 您好。我们刚刚收到创办合营企业的批准文件。

	请问，我们应如何办理注册登记手续？
管理局:	首先，你们需要提交登记注册申请书，一式四份。(*gibt dem Vertreter der Firma die Antrags-formulare*) 这是《外商投资企业申请登记表》。回去后填好，由公司董事长签字后交来。
公司代表:	正副董事长都要签字吗？
管理局:	是的。
公司代表:	我们还应提交其它文件吗？
管理局:	是的。你们还应提交 (1) 公司章程，(2) 批准证书，(3) 验资证明，(4) 董事会名单及任职证明,(5) 法人代表和董事会成员的身份证明，(6) 法定代表人登记表，(7) 企业名称登记表，(8) 公司住所证明。
公司代表:	需要什么样的验资证明？
管理局:	由投资者开户行出具的资信证明。
公司代表:	需要什么样的公司住所证明？
管理局:	这是指公司对经营场地具有使用权的证明。包括房产证和租赁协议等。
公司代表:	提交上述文件后，我们还要做什么？
管理局:	需要经我们核准登记后，发给你们《企业法人营业执照》。

[生词 Vokabeln]

1. 报户口	bào hùkǒu	sich beim Meldeamt anmelden
2. 证件(證件)	zhèngjiàn	Ausweis
3. 有效期	yǒuxiàoqī	Gültigkeitsdauer; Geltungsdauer
4. 抵达(抵達)	dǐdá	ankommen; eintreffen
5. 离开(離開)	líkāi	verlassen
6. 备注(備注)	bèizhù	Anmerkung
7. 正楷	zhèngkǎi	Normalschrift
8. 需要	xūyào	brauchen; etw. nötig haben
9. 户主	hùzhǔ	Hausherr; Haushaltsvorstand
10. 卡	kǎ	Karte
11. 一式两份	yīshì liǎngfèn	je zweimal
12. 劳动	láodòng	Arbeit
13. 合同	hétong	Vertrag
14. 章程	zhāngchéng	Regeln; Statut
15. 验资证明	yàzī zhèngmíng	Bestätigung des Vermögens
16. 名单	míngdān	Namensliste
17. 任职	rènzhí	ein Amt bekleiden; Beschäftigung
18. 法人	fǎrén	juristische Person
19. 法定	fǎdìng	gesetzlich
20. 房产	fángchǎn	Hausbesitz
21. 租赁	zūlìn	mieten; pachten
22. 核准	hézhǔn	etw. nach Prüfung genehmigen
23. 营业执照	yíngyè zhízhào	Gewerbelizenz

[补充词 Zusätzliche Wörter]

1. 明白   míngbai   klar; verstehen
2. 忘   wàng   vergessen

[练习 Übungen]

一、 根据课文，回答下列问题
   Beantworten Sie die folgenden Fragen zu den Dialogen.

1. 在公安局报户口，您怎么说？
2. 交临时住宿登记表时，您可以怎样说？
3. 报户口时，您需要提交什么？
4. 您想办理签证延期手续，您怎么说？
5. 办理签证延期手续，需要提交什么材料？
6. 外商企业登记注册应提交什么样的登记申请书？
7. 《外商投资企业申请登记表》应由谁签字？
8. 什么是验资证明？
9. 房产证和租赁协议能作为公司住所证明吗？

二、 选择填空 Ergänzen sie die Sätze mit einer der folgenden
    Wortgruppen.

- 市公安局   • 区公安局   • 市对外经济贸易委员会
- 区政府   • 市工商行政管理局   • 区对外经济贸易委员会

1. 办签证延期手续在 _____ 。
2. 申请创办投资额900万美元的中外合营企业在

   _____ 。
3. 报户口在 _____ 。

4. 申请创办投资额200万美元的中外合营企业在

  _____ _____。

5. 申请创办投资额1亿美元的中外合营企业在

  _____ _____。

6. 办理企业登记注册手续在 _____。

三、会话练习 Dialogübungen

　　分A，B组扮演本课中的不同人物，练习报户口、办理签证延期手续和咨询办理企业登记注册手续。

四、思考与讨论 Fragen zur Diskussion

1. 填登记表时，如果你有不明白的地方，你怎么问？
2. 办理签证延期手续时，你忘带照片了怎么办？

Formular 1

臨時住宿登記表

REGISTRATION FORM OF TEMPORARY RESIDENCE   表（一）

英文姓 Surname	英文名 First Name	性 別 Sex
中文姓名 Name in Chinese	國 籍 Nationality	生 年 Date of Birth
證件種類 Type of Certificate	證件號碼 Certificate No.	簽證種類 Type of Visa
證件有效期 Valid Visa	抵達時間 Date of Arrival	離開時間 Date of Departure
戶主姓名 Name of the Householder	住址 Address	

備注: 請用正楷填寫 (Remarks: Please Write in Block Letters)

第七课　邮电与通讯
Lektion 7　Post und Telekommunikation

课文 Text

Huòfūmàn xiānsheng lái dào yóujú, gěi tā zài Déguó de gōngsī
霍夫曼　　先生　　来 到 邮局，给 他在 德国 的 公司

fāxìn、jì bāoguǒ, gěi tā zài Déguó de péngyǒu jì míngxìnpiàn. Dāng
发信、寄 包裹，　给 他 在 德国 的 朋友 寄　明信片。　　当

tā zhīdào yóujú dàibàn guójì hùliánwǎng rùwǎng shǒuxù hé shèlì diànzǐ
他 知道 邮局 代办 国际 互联网　入网　手续 和 设立 电子

xìnxiāng shí, mǎshàng tiánbiǎo、jiāofèi, bànlǐ le yǒuguān shǒuxù.
信箱　时，马上　　填表、　交费，办理 了 有关　　手续。

Zhèyàng tā jiù kěyǐ zài bàngōngshì tōngguò shōufā diànzǐ yóujiàn yǔ
这样 他 就 可以 在　办公室　　通过　收发 电子 邮件 与

Déguó de gōngsī hé péngyǒu qǔdé xùnsù de liánxì le. Dāngrán, yǔ
德国 的 公司 和 朋友　取得 迅速 的 联系 了。当然，　与

Zhōngguó gè dìqū、gè bùmén de liánxì, tā zhǔyào hái shì kào dǎ
中国　各 地区、各 部门 的 联系，他 主要　还是 靠 打

diànhuà hé fā chuánzhēn.
电话　和 发　传真。

[生词 Vokabeln]

1.	邮电	yóudiàn	Post- und Fernmeldewesen
2.	通讯	tōngxùn	Telekommunikation
3.	发信	fāxìn	Briefsendung
4.	寄	jì	schicken; senden
5.	包裹	bāoguǒ	Paket

6. 明信片	míngxìnpiàn	Ansichtskarte; Postkarte
7. 代办	dàibàn	für jn etwas machen; vertreten
8. 国际互联网	guójì hùliánwǎng	Internet
9. 入网	rùwǎng	Anmeldung zum Internet
10. 电子信箱	diànzǐ xìnxiāng	E-Mailbox
11. 办公室	bàngōngshì	Büro
12. 通过	tōngguò	durch, mittels
13. 电子邮件	diànzǐ yóujiàn	E-Mail
14. 迅速	xùnsù	schnell, rapid
15. 地区	dìqū	Region, Gebiet, Zone
16. 靠	kào	auf etw. angewiesen sein
17. 打电话	dǎ diànhuà	anrufen; telefonieren
18. 传真	chuánzhēn	Fax

[补充词 Zusätzliche Wörter]

1. 途径	tújìng	Weg; Art und Weise

[练习 Übungen]

一、 根据课文，回答下列问题
Beantworten Sie die folgenden Fragen zum Text

1. 霍夫曼在邮局做了什么？

2. 他打算通过什么途径与德国的公司和朋友取得迅速的联系？

3. 他主要通过什么途径与中国各地区和各部门联系？

二、 选择相应的词，组成正确的词组
Wählen Sie richtige Wortkombination aus und bilden Sie damit Sätze.

发	包裹
寄	电话
打	传真
收	信
	明信片
	电子邮件

会话 Dialoge

1

发信

霍夫曼:　　　这是发往德国的一封信和五张明信片，您看要多少钱?

邮局职员:　　(*Der Brief wird gewogen, er wiegt 18 Gramm*)寄平信，还是寄航空信?

霍夫曼:　　　航空信。

邮局职员:　　平信4块4，加航空费1块，共5块4。明信片每张3块2，加航空费1块，每张4块2，5张共21块。总共是26块4。

霍夫曼:　　　(*Er überreicht 30 Yuan*)

邮局职员:　　这是30元，找您3块6。这是给您的5元邮票一张，

2元的10张，2毛的7张。贴好邮票后，把信扔到信筒里。

霍夫曼: 我还有个小包裹，也在您这儿寄吗？

邮局职员: 不是。在5号窗口。

霍夫曼: 谢谢。

2

寄包裹

霍夫曼: (*Beim Schalter 5*) 我想往德国寄一个小包裹。

邮局职员: 请您先填一下报关单。

霍夫曼: 您能帮我一下吗？

邮局职员: (*Er zeigt die Formulare, siehe folgendes Muster 1 und 2*) 这儿填您的姓名和地址，下面填收件人的姓名和地址，再下面填包裹内容。请问，您的包裹里是什么？

霍夫曼: 货样，金刚石锯片。

邮局职员: 原产地国是哪儿？

霍夫曼: 中国。

邮局职员: 请您在右下角签字。

霍夫曼: 签好了，给您。

邮局职员: (*Das Paket wird gewogen*) 2 公斤，87块8，加上海关验关费5元，一共是93块8毛。

霍夫曼：　　　寄挂号多少钱？

邮局职员：　　再加6块5。

霍夫曼：　　　包裹什么时候能到？

邮局职员：　　海运 3 至 4 周。寄航空件1周，需要再加200元。

霍夫曼：　　　寄航空件一共多少钱？

邮局职员：　　一共3百零3块。

Muster 1: 报关单

中华人民共和国邮政	报关单	邮 2103 - **CN** 23

	寄件人姓名地址	(函件或包裹号码(如有条形码，应一并印上)
寄自	寄件人姓名地址	
寄往	收 件人姓名、地址(包括寄达国名)	

本函件/包裹可由海关开拆

内装物品名称(和件数)	货物原产国	税率号码	净 重	课税价值

商品货样 ☐ 文 件 ☐ 礼品	证明和发票份数	原寄局/交寄日期
备注	总毛重	

我保证本报关单内所填各项准确无误，邮件内未装寄邮章禁止寄递 的任何危险物品
日期和寄件人签字

Muster 2: 验关单

验关   邮 2113 – **CN** 22
DOUANE   (原C 1)
本件可由海关开拆   (ancien C 1)
Peut être ouvert d'office

函件如附有报关单，可将此联撕下；如
未附报关单，则应详
细填写
Partie à détacher si l'envoi est
accompagné d'une déclaration
en douane. Sinon, à remplir
请参阅背面的注意事项
Voir instructions au verso

内装物品详细名称课税价值 Désignation détaillée du contenu (注明货币名称) (préeiser la monnaie)	Valeur en douane
净重 总价值 Poids net Valeur totale	

☐ 礼品 Cadeau   ☐ 商品货样 Echantillon commercial

我保证本函件内未装寄邮章禁止寄的任何危险物品。
Je certifie que cet envoi ne contient aucun objet dangereux
interdit par la réglementation postale. 签字 Signature

3

登记入网

霍夫曼: 请问，在您这儿可以办理 Internet[1] 入网手续吗？

邮局职员: 可以。您填一下申请表。填上您的姓名，工作单位和护照号码。

霍夫曼: 填好了，您看对吗？这是我的护照。

邮局职员: (*Er zeigt das Formular*) 请您在这儿签名。

霍夫曼: 我应该交多少钱？

邮局职员: 3 百元入网费。以后每月按实际使用网络时间计费，每小时15元。

霍夫曼: 我什么时候可以得到我的 E-Mail[1] 地址？

邮局职员: 明天。

霍夫曼: 谢谢。

4

打电话

(1)

公司职员: 北京万达公司，您好。

霍夫曼: 您好。请问，刘明先生在吗？

公司职员: 请等一下。

刘 明: 喂，我是刘明。

霍夫曼: 您好，刘先生。我是霍夫曼。

刘 明: 您好，霍夫曼先生。

霍夫曼: 我想和宋总经理再谈谈我们的合作项目。您能给

安排一下吗？

刘 明: 好的。安排好后，我给您打电话。

霍夫曼;   谢谢。

刘 明: 再见！

霍夫曼: 再见！

(2)

霍夫曼: 喂？

刘 明: 您好，是霍夫曼先生吗？

霍夫曼: 我是霍夫曼。

刘 明: 您好，我是刘明。

霍夫曼: 您好，刘先生。

刘 明: 您和宋总经理的会谈，安排在后天下午2点。您

看行吗？

霍夫曼: 很好。在哪儿？

刘 明: 在公司第一会议室。

霍夫曼: 谢谢。

刘 明: 后天见！

霍夫曼: 后天见！

5

发传真[2]

(1)

霍夫曼: 喂，您好。请接传真。

公司职员: 请稍候。

(2)

霍夫曼: 喂，您好。我要发一份传真，请您给个信号。

公司职员: 好的。

(Hofmann hört das Faxsignal und dann drückt er die Taste des Faxgeräts auf "Start" oder "Send".)

[注释 Erläuterungen]

[1] Man verwendet im Alltag auch direkt das englische Wort "Internet" und "E-Mail" statt die chinesische Wortgruppe "国际互联网" bzw. "电子邮件".

[2] Faxsendung. In vielen Kleinfirmen gibt es nur eine Nummer sowohl für das Telephon als auch für Fax. Normalerweise wird das Faxgerät nicht eingeschaltet, daher muß man in diesem Fall zuerst einmal anrufen und mitteilen, daß man ein Fax senden möchte.

[生词 Vokabeln]

1.	平信	píngxìn	gewöhnlicher Brief
2.	航空信	hángkōngxìn	Luftpostbrief
3.	邮票	yóupiào	Briefmarke

4. 扔	rēng	werfen
5. 信筒	xìntǒng	Briefkasten
6. 窗口	chuāngkǒu	Schalter
7. 报关	bàoguān	Zollerklärung; Zolldeklaration
8. 单	dān	Formular; Liste; Dokument
9. 收件人	shōujiànrén	Empfänger
10.内容	nèiróng	Inhalt
11.货样	huòyàng	Warenprobe; Warenmuster
12.金刚石	jīngāngshí	Diamant
13.锯片	jùpiàn	Sägeblatt; Trennscheiben
14.原产地国	yuánchǎndìguó	Herkunftsland
15.签字	qiānzì	unterschreiben
16.海关	hǎiguān	Zollamt
17.验关	yànguān	Zolkontrolle
18.挂号	guàhào	Einschreiben
19.海运	hǎiyùn	Seetransport, Seeschiffahrt
20.邮政	yóuzhèng	Postwesen, Postverkehr
21.寄信人	jìxìnrén	Sender
22.函件	hánjiàn	Briefe
23.条形码	tiáoxíngmǎ	Streifenkode
24.拆	chāi	aufmachen; öffnen; entsiegeln
25.物品	wùpǐn	Sache; Gegenstand
26.货物	huòwù	Waren; Güter
27.税率	shuìlǜ	Steuersatz
28.净重	jìngzhòng	Nettogewicht; Netto
29.课税	kèshuì	besteuern; Besteuerung
30.价值	jiàzhí	Wert
31.商品	shāngpǐn	Ware; Handelsgüter

32.礼品	lǐpǐn	Geschenk
33.发票	fāpiào	Quittung
34.毛重	máozhòng	Bruttogewicht; Gesamtgewicht
35.保证	bǎozhèng	versichern; garantieren
36.准确	zhǔnquè	genau; korrekt; richtig
37.无误	wúwù	ohne Fehler; nicht falsch
38.任何	rènhé	irgendein; irgendwelch; jeder
39.危险	wēixiǎn	Gefahr
40.详细	xiángxì	ausführlich; genau; detailliert
41.参阅	cānyuè	siehe
42.背面	bèimiàn	Rückseite
43.注意事项	zhùyìshìxiàng	Punkte zu Beachtung
44.货币	huòbì	Währung
45.单位	dānwèi	(Organisations-)Einheit
46.实际	shíjì	tatsächlich
47.会议室	huìyìshì	Konferenzraum

[补充词 Zusätzliche Wörter]

1. 模拟	mónǐ	nachahmen, imitieren

[练习 Übungen]

一、 根据课文，回答下列问题
Beantworten Sie die folgenden Fragen zu den Dialogen.

1. 您想发一封信，您怎么问？

2. 一封寄往德国的航空信(<20 Gramm)多少钱？明信片多少钱？

3. 您想寄一个包裹，您怎样说？

4. 报关单包括哪些内容？

5. 如果你想寄挂号信，你怎样问？

6. 如何询问办理 Internet 入网手续？

7. 你打电话想找刘明，你怎么问？

二、 根据课文，在正确的句子后画 × Lesen Sie noch einmal die Dialoge und kreuzen Sie die richtigen Sätze an.

1. 一封发往德国的平信 (重 20 克以下) 邮费5块4。( )

2. 一封发往德国的航空信 (重 20 克以下) 邮费5块4。( )

3. 一封发往德国的航空挂号信(重 20 克以下) 邮费11块9。( )

4. 一张发往德国的明信片邮费4块2。( )

5. 一封发往德国的航空明信片邮费4块2。( )

6. 寄包裹要填报关单。( )

7. 寄往国外的包裹要填报关单。( )

8. 邮局可以代办 Internet 入网手续。( )

9. 在邮局不能办理 Internet 入网手续。( )

10.在邮局可以办理 Internet 入网手续。( )

11.入网后，你每月按实际使用网络的时间交费。( )

12.入网后，你每月按实际使用网络的时间，再加上电话费交费。( )

13.在中国，发传真前必须先打电话通知对方。( )

14.在中国，有时发传真前必须先打电话通知对方。( )

三、 会话练习 Dialogübungen

模拟会话1至5中的不同人物，练习发信、寄包裹、登记入网、打电话和发传真。

四、思考与讨论 Fragen zur Diskussion

1. 如果你想寄礼品给在德国的朋友，你在邮局怎样做？

2. 如果你打电话找刘明，公司职员告诉你，"他不在"，你说什么？

3. 如果你在邮局发传真，你说什么？

第八课　银行与货币
Lektion 8　Banken und Währung

课文 Text

Zhōngguó de zhōngyāng yínháng shì Zhōngguó Rénmín Yínháng.
中国　　的　中央　　银行　是　中国　　人民　　银行。

Zhōngguó de shāngyè yínháng zhǔyào yǒu Zhōngguó Yínháng、
中国　　的　商业　银行　主要　有　中国　　银行、

Zhōngguó Gōngshāng Yínháng、　Zhōngguó Rénmín Jiànshè
中国　　　工商　　银行、　　中国　　人民　　建设

Yínháng、　Zhōngguó Nóngyè Yínháng hé Jiāotōng Yínháng. Zhèxiē
银行、　　中国　　农业　银行　和　交通　　银行。　这些

shāngyè yínháng bànlǐ wài bì　duìhuàn Rénmínbì yèwù, wài bì　hé
商业　银行　办理　外币　兑换　人民币　业务, 外币　和

Rénmínbì zhànghù hé chǔxù cúnkuǎn yèwù, yǐjí xìnyòngkǎ hé xìndài
人民币　帐户　和　储蓄　存款　业务, 以及　信用卡　和　信贷

yèwù. Měiyuán、　Déguó Mǎkè、　Rìyuán、　Fǎguó Fǎláng、　Yīngbàng hé
业务。　美元、　德国　马克、　日元、　法国　法郎、　英镑　和

Gǎngbì kěyǐ zài gè zhǔyào shāngyè yínháng zhíjiē duìhuàn Rénmínbì
港币　可以在　各　主要　商业　银行　直接　兑换　人民币

huò bànlǐ chǔxù cúnkuǎn. Zài Zhōngguó, chǔxù cúnkuǎn zhǔyào fēnwéi
或　办理　储蓄　存款。　在　中国,　储蓄　存款　主要　分为

dìngqī hé huóqī liǎng dà lèi.　Dìngqī chǔxù yòu fēnwéi sān gèyuè、liù
定期　和　活期　两　大类.　定期　储蓄　又　分为　3　个月、　6

gèyuè、yìnián、liǎng nián jǐzhǒng. 1997 nián qī yuè měiyuán cúnkuǎn
个月、　1　年、　2　年　几种。 1997　年　7　月　美元　　存款

niánlìlǜ zài 1.57% zhì 5.77% zhījiān, Déguó Mǎkè de cúnkuǎn niánlìlǜ
年利率 在 1.57% 至 5.77% 之间,　德国　马克　的　存款　年利率

zài 1.05% zhì 2.95% zhījiān. Huòfūmàn xiānsheng zài Zhōngguó
在 1.05% 至 2.95% 之间。　霍夫曼　　先生　在　中国

Yínhán kāi le wàibì huóqī chǔxù cúnkuǎnzhé , zàinàr　cún qǔ qián hé
银行　开了外币 活期　储蓄　存款折，　在那儿 存取　钱 和

duìhuàn Rénmínbì.
兑换　人民币。

[生词 Vokabeln]

1.	兑换	duìhuàn	umwechseln
2.	帐户	zhànghù	Konto
3.	利息	lìxī	Zinsen
4.	信用卡	xìnyòngkǎ	Kreditkarte
5.	储蓄	chǔxù	sparen; einlegen
6.	中央	zhōngyāng	zentral
7.	建设	jiànshè	Aufbau
8.	农业	nóngyè	Landwirtschaft
9.	交通	jiāotōng	Verkehr
10.	外币	wàibì	ausländische Währung
11.	业务	yèwù	berufliche Tätigkeit; Geschäfte
12.	信贷	xìndài	Kredit
13.	美元	Měiyuán	US Dollar (USD)
14.	德国马克	Déguó mǎkè	Deutsche Mark (DEM)
15.	日元	Rìyuán	Japanische Yuan (JPY)
16.	法国法郎	Fǎguó Fǎláng	Französicher Frank (FRF)
17.	英镑	Yīngbàng	Pfund Sterling (GBP)
18.	港币	Gǎngbì	Hongkong Dollar (HKD)
19.	储蓄存款	chǔxùcúnkuǎn	Sparkassendepositen

20.定期	dìngqī	befristet
21.活期	huóqī	unbefristet
22.利率	lìlǜ	Zinssatz
23.存款折	cúnkuǎnzhé	Sparbuch

[练习 Übungen]

一、 根据课文，回答下列问题
Beantworten Sie die folgenden Fragen zum Text.

1. 中国的商业银行主要有哪些？

2. 中国的商业银行办理哪些主要业务？

3. 哪些外币在中国可以直接兑换人民币？

4. 储蓄存款的主要种类有哪些？

二、 填空　Ergänzen Sie die fehlenden Wörter.

1. 中国的中央银行是＿＿＿＿＿＿＿＿＿＿＿＿＿＿ 。

2. 定期储蓄分为 ＿＿＿＿＿＿＿＿＿＿＿＿＿＿＿＿ 几种。

3. 德国马克的年利率在 ＿＿＿＿＿＿＿＿＿＿＿＿＿＿ 之间。

4. 霍夫曼在中国银行开了＿＿＿＿＿＿＿＿＿＿＿＿＿ 。

会话 Dialoge

1

兑换

霍夫曼:　　　我想用德国马克换人民币。在您这儿可以换吗？

银行职员:　　可以。您换多少？

霍夫曼：	今天的汇率是多少？
银行职员：	4.54。
霍夫曼：	我换500马克。
银行职员：	一共合人民币2270元。
霍夫曼：	谢谢。
银行职员：	不客气。

2

存款

霍夫曼：	我想存一万德国马克。
银行职员：	存活期还是定期？
霍夫曼：	活期。
银行职员：	请填一下红色的活期存款单[1]。 (*siehe Muster 3*)
霍夫曼：	填好了，给您。
银行职员：	要凭密码支取吗？
霍夫曼：	要。
银行职员：	您存一万马克？
霍夫曼：	对。
银行职员：	请输入密码[2]。请再输一遍！
霍夫曼：	输好了。
银行职员：	这是您的存款折。请您收好。

霍夫曼: 谢谢。

银行职员: 不客气。

3
取款

霍夫曼: 我想取钱。

银行职员: 请先填蓝色的取款单。 (*siehe Muster 4*)

霍夫曼: 填好了，给您。我取500马克，换成人民币。

银行职员: 请您输入密码。

霍夫曼: (*Er gibt den Code ein*)

银行职员: 给您2270 元人民币。

霍夫曼: 谢谢。

Muster 3

中国银行 人民币、外币**活期**存款凭条

| 交易码 | | | | | | 年 月 日 | | 柜员号 | 传票号 |

储户填写:

户名	地址					
帐号³						
存入金额 (大写)	货币名称⁴	凭印支取	凭密码支取			
			千百十万千百十元角分			

银行填写:

帐号	存入日⁵	存入金额
户名	起息日⁶	结存金额
会计分录		计息积数
		备注

事后监督　　　复核　　　经办

Muster 4

中国银行　人民币、外币活期取款凭条

年　月　日

交易码					货币名称		柜员号		传票号

储户填写
户名
帐号
支取金额

银行填写
帐号
户名
会计
分录

支取日期

支取金额
结存余额
计息积数
利息金额
备注

预留印章

千百十万千百十元角分

监督日期　　　事后监督　　　复核　　　经办

[注释 Erläuterungen]

[1] Das Formular für unbefristete Spareinlagen ist rot und das Formular zum Abheben blau.

[2] Der Code (密码) ist geheim und wird vom Kunde selbst in den Computer eingegeben.

[3] Die Spalte für die Sparbuchnummer bleibt leer, wenn man ein neues Sparbuch eröffnen möchte.

[4] Hier soll der Name der Währung angegeben werden, wie z. B. 美元 (USD), 德国马克 (DEM), 人民币 (RMB) usw.

[5] 存入日: Einzahlungsdatum

[6] 起息日: Datum, ab dem Zinsen berechnet werden.

[7] 预留印章: Diese Spalte muß Ihr Siegel enthalten, wenn Sie bei der Eröffnung des Sparbuchs Ihr persönliches Siegel in das Formular gedrückt haben.

[生词 Vokabeln]

1.	汇率	huìlǜ	Wechselkurs
2.	凭条	píngtiáo	schriflicher Beleg
3.	交易	jiāoyì	Geschäft; Handel
4.	柜员	guìyuán	Kassier
5.	传票	chuānpiào	Rechnungsbeleg; Belegschein
6.	储户	chǔhù	Einleger; Einzahler
7.	户名	hùmíng	Kontoinhaber
8.	帐号	zhànghào	Kontonummer; Sparbuchnummer
9.	印(章)	yìn(zhāng)	Stempel; Siegel
10.	支取	zhīqǔ	Geld abheben

11.密码	mìmǎ	Code
12.会计	kuàijì	Buchhaltung
13.金额	jīn'é	Geldsumme; Geldbetrag
14.监督	jiāndū	überwachen
15.复核	fùhé	Nachprüfung
16.经办	jīngbàn	Bearbeiter
17.输(入)	shū(rù)	eingeben

[练习 Übungen]

一、 根据课文，回答下列问题
Beantworten Sie die folgenden Fragen zu den Dialogen.

  1. 你想用马克兑换人民币，你怎么说？
  2. 你想用美元兑换人民币，你怎么说？
  3. 你想知道汇率是多少，你怎么问？
  4. 你想存外币，你怎么说？
  5. 你想取钱，你怎么说？

二、 替换练习 Variationsübungen

  •美元   •日元   •法郎   •英镑   •港币

  1. 我想用马克换人民币。
  2. 今天的马克汇率是多少？
  3. 我想存一万马克。
  4. 我想取200马克。

三、会话练习 Dialogübungen

    模拟会话1至3中的不同人物，练习兑换、存钱和取钱。

四、思考与讨论 Fragen zur Diskussion

    1. 如果你想办定期存款，你怎么做？

    2. 如果你想知道定期存款利率，你怎么问？

    3. 如果你想办信用卡，你怎么说？

    4. 取钱时，输入的密码不对怎么办？

第九课　交通与运输
Lektion 9 Verkehr und Transport

课文 Text

Huòfūmàn xiānsheng gāngdào Zhōngguó shí, zài shìnèi zhǔyào
霍夫曼　　先生　　刚到　　中国　时，在　市内　主要

kào chéng chūzūchē qù bànshì. Gōngsī chénglì hòu, tā yǒu le qìchē,
靠　乘　出租车　去 办事。公司　成立　后，他 有 了 汽车，

jiù zìjǐ kāichē qù bànshì le. Yùdào bú rènshì de lù, tā jiù wèn xíngrén
就自己 开车 去 办事 了。遇到 不 认识 的 路,他 就　问　行人

huò jiāotōngjǐng. Tā yǒushí yě chéng gōnggòng qìchē、diànchē huò
或　交通警。 他 有时 也 乘　公共　汽车、 电车 或

dìtiě, tèbié shì zhōumò de shíhòu, tā xihuān qíshàng zìxíngchē huò
地铁，特别 是 周末 的 时候，他 喜欢　骑上　自行车　或

bùxíng sìchù zhuànzhuan, wèide shì gèngduō de liáojiě dāngdì de
步行 四处　转转，　为的 是 更多 地 了解 当地 的

fēngtǔ rénqíng. Dāng xūyào qù wàidì chūchāi shí, tā zǒngshì chéng
风土 人情。　当 需要 去 外地 出差 时，他 总是　乘

huochē huò chéng fēijī. Xiànzài tā yǐjīng huì yòng Zhōngwén dìng
火车 或 乘 飞机。 现在 他 已经 会 用　中文　订

huǒchēpiào huò fēijīpiào le.
火车票　或 飞机 票 了。

[生词 Vokabeln]

1.	运输	yùnshū	Transport
2.	市内	shìnèi	in der Stadt
3.	乘(车)	chéng(chē)	(mit dem Bus) fahren
4.	出租车	chūzūchē	Taxi

5. 遇到	yùdào	auf etw. stoßen
6. 路	lù	Weg; Straße
7. 行人	xíngrén	Fußgänger
8. 交通警	jiāotōngjǐng	Verkehrspolizei
9. 公共	gōnggòng	öffentlich
10. 汽车	qìchē	Autobus; Auto
11. 电车	diànchē	Obus
12. 地铁	dìtiě	U-Bahn
13. 自行车	zìxíngchē	Fahrrad
14. 步行	bùxíng	zu Fuß gehen
15. 四处转转	sìchù zhuànzhuan	sich umsehen
16. 风土人情	fēngtǔ rénqíng	lokale Verhältnisse und Sitten
17. 外地	wàidì	auswärts; andere Provinzen
18. 出差	chūchāi	eine Dienstreise machen
19. 火车	huǒchē	Zug
20. 飞机	fēijī	Flugzeug
21. 订票	dìngpiào	(Zug- oder Flug-)Ticket bestellen

[补充词 Zusätzliche Wörter]

1. 交通工具	jiāotōng gōngjù	Verkehrsmittel

[练习 Übungen]

一、根据课文，回答下列问题
Beantworten Sie die folgenden Fragen zum Text.

1. 霍夫曼先生刚到中国时，主要乘什么车去办事？

2. 公司成立后，他乘什么车？

3. 他不认识路时，他问谁？

4. 市内的主要公共交通工具有哪些？

5. 他骑自行车干什么？

6. 去外地出差时，他怎么去？

二、 选择合适的词和词组，组成正确的句子
Bilden Sie Sätze mit den folgenden Wörtern

z. B.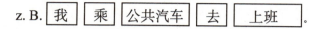

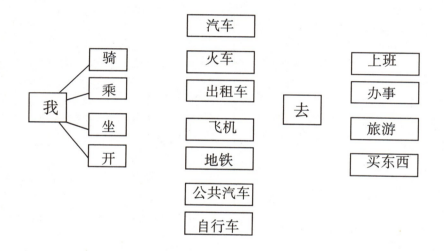

会话 Dialoge

1

Herr Hofmann nimmt ein Taxi.

司机: 去哪儿？

霍夫曼: 飞机场。

司机: 机场到了。

霍夫曼: 多少钱？

司机: 50[1]。

霍夫曼: (*Er überreicht 50 Yuan und sagt:*) 请开一张发票。

司机: 给您发票。

霍夫曼: 谢谢。再见！

司机: 再见！

2

Herr Hofmann steigt in einen Bus ein und fragt den Schaffner.

霍夫曼: 请问，去天坛公园要换车吗？

售票员: 是的。您在崇文门换43路汽车。

霍夫曼: 到崇文门多少钱？

售票员: 5 毛。

霍夫曼: 买一张票。

售票员: 给您票。

3

(1)

Herr Hofmann fragt die Zugsauskunft.

霍夫曼: 请问，后天有去上海的车吗？

A: 有。

霍夫曼: 几点发车？

A:　　　　21次列车晚上19点50分发车。

霍夫曼:　　几点到上海？

A:　　　　第二天上午10点59分。

霍夫曼:　　售票处在哪儿？

A:　　　　在一楼大厅左边。

霍夫曼:　　谢谢。

A:　　　　不用谢。

(2)

Herr Hofmann geht zum Fahrkartenschalter.

霍夫曼:　　请问，有后天去上海的票吗？

售票员:　　有。 要硬座、硬卧还是软卧？

霍夫曼:　　硬卧。

售票员:　　要几张？

霍夫曼:　　两张。多少钱？

售票员:　　一共412元。

4

Herr Hofmann telefoniert mit dem Flugticketschalter.

霍夫曼:　　喂，您好！请问，有8月15号去上海的飞机票吗？

售票员:　　请等一下。我给您查一下 (*sucht im Computer*)。

　　　　　有。国航[2] CA901航班，早上8点15分起飞。

霍夫曼:　　我可以现在订票吗？

售票员:	当然可以。请问，您贵姓？
霍夫曼:	我叫 Hofmann. H-O-F-M-A-N-N. Leopold Hofmann.
售票员:	您要经济舱还是公务舱？
霍夫曼:	经济舱。
售票员:	您的电话号码是多少？
霍夫曼:	6543 7890。
售票员:	您的票已经办好了。您可以随时来取票。
霍夫曼:	请问，票多少钱？
售票员:	1200元。
霍夫曼:	能用信用卡付款吗？
售票员:	能。
霍夫曼:	谢谢。
售票员:	不客气。
霍夫曼:	再见！
售票员:	再见！

5

(1)

霍夫曼:	对不起，去市工商局[3]怎么走？
A:	一直往前走，第二个十字路口往左拐。

霍夫曼:　　　谢谢。

(2)

霍夫曼:　　　请问，去市工商局走这条路对吗？

A:　　　　　对。到第三个红绿灯[4]处往右拐。

霍夫曼:　　　谢谢。

(3)

霍夫曼:　　　请问，您知道市工商局在哪儿吗？

A:　　　　　就在前面。路东[5]，邮局对面。

霍夫曼:　　　谢谢。

[注释 Erläuterungen]

[1] 50 元。

[2] 国航：ist eine umgangssprachliche Abkürzung von 中国国际航空公司。

[3] 工商局: ist eine umgangssprachliche Abkürzung von 工商行政管理局。

[4] 红绿灯：(umgangsprachlich) Verkehrsampel.

[5] 路东：Ostseite der Straße.

[生词 Vokabeln]

1.	司机	sījī	Fahrer
2.	天坛公园	tiāntán gōngyuán	"*Himmelstempel*" Park in Peking
3.	崇文门	chóngwénmén	(*Ortsname in Peking*)
4.	发车	fāchē	abfahren

5. 售票处	shòupiàochù	Fahrkarten-; Flugticket-schalterhalle
6. 大厅	dàtīng	Halle
7. 硬座	yìngzuò	hartgepolsterter Sitz in Zügen
8. 硬卧	yìngwò	Schlafwagenabteil mit ungepolsterten Betten
9. 软卧	ruǎnwò	Schlafwagenabteil mit gepolsterten Betten
10.航(空)	háng(kōng)	Luftfahrt; Luftverkehr
11.航班	hángbān	Flugnummer
12.经济舱	jīngjìcāng	economic class
13.公务舱	gōngwùcāng	business class

[练习 Übungen]

一、根据课文，回答下列问题
Beantworten Sie die folgenden Fragen zu den Dialogen.

1. 乘出租车如何告诉司机你去哪儿？

2. 你想要一张出租车发票，你怎样说？

3. 乘公共汽车买车票怎么说？

4. 买火车票如何问火车开车时间和到达时间？

5. 你想打电话订机票，你怎么说？

6. 如何问路？

二、替换练习 Variationsübungen

1. A: 您去哪儿？

   B: 去机场.

   • 长城饭店   • 市工商局   • 火车站

2. 请问，有去上海的<u>票</u>吗？

  • 硬座票　• 硬卧票　• 软卧票　• 飞机票

3. A: 请问，工商局在哪儿？

   B: 就在前面。路<u>东</u>。

  • 南　• 西　• 北

4. A: 请问，(公共)汽车站在哪儿？

   B: 往前走，邮局<u>对面</u>。

  • 前面　• 后面　• 旁边

三、会话练习 Dialogübungen

模拟会话1至5中的不同人物，练习乘出租车、乘公共汽车、乘火车和 乘飞机，以及问路。

四、思考与讨论 Fragen zur Diskussion

1. 乘出租车为什么应该开发票？
2. 乘公共汽车换车后还要买票吗？
3. 你问路时，回答是"对不起，我不知道"，你可以说什么？

第十课 告别
Lektion 10 Abschied

课文 Text

Huòfūmàn zài huá gōngzuò liǎng nián hòu jíjiāng huí Déguó. Tā
霍夫曼 在 华 工作 两 年 后 即将 回 德国。他

qù bàifǎng le yìqǐ gōngzuò guò de tóngshì hé péngyǒu, xiàng tāmén
去 拜访 了一起 工作 过 的 同事 和 朋友, 向 他们

gàobié. Tā chūsè de gōngzuò dédào le Zhōngguó tóngshìmén de
告别。他 出色 的 工作 得到 了 中国 同事们 的

zànyáng. Zhōngguó tóngshìmén zhùyuàn tā, huíguó hòu wànshì
赞扬。 中国 同事们 祝愿 他, 回国 后 万事

rúyì、 gōngzuò shùnlì、 shēntǐ jiànkāng. Gōngsī lǐngdǎo dào jīchǎng
如意、 工作 顺利、 身体 健康。 公司 领导 到 机场

wèi tā sòngxíng, xiàng tā zèngsòng le xiǎo lǐwù , bìng qǐng tā xiàng
为 他 送行, 向 他 赠送 了小 礼物, 并 请 他 向

défāng zhuǎndá zhōngfāng jìnyíbù kuòdà shuāngfāng jīngjì hézuò de
德方 转达 中方 进一步 扩大 双方 经济 合作 的

yuànwàng.
愿望。

[生词 Vokabeln]

1.	告别	gàobié	Abschied; sich verabschieden
2.	即将	jíjiāng	bald
3.	拜访	bàifǎng	jm einen Besuch abstatten
4.	出色	chūsè	ausgezeichnet; hervorragend
5.	赞扬	zànyáng	loben; anerkennen

6. 万事如意	wàngshìrúyì	alles Gute
7. 送行	sòngxíng	(auf dem Flughafen) sich von jm verabschieden
8. 转达	zhuǎndá	ausrichten; übermitteln
9. 扩大	kuòdà	vergrößern; erweitern

[练习 Übungen]

一、根据课文，回答下列问题
Beantworten Sie die folgenden Fragen zum Text.

1. 霍夫曼先生在华工作了多长时间？
2. 他为什么去拜访他的同事和朋友？
3. 他在中国的工作做得怎么样？
4. 中国同事们祝愿他什么？
5. 公司领导请他向德方转达什么？

二、造句 Bilden Sie Sätze

1. 向 ...... 告别
2. 为 ...... 送行
3. 拜访
4. 转达

会话 Dialoge

1

霍夫曼：　老宋、老白、小刘，我过几天就要回国了，今天
　　　　特来向你们告别。

宋波:	这么快就要回去了。两年来我们合作得一直很好，真希望你能在这儿再干一段时间。
白林:	我们非常感谢，两年来你对公司建设所做出的贡献。
霍夫曼:	我很高兴，能跟你们一起工作了两年。非常感谢你们两年来对我工作的支持和帮助。
宋波:	希望我们能够继续保持联系。祝你回国后万事如意、工作顺利、身体健康！
霍夫曼:	我祝公司不断发展！也祝你们各位身体健康！
刘明:	行李都准备好了吗？
霍夫曼:	还没有。
刘明:	用[1]帮忙吗？
霍夫曼:	你们都挺忙[2]，不用了。谢谢。
刘明:	如果需要，请尽管说[3]。
霍夫曼:	好的。
刘明:	走那天[4]，我去机场送你。
霍夫曼:	谢谢！我还得去准备行李，就先告辞了。再见！
全体:	再见！

2

Im Flughafen

中方代表:	我们代表公司为你送行。这是我们送你的一点儿

小礼物。

霍夫曼：　　　谢谢！以后有机会去德国，请一定去看我。我会好好招待你们的。

中方代表：　　如果我们去德国，一定会去看你的。回国后请向贵公司转达我们希望进一步扩大双方经济合作的愿望。

霍夫曼：　　　好的。

中方代表：　　有时间，请多来信。我们欢迎你以后能再次来华工作。

霍夫曼：　　　我会再来的。

中方代表：　　好了，快开始登机了，去候机室吧！祝你旅途愉快！

霍夫曼：　　　谢谢！

中方代表：　　再见！

霍夫曼：　　　再见！

[注释 Erläuterungen]

[1] 用：　bedeutet hier "brauchen".

[2] 挺忙：　(umgangsprachlich) Es bedeutet "sehr beschäftigt".

[3] Wenn Sie irgendwelche Hilfe brauchen, dann sagen Sie es uns bitte!

[4] 走那天：　die Satzbedeutung ist hier: "Der Tag, an dem Sie abfliegen."

[生词 Vokabeln]

1.	贡献	gòngxiàn	Beitrag leisten; beitragen; widmen
2.	支持	zhīchí	unterstützen; beistehen
3.	继续	jìxù	fortsetzen; weiterführen
4.	保持	bǎochí	aufrechterhalten; halten
5.	挺	ting	sehr; recht
6.	尽管	jinguǎn	nur; freilich
7.	候机室	hòujīshì	Flughafenwartehalle; Wartesaal

[练习 Übungen]

一、根据课文，回答下列问题
Beantworten Sie die folgenden Fragen zu den Dialogen.

1. 你去向同事或朋友告别，你怎么说？
2. 你感谢同事们对你工作的支持和帮助，你说什么？
3. 朋友要帮你准备行李，你怎么说？
4. 公司代表到机场为你送行，你对他们说什么？
5. 你去机场为霍夫曼先生送行，你怎么说？

二、填空 Ergänzen Sie die fehlenden Wörter.

1. 我过几天就要 ＿＿＿＿ 了。
2. 感谢两年来你对公司建设做出的 ＿＿＿＿ 。
3. 希望我们能够 ＿＿＿＿ 保持 ＿＿＿＿ 。
4. 祝你回国后万事 ＿＿＿＿ ，工作 ＿＿＿＿ 。
5. 行李都 ＿＿＿＿ 好了吗？

6. A: 用帮忙吗？B: 你们都 _____，不用了。

7. 如果需要，请 _____ 说。

8. 我还得去准备 _____，就先 _____ 了。

9. 这是我们送你的一点儿 _____。

10. 以后有 _____ 去德国，请一定去看我。我会好好 _____ 你们的。

11. 有时间，请多 _____。

12. 请向贵公司转达我们希望进一步 _____ 双方 _____ 的愿望。

13. 快开始 _____ 了，去 _____ 吧！祝你 _____ 愉快！

三、会话练习 Dialogübungen

模拟会话1至2中的不同人物，练习告别和送别。

四、思考与讨论 Fragen zur Diskussion

1. 霍夫曼先生为什么回国？

2. 告别时除了说"再见"还能说什么？

第二部分：外贸汉语

Teil 2: Chinesisch für den Außenhandel

第十一课　进出口
Lektion 11 Import und Export

课文 Text

Jìnchūkǒu jiāoyì yìbān bāokuò yǐxià jǐgè bùzhòu: Yī jìnchūkǒu
进出口　交易　一般　包括　以下几个　步骤：　1. 进出口

jiāoyì qián de zhǔnbèi gōngzuò. Zhè zhǔyào shì duì guówài shìchǎng de
交易　前　的　准备　工作。　这　主要　是　对　国外　市场　的

diàochá yánjiū, duì jiāoyìduìxiàng de diàochá yánjiū hé biānzhì
调查　研究，对　交易　对象　的　调查　研究　和　编制

shāngpǐn jìnchūkǒu jìhuà. Èr jìnchūkǒu jiāoyì cuōshāng. Yìbān bāokuò
商品　进出口　计划。　2. 进出口　交易　磋商。　一般　包括

xúnjià、 bàojià、 jiàgé tánpàn hé jiēshòu sìgè huánjié. Sān qiāndìng
询价、　报价、　价格　谈判　和　接受　四个　环节。　3. 签订

hétong. Hétong de nèiróng yìbān bāokuò shāngpǐn pǐnmíng, pǐnzhì,
合同。　合同　的　内容　一般　包括　商品　品名，　品质，

guīgé, zhòngliàng, shùliàng, bāozhuāng, jiàgé, jīn`é, jiāohuòqī,
规格，　重量，　数量，　包装，　价格，　金额，　交货期，

bǎoxiǎn, zhīfù, jiǎnyàn, suǒpéi, zhòngcái děng tiáokuǎn. Sì lǚxíng
保险，　支付，　检验，　索赔，　仲裁　等　条款。　4. 履行

hétong. Jìnkǒu hétong de lǚxíng tōngcháng bāokuò kāilì xìnyòngzhèng,
合同。　进口　合同　的　履行　通常　包括　开立　信用证，

zūchuán dìngcāng, bǎoxiǎn, shěndān, fùkuǎn, jiēhuò bàoguān,
租船　订舱，　保险，　审单　付款，　接货　报关，

shāngjiǎn,yònghù shōuhuò yǔ yànshōu, jìnkǒu suǒpéi děng. Chūkǒu
商检，　用户　收货　与　验收，　进口　索赔　等。　出口

hétong de lǚxíng zé zhǔyào bāokuò: bèihuò, zuīzhèng hé shěnzhèng,
合同　的 履行 则　主要　　包括:　　备货,　催证¹　和　　审证²,

zūchuán dìngcāng, shāngjiǎn, bǎoxiǎn, fāhuò, bàoguān, zhuāngchuán,
　租船　　订舱,　　商检,　　保险,　发货,　　报关,　　装 船 ,

zhìdān jiéhuì, suǒpéi děng.
制单　结汇,　索赔　等。

[注释 Erläuterungen]

¹ 催证: 是在出口合同签订后, 及时催促买方办理开立信用证手
续。

² 审证: 是对国外开来的信用证进行审核。

[生词 Vokabeln]

1.	进出口	jìnchūkǒu	Import und Export
2.	步骤	bùzhòu	Schritt; Prozeß
3.	调查	diàochá	Untersuchung
4.	研究	yánjiū	Forschung; Studium
5.	对象	duìxiàng	Objekt; Ziel
6.	编制	biānzhì	ausarbeiten; entwerfen
7.	磋商	cuōshāng	Konsultation; Beratung
8.	询价	xúnjià	Anfrage
9.	报价	bàojià	Preisangebot
10.	谈判	tánpàn	Verhandlung
11.	接受	jiēshòu	annehmen; akzeptieren
12.	环节	huánjié	Abschnitt, Bindeglied
13.	品名	pǐnmíng	Bezeichnung eines Artikels
14.	品质	pǐnzhì	Qualität der Ware

15. 规格	guīgé	Ausmaß; Umfang
16. 重量	zhòngliàng	Gewicht
17. 数量	shùliàng	Quantität; Menge
18. 包装	bāozhuāng	Verpackung
19. 交货期	jiāohuòqī	Lieferungsfrist der Güter
20. 检验	jiǎnyàn	prüfen; testen
21. 索赔	suǒpéi	ein Entschädigung fordern;
22. 仲裁	zhòngcái	Schiedsspruch
23. 条款	tiáokuǎn	Klausel; Paragraph
24. 履行	lǚxíng	ausführen; durchführen
25. 开立	kāilì	ausstellen; öffnen
26. 信用证	xìnyòngzhèng	Kreditbrief, Akkreditiv
27. 租	zū	mieten
28. 船	chuán	Schiff; Ozeandampfer
29. 订舱	dìngcāng	Laderaum bestellen
30. 保险	bǎoxiǎn	Versicherung
31. 审	shěn	prüfen
32. 付汇	fùhuì	Geld bezahlen
33. 验收	yànshōu	etw. nach Überprüfung an-nehmen
34. 备货	bèihuò	Bereitsstellung der Waren
35. 摧	cuī	drängen; antreiben
36. 商检	shāngjiǎn	Warenprüfung
37. 装	zhuāng	laden
38. 制	zhì	formulieren; ausarbeiten
39. 结汇	jiéhuì	Devisenabrechnung

[练习 **Übungen**]

一、根据课文，回答下列问题
Beantworten Sie die folgenden Fragen zum Text

1. 什么是进出口贸易的准备工作？

2. 进出口交易磋商包括哪几个环节？

3. 进出口合同的内容一般包括哪些条款？

4. 进口合同的履行通常包括哪些内容？

5. 出口合同的履行主要包括哪些内容？

二、看图解释进出口交易的主要步骤
Erklären Sie gemäß den beiden Abbildungen den Verlauf eines Import- und Exportgeschäftes

siehe Abbildung 11-1 und 11-2

Abbildung 11-1

进口交易步骤简图

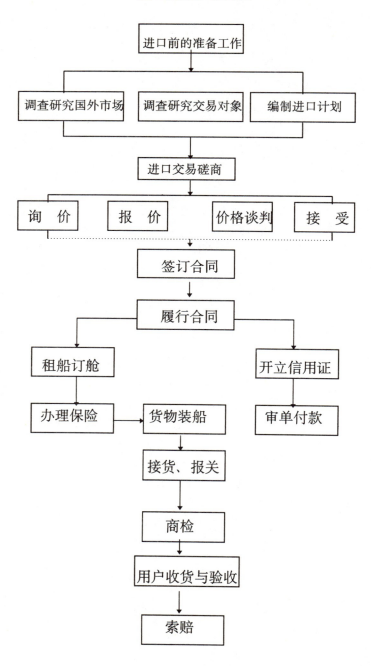

Abbildung 11-2

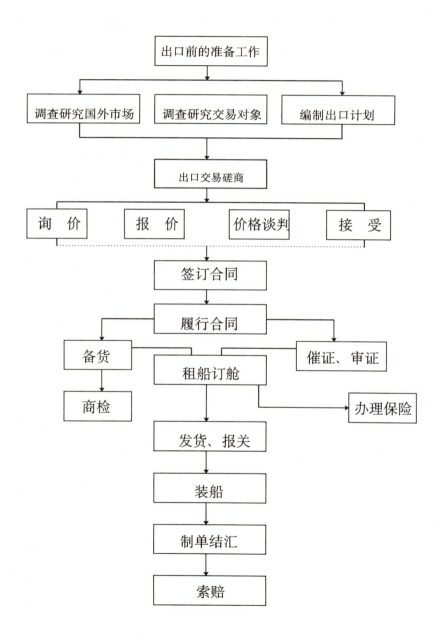

出口交易步骤简图

会话 Dialog

记者: 几年来中国的对外贸易发展迅速，进出口规模不断扩大。请问，去年[1]中国的进出口总额是多少？

发言人: 去年我国进出口总额达到 2899.1 亿美元。 其中出口额为1510.7 亿美元，进口额为 1388.4 亿美元。

记者: 中国最大的贸易伙伴是哪些国家和地区？

发言人: 按 1995 年 进出口额计算依次为： 日本、香港、美国、台湾、韩国、 德国、新加坡、 俄罗斯、意大利、英国.

记者: 请问，中国出口额[2]最大的主要商品是哪些？

发言人: 中国出口额最大的主要商品1996 年是服装、棉布、石油、水产品、蔬菜、煤、家用陶瓷器、电扇、自行车等。

记者: 请问，中国进口额[2]最大的主要商品是哪些？

发言人: 进口额[2]最大的主要商品有钢材、化肥、石油、谷物、机床、纸及纸板、飞机、植物油、纺织用合成纤维等。

[注释 Erläuterungen]

[1] 1996年

[2] 出口额、进口额： 额 (é) bedeutet hier Geldbetrag.

[生词 Vokabeln]

1.	记者	jìzhě	Journalist; Korrespondent
2.	发展	fāzhǎn	Entwicklung; entwickeln
3.	不断	búduàn	ununterbrochen; unaufhörlich
4.	发言人	fāyánrén	Sprecher
5.	其中	qízhōng	darunter; darin
6.	出口	chūkǒu	Export; exportieren
7.	亿	yì	100 Millionen
8.	进口	jìnkǒu	Import; importieren
9.	伙伴	huǒbàn	Partner
10.	按 ... 计算	àn... jìsuàn	nach ... berechnen
11.	依次	yīcì	der Reihe nach
12.	韩国	Hánguó	Südkorea
13.	新加坡	Xīnjiābō	Singapur
14.	俄罗斯	Éluó sī	Rußland
15.	意大利	Yìdàlì	Italien
16.	英国	Yīngguó	Großbritannien
17.	服装	fúzhuāng	Kleidung
18.	棉布	miánbù	Baumwollstoff
19.	石油	shíyóu	Erdöl
20.	水产品	shuǐchǎnpǐn	sog. "Wasserprodukte"
21.	煤	méi	Kohle
22.	家用	jiāyòng	Hausgebrauch; Haushaltung
23.	陶瓷器	táocíqì	Keramiken; Ton- und Porzellanwaren
24.	电扇	diànshàn	Ventilator

25.	钢材	gāngcái	Stahlprodukte; Walzstahl
26.	化肥	huàféi	chemische Düngemittel
27.	谷物	gǔwù	Getreide
28.	机床	jīchuáng	Maschinenbank; Werkzeug-maschinen
29.	纸	zhǐ	Papier
30.	纸板	zhǐbǎn	Pappe; Karton
31.	植物油	zhíwùyóu	Pflanzenöl
32.	纺织	fǎngzhī	Textil
33.	合成纤维	héchéng xiānwéi	synthetische Faser

[补充词 Zusätzliche Wörter]

2.	渔业	yúyè	Fischerei
3.	纺织业	fǎngzhīyè	Textilindustrie
4.	煤炭工业	méitàn gōngyè	Kohlenindustrie
5.	航空航天工业	hángkōng hángtiān gōngyè	Luft- und Raumfahrt-industrie
6.	医药工业	yīyào gōngyè	pharmazeutische Industrie

[练习 Übungen]

一、根据课文，回答下列问题
Beantworten Sie die folgenden Fragen zum Dialog.

1. 1996年中国的进出口总额是多少？
2. 1995年中国的十大贸易伙伴是哪些国家和地区？
3. 德国是中国的第几大贸易伙伴？
4. 1996年中国出口额最大的主要商品有哪些？
5. 1996年中国进口额最大的主要商品有哪些？

二、请把下列商品与相应的行业组合在一起.
　　Ordnen Sie bitte die Produkte den Branchen zu.

1. 服装	a. 农业	(1, <u>d</u>)
2. 蔬菜	b. 渔业	(2, ＿)
3. 煤	c. 轻工业	(3, ＿)
4. 自行车	d. 纺织业	(4, ＿)
5. 钢材	e. 煤炭工业	(5, ＿)
6. 化肥	f. 电子工业	(6, ＿)
7. 机床	g. 冶金工业	(7, ＿)
8. 电脑	h. 机械工业	(8, ＿)
9. 水产品	i. 石油化工、化学工业	(9, ＿)
10.药品	j. 航天航空工业	(10, ＿)
11.飞机	k. 医药工业	(11, ＿)

三、会话练习 Dialogübungen

　　分A，B组扮演本课对话课文中的不同人物，练习就进出口问题提问与回答。

四、思考与讨论 Fragen zur Diskussion

　　1. 进出口额最大的主要商品是否就是进出口最多的商品？
　　2. 德国向中国出口的主要产品是什么？
　　3. 德国从中国进口的主要产品是什么？

第十二课　询价
Lektion 12　Anfrage

课文 Text

Xúnjià yòu chēng xúnpán, shì zhǐ jiāoyì de yìfāng zhǔnbèi gòumǎi
询价 又 称 询盘，是 指 交易 的 一方 准备 购买

huò chūshòu mǒuzhǒng shāngpǐn shí, xiàng duìfāng xúnwèn mǎimài gāi
或 出售 某种 商品 时，向 对方 询问 买卖 该

shāngpǐn de yǒuguān jiāoyì tiáojiàn. Xúnjià de nèiròng zhǔyào shì
商品 的 有关 交易 条件[1]。 询价 的 内容 主要 是

xúnwèn jiàgé、 shùliàng hé guīgé děng. Xúnjià biǎodá le yìfāng xī
询问 价格、 数量 和 规格 等。 询价 表达 了 一方 希

wàng dédào duìfāng bàojià de yuànwàng. Xúnjiàfāng de mùdì kěyǐ shì
望 得到 对方 报价 的 愿望。 询价方 的 目的 可以 是

xiǎng gēnjù duìfāng de bàojià, kǎolǜ shìfǒu yǔ duìfāng jìnxíng jiāoyì;
想 根据 对方 的 报价，考虑 是否 与 对方 进行 交易;

yě kěyǐ shì zhǐ xiǎng láojiě yíxià shìjià, bìng wúyì jìnxíng jiāoyì.
也可以 是 只 想 了解 一下 市价， 并 无意 进行 交易。

Xúnjià tōngcháng shì yìbǐ jiāoyì de qǐdiǎn, dàn tā duì shuāngfāng dōu
询价 通常 是 一笔交易 的 起点， 但 它 对 双方 都

méiyǒu yuēshùlì.
没有 约束力。

[注释 Erläuterungen]

[1] 交易条件: 指买卖双方进行贸易据以遵循的各种规定和办法。

[生词 Vokabeln]

1.	询盘	xúnpán	anfragen; Anfrage
2.	准备	zhǔnbèi	vorbereiten
3.	购买	gòumǎi	ankaufen; anschaffen; einkaufen
4.	出售	chūshòu	verkaufen; etw. zum Verkauf anbieten
5.	买卖	mǎimài	Kauf und Verkauf
6.	条件	tiáojiàn	Kondition; Bedingung
7.	规格	guīgé	Standard; Norm
8.	目的	mùdì	Ziel
9.	考虑	kǎolǜ	überlegen; erwägen
10.	市价	shìjià	Marktpreis
11.	无意	wúyì	keine Lust-, kein Interesse haben
12.	通常	tōngcháng	im allgemeinen; normalerweise
13.	起点	qǐdiǎn	Ausgangspunkt
14.	约束力	yuēshùlì	bindende Kraft; Verbindlichkeit

[练习 Übungen]

一、根据课文，回答下列问题
  Beantworten Sie die folgenden Fragen zum Text.

1. 什么是询价？

2. 询价的内容主要是什么？

3. 询价方的目的是什么？

4. 询价对买卖双方都有约束力吗？

二、根据课文，在正确的句子后画 × Lesen Sie noch einmal die
Dialoge und kreuzen Sie die richtigen Sätze an.

1. 询价是指询问商品的价格。（ ）
2. 询价是指询问商品的交易条件。（ ）
3. 询价方都是有意同对方进行交易的。（ ）
4. 买卖双方进行交易时，通常先由一方询价。（ ）
5. 询价是所有交易的起点。（ ）
6. 询价后，询价方必须购买报价方的商品。（ ）
7. 一方询价后，另一方必须及时报价。（ ）

会话 Dialoge

1

魏斯：   您好，宋先生。我对贵公司出口的产品很感兴
趣。我希望能尽快得到贵方的报价。

宋波：   魏斯先生，对您的询价，我很高兴。如果您能告
诉我们您打算订购的数量，我们可以很快给您报
价。

魏斯：   如果价格合适的话，我们打算先订50000件。

宋波：   谢谢。我们明天上午9点可以向您报价。

魏斯：   请问，您的报价是 cif 到岸价格[1]，还是 fob 离岸
价格[2]？

宋波：   我们通常是报 fob 离岸价格。

魏斯:　　　我们希望报 cif 到岸最低价格，目的港汉堡。

宋波:　　　没问题。

魏斯:　　　佣金包括在报价中吗？

宋波:　　　包括。

魏斯:　　　您的报价有效期是几天？

宋波:　　　两天。

魏斯:　　　谢谢您。明天见！

宋波:　　　明天见！

2

米勒:　　　刘先生，听说您对德国的机床感兴趣。我们公司
　　　　　专门负责在中国经销德国造的机器设备。

刘明:　　　是的。我们正在考虑选购德国机床。德国机床的
　　　　　性能和型号，我们已经从商品目录中有所了解。
　　　　　我们很想了解一下贵公司的供货能力和交易条件.

米勒:　　　我们公司有能力供应各种类型的机床。几年来，
　　　　　我们为中国的不少大中型企业供应了我们的产品.

刘明:　　　您能给我们一个价目表吗？

米勒:　　　当然可以。这是我们最新的价目表。从中您可以
　　　　　看出，我们的报价是很有竞争力的。

刘明:　　　贵方的交货期是多长？

米勒:　　　一般收到信用证后三个月交货。

刘明：　　　　贵方的报价都是成本加运费保险费的到岸价格，即 cif．您可以向我们报 fob 离岸价格吗？

米勒：　　　　可以．没问题．

刘明：　　　　还有一个问题，德国的机床质量很好，但价格高了一点儿．我们有意订购你们的产品，您能不能给我们一定的折扣呢？

米勒：　　　　我们一般是不给折扣的．但为了发展我们的友好关系，我们可以考虑给你们1％的折扣．

刘明：　　　　1％？太少了．2％怎么样？

米勒：　　　　我需要跟我们公司联系一下．

刘明：　　　　好的．我们什么时候能够得到贵方离岸价格的报价？

米勒：　　　　明天上午10点，行吗？

刘明：　　　　很好．

[注释 Erläuterungen]

[1] cif 到岸价格：cif 是英文 cost, insurance, freight 价格术语的缩写．意为成本加保险费运费的到岸价格．德文为 Kosten, Versicherung, Fracht．cif 到岸价格是由卖方负责租船订舱和办理保险，按期将货物装船，并支付到达目的港的运费和保险费．

[2] fob 离岸价格：fob 是英文 free on board 价格术语的缩写．意为船上交货价格或离岸价格．fob 离岸价格是由卖方负责在指定的装运

港将货物装上买方指定船上的价格。租船、运费和保险费等由买方
承担。

[生词 Vokabeln]

1.	魏斯	Wèisī	Weiß (*Personenname*)
2.	感兴趣	gǎnxìngqù	sich interessieren
3.	订购	dìnggòu	bestellen; einen Lieferauftrag erteilen
4.	到岸价格	dào'àn jiàgé	cif (Kosten, Versicherung und Fracht)
5.	离岸价格	lí'àn jiàgé	fob (Frei an Bord)
6.	最低	zuìdī	günstigst; billigst
7.	港	gǎng	Hafen
8.	佣金	yòngjīn	Provision; Vermittlungsgebühr
9.	有效期	yǒuxiàoqī	gültige Frist
10.	负责	fùzé	für etw. verantwortlich sein
11.	性能	xìngnéng	Funktion; Leistung
12.	型号	xínghào	Modell; Typ
13.	目录	mùlù	Liste; Verzeichnis
14.	能力	nénglì	Fähigkeit
15.	价目表	jiàmùbiǎo	Preisliste
16.	竞争力	jìngzhēnglì	Konkurrenzfähigkeit
17.	成本	chéngběn	Kosten
18.	加	jiā	plus; addieren
19.	运费	yùnfèi	Frachtgeld; Transportkosten
20.	保险费	bǎoxiǎnfèi	Versicherungskosten
21.	折扣	zhékòu	Rabatt
22.	术语	shùyǔ	Fachausdruck

23. 缩写   suōxiě   abkürzen; Abkürzung

[练习 **Übungen**]

一、根据课文，回答下列问题
Beantworten Sie die folgenden Fragen zu den Dialogen.

1. 你希望得到某公司产品的报价，你怎么说？
2. 你如何询问报价是到岸价格，还是离岸价格？
3. 对方报的是离岸价格，你希望报到岸价格，你怎样问？
4. 如何问佣金？
5. 如何问报价的有效期？
6. 如何要求折扣？

二、填空 Ergänzen Sie die fehlenden Wörter.

1. 我希望能尽快得到贵方的_____。
2. 我们希望报 cif _____ 最低价格，_____ 汉堡。
3. 我们希望报fob _____ 价格。
4. 我们希望报_____ 加_____的到岸价格。
5. 我们明天上午9点向您_____。
6. 我们的报价是很有_____的。

三、会话练习 Dialogübungen

分A，B组扮演本课对话1和2中的不同人物，练习如何询价。

四、思考与讨论 Fragen zur Diskussion

1. 询价时，你希望对方报哪一种价格？为什么？

2. 不同国家进出口商品的报价有效期都相同吗？

3. 订购的数量与报价有什么关系？

4. 报价中都包括佣金吗？

函件 Briefe

询价

1

我方在上周汉诺威计算机博览会上参观了贵方展台，对贵方展出的商用²网络型计算机很感兴趣。我方急需1000台 XX型该类机。请贵方尽快向我方报价，并请详细注明价格、交货期、付款条件。盼复。

2

中国 XX 公司:

从贵国驻德国大使馆商务处，我们得知了贵方的通信地址。

我们是德国 XX 产品生产厂家。我们经常需要大量下列原材料(见附件)。请贵方尽快告知我方 cif 最低价格及销售条件, 并请附样品。

如果贵方产品报价有竞争力，我们愿意与贵方建立长期业务联系。

贵方可以通过德国 XX 银行了解我方情况。

致友好的问候

德国 XXX 公司
19XX年X月X日

附件: 询价单

[注释 Erläuterungen]

[1] **询价函件**一般包括以下内容：(1) 如何知道对方通信地址的？(2) 为什么向对方询价？(3) 想了解什么？如商品性能、价格、数量、支付条件、供货条件等。(4) 谁能证明我方情况？

[2] 商用：Firmengebrauch. Im Gegensatz zu: Privatgebrauch (家用 jiāyòng)

[生词 Vokabeln]

1.	汉诺威	Hànnuòwēi	*Hannover*
2.	博览会	bólǎnhuì	Messe
3.	展台	zhǎntái	Ausstellungsstand
4.	展出	zhǎnchū	ausstellen
5.	急需	jíxū	etw. dringend brauchen
6.	尽快	jìnkuài	möglichst schnell
7.	盼复	pànfù	Hoffnung auf Antwort
8.	大使馆	dàshǐguǎn	Botschaft
9.	商务处	shāngwùchù	Handelsabteilung
10.	原材料	yuáncáiliào	Ausgangsprodukt; Rohmaterialien
11.	样品	yàngpǐn	Muster; Probestück
12.	长期	chángqī	langfristig
13.	附件	fùjiàn	Anlage; Beilage
14.	零部件	língbùjiàn	Einzel-; Ersatz-; Bauteile; Maschinenteile

[练习 Übungen]

一、根据课文，回答下列问题
Beantworten Sie die folgenden Fragen zu den Musterbriefen.

1. 他们是怎样知道对方的通信地址的？

2. 他们为什么向对方询价？

3. 他们想了解什么？

4. 信件 2 是通过谁让对方了解他们公司的情况的？

二、写信练习 Schreiben Sie die Geschäftsbriefe nach den folgenden
Angaben.

1. 请根据询价函件的一般要求，以德国的批发商名义，给中国
   XX 公司写一封有关订购丝绸服装的询价信。

2. 请根据询价函件的一般要求，以中方公司的名义，给德国
   XX 公司写一封有关订购汽车零部件的询价信。

第十三课　报价
Lektion 13　Preisangebot

课文 Text

Bàojià yòu chēng fāpán, shì zhǐ jiāoyì de yìfāng xiàng lìng yìfāng
报价 又　称　发盘，是 指 交易 的 一方　向　另 一方

tíchū jùtǐ de jiāoyì tiáojiàn, bìng biǎoshì yuànyì àn zhèxiē tiáojiàn
提出具体的 交易　条件，并　表示　愿意 按 这些　条件

dáchéng jiāoyì de yìzhǒng xíngwéi. Bàojià tōngcháng yóu màifāng
达成　交易的　一种　行为。报价　通常　由 卖方

tíchū.　Tíchū de yìfāng chēngwéi fāpánrén, lìng yìfāng chēngwéi
提出。提出 的 一方　称为　发盘人，另 一方　称为

shòupánrén. Fāpán bàojià kě fēnwéi yǒu yuēshùlì fāpán hé wú yuēshùlì
受盘人。发盘 报价 可 分为 有 约束力 发盘 和 无 约束力

fāpán. Zhōngguórén bǎ qiánzhě jiào "shípán", hòuzhě jiào "xūpán".
发盘。中国人　把 前者 叫"实盘"，后者 叫"虚盘"。

Dāng shípán zài yǒuxiào qī nèi wéi shòupánrén jiēshòu shí, jiāoyì jì
当 实盘 在 有效期 内 为　受盘人　接受 时，交易 即

dáchéng.　Shípán nèiróng jì chéngwéi mǎimài hétong nèiróng de
达成。　实盘 内容 即 成为　买卖　合同 内容 的

zǔchéng bùfèn.　Fāpánrén jiāng shòu qí yuēshù, bù dé chèhuí huò
组成　部分。发盘人　将　受 其 约束，不 得 撤回 或

biàngēng. Duìyú xūpán, fāpánrén zé búshòu qí yuēshù. Rúguǒ jiāoyì
变更。　对于 虚盘，发盘人 则 不受 其 约束。如果 交易

de yìfāng jiēdào fāpán hòu, duì fāpán nèiróng bù wánquán tóngyì, bìng
的 一方 接到 发盘 后，对 发盘 内容 不 完全　同意，并

tíchū yìjiàn, chēngwéi huánjià huò huánpán.
提出 意见， 称为 还价 或 还盘。

[生词 Vokabeln]

1.	发盘	fāpán	Preisangebot
2.	具体	jùtǐ	konkret; genau
3.	行为	xíngwéi	Handlung
4.	前者	qiánzhě	der erstere
5.	实盘	shípán	verbindliches Preisangebot
6.	后者	hòuzhě	der letztere
7.	虚盘	xūpán	unverbindliches Preisangebot
8.	有效期	yǒuxiàoqī	Geltungs-; Gültigkeitsdauer
9.	达成	dáchéng	erzielen; erreichen
10.	组成部分	zǔchéng bùfèn	Bestandteil
11.	撤回	chèhuí	zurückziehen
12.	变更	biàngēng	ändern; verändern
13.	还价	huánjià	um den Preis handeln
14.	还盘	huánpán	um den Preis handeln

[练习 Übungen]

一、 根据课文，回答下列问题
Beantworten Sie die folgenden Fragen zum Text.

1. 什么是报价或发盘？

2. 谁是发盘人？

3. 谁是受盘人？

4. 什么是实盘？

5. 什么是<u>虚盘</u>？

6. 什么是还价或还盘？

二、根据课文，在正确的句子后画×
Lesen Sie noch einmal die Dialoge und kreuzen Sie die richtigen
Sätze an.

1. 发盘是卖方向买方提出的具体的交易条件。（   ）

2. 发盘是买方或卖方向另一方提出的具体的交易条件。（   ）

3. 有约束力的发盘称为实盘；无约束力的发盘称为<u>虚盘</u>。（   ）

4. 发盘一旦为受盘人接受，发盘人将受其约束。（   ）

5. 发盘人不得撤回或变更发盘内容。（   ）

6. 发盘在有效期内为受盘人接受时，实盘发盘人将不得撤回或
   变更发盘内容。（   ）

7. 虚盘发盘人可以撤回或变更发盘内容。（   ）

8. 接到发盘的一方对发盘内容不同意时，可以还<u>盘</u>。（   ）

会话 Dialoge

1

巴赫：   您好，宋先生！昨天我们向贵方发出了购买 XX

产品的询价。今天来听您的详细报价。

宋波：   您好，巴赫先生！我们已经为您准备好了报价

单。按您的要求，我们向您报cif汉堡港到岸价

格。这是报价单。

巴赫：　　请等一下，我先看一遍报价单。

宋波：　　好的。

巴赫：　　从报价单看，您的报价有点儿太高了，不是吗？

宋波：　　您一定知道，与其它公司的报价相比，我们报的价格肯定还是比较低的。而且，我们产品的质量是有充分保证的。

巴赫：　　这点我相信。可是您知道，我们国家自己也生产这种产品，如果你们的产品价格没有竞争力，我们就无法为它们在德国打开市场。

宋波：　　好吧，为了成交，如果你们在订货数量上能够有些增加的话，我们可以在价格上多做一些让步。

巴赫：　　你们的报价有效期是 ......

宋波：　　两天。

巴赫：　　我们再研究一下贵方的报价。明天给您答复。

宋波：　　好的。明天见！

巴赫：　　再见！

2

施奈德：　　白先生，我今天来访，是向贵方报离岸价格的。

白林：　　您报的是实盘还是虚盘？

施奈德：　　实盘。

白林：　　那就请您现在报实盘吧！

施奈德：　好．我们的报价是：XX 型机床，每台 XX 万马

克，汉堡船上交货。

白林：　还应有2％的折扣，对吗？

施奈德：　是的．我们已同意给您2％的折扣。

白林：　那好，我们就按这个价格签合同吧。

3

白林：　我们认真研究了贵方的报价．贵方的报价太高了。

施泰恩：　我们报的价格是经过十分精确计算的．我相信，这

个价格是合适的．我们产品的质量是世界公认的，

价格也自会高一些。

白林：　您知道，我们的外汇有限．这么高的价格，我们无

法接受．如果您能每台降低5000美金，我们就还可

以考虑。

施泰恩：　我们最多能降1000美金．您看怎么样？你们也应该

做出些让步呀！

白林：　我们最多能加1000美金。

施泰恩：　按你们的还盘成交，我们还要亏损3000美金。

白林：　您是说，我们不必再谈下去了，对吗？

施泰恩：　如果您仍坚持您的价格，我们只好另找买主了。

白林：　我们实在无能为力了。

施泰恩: 那我们也只能表示遗憾了。

白林: 这没什么。希望以后能有机会与贵方合作。

施泰恩: 谢谢。

[生词 Vokabeln]

1.	巴赫	Bāhè	*Bach (Personenname)*
2.	肯定	kěndìng	sicher; zweifellos
3.	与 ... 相比	yǔ ... xiāngbǐ	im Vergleich zu
4.	充分	chōngfèn	voll; in vollem Maße
5.	相信	xiāngxìn	glauben
6.	成交	chéngjiāo	einen Handel abschließen
7.	让步	ràngbù	nachgeben
8.	答复	dáfù	antworten; Antwort
9.	施泰恩	Shītài'ēn	*Stein (Personenname)*
10.	精确	jīngquè	scharf; genau
11.	计算	jìsuàn	kalkulieren
12.	世界	shìjiè	Welt
13.	公认	gōngrèn	allgemein anerkannt
14.	外汇	wàihuì	Devisen
15.	有限	yǒuxiàn	beschränkt; begrenzt
16.	降低	jiàngdī	reduzieren; senken
17.	另	lìng	andere
18.	买主	mǎizhǔ	Kunde; Käufer
19.	实在	shízài	wirklich
20.	无能为力	wúnéngwéilì	nichts tun können
21.	遗憾	yíhàn	Bedauern; jm leid tun

[补充词 Zusätzliche Wörter]

1.	试图	shìtú	versuchen
2.	劝说	quànshuō	überreden
3.	方面	fāngmiàn	Hinsicht; Aspekt
4.	解释	jiěshì	erklären
5.	合理	hélǐ	vernünftig; rational

[练习 Übungen]

一、根据课文，回答下列问题
Beantworten Sie die folgenden Fragen zu den Dialogen.

1. 巴赫先生找宋波做什么？
2. 如果中方的报价有点儿高，你怎么说？
3. 巴赫先生是如何试图劝说宋先生降价的？
4. 中方在什么条件下同意让步？
5. 施奈德先生向白林先生报的实盘内容是什么？
6. 德方的报价太高，白林先生是怎么说的？
7. 白林先生是怎样还价的？
8. 知道无法成交时，你怎么说？

二、填空 Ergänzen Sie die fehlenden Wörter.

1. __ 其它公司的报价 _____，我们报的价格 _____ 还是 _____ 低的。
2. 我们产品的 _____ 是有 _____ 保证的。
3. 如果你们的产品价格没有

   _____，我们就无法为它们在德国 ___ _____。

4. 为了 ＿＿＿＿，我们可以在价格上作一些 ＿＿＿＿。

5. 我们再 ＿＿＿＿ 一下贵方的报价。明天给您 ＿＿＿＿。

6. 请您现在报 ＿＿＿＿ 吧！

7. 我们的报价是：XX 型纺织机，每台 X 万马克，汉堡

＿＿＿＿＿＿＿＿。

8. 我们报的价格是经过 十分 ＿＿＿＿＿＿＿ 的。

9. 我们产品的质量是世界 ＿＿＿＿ 的。

10.我们的 ＿＿＿＿ 有限。这么高的价格，我们无法接受。

11.按你们的 ＿＿＿＿ 成交，我们还要 ＿＿＿＿ 3000美金。

12.我们只好另找 ＿＿＿＿。

13.我们实在 ＿＿＿＿＿＿ 了。

14.我们也只能表示 ＿＿＿＿ 了。

三、会话练习 Dialogübungen

分A，B组扮演本课对话1至3中的不同人物，练习如何发盘和还盘。

四、思考与讨论 Fragen zur Diskussion

1. 发盘都有有效期吗？

2. 对方的报价太高怎么办？

3. 从哪些方面可以向对方解释，你的报价是很合理的？

函件 Briefe

1

报价

中国XX公司:

我们非常感谢贵方1997年5月20日的询价。根据贵方要求，我们作如下报价:

XX 型机床 10 台；型号: XXXX;

价格: 每台 XX 万马克；汉堡离岸价。

交货期: 订货后六个月交货。

付款条件: 凭信用证支付。

我方愿为贵方提供安装机器及调试的技术人员。

另外，我们特别向贵公司推荐 XX 新型机床。有关资料请见附件。

我们希望不久能接到贵公司的订单。我们将认真、按时地履行订货合同。

此致

敬礼

德国XXX公司

19XX年X月X日

附件: 1份

2

还价

德国XXX公司:

贵方1997年5月25日发来的 XX 产品报价单及样品均已收到，非常感谢。

我方对产品性能和质量表示满意，但认为价格偏高。德国另一家供货商已向我方表示，愿以 XX 万马克的价格出售类似产品。如果贵方能以同样低的价格出售，我们有意向贵方订货。盼复。

致

礼

中国XX公司

19XX年X月X日

[注释 Erläuterungen]

1. **报价函件**一般包括下列内容：(1) 表示感谢对方的询价或指出报价的原因；(2) 报价，并对报价作详细说明；(3) 指出特别推荐的商品；(4) 欢迎订货。

[生词 Vokabeln]

1.	安装	ānzhuāng	installieren
2.	调试	tiáoshì	einstellen und probieren
3.	满意	mǎnyì	zufrieden sein
4.	偏(高)	piān (gāo)	etwas zu (teuer)
5.	供货商	gònghuòshāng	Lieferant
6.	类似	lèisì	ähnlich

[练习 Übungen]

一、根据课文，回答下列问题

Beantworten Sie die folgenden Fragen zu den Musterbriefen.

1. 报价信中发盘人是如何表示感谢对方的询价的？

2. 报价信中发盘人是怎样报价的？

3. 发盘人向询价方特别推荐的商品是说明？

4.   发盘人是怎样欢迎对方订货的？

5.   在信中，接到报价的一方为什么要还价？

6.   还价一方提出的建议是什么？

二、 写信练习 Schreiben Sie die Geschäftsbriefe nach den folgenden Angaben.

1. 请按报价函件的式样，写一封有关商用网络型计算机的报价信。

2. 请按还价函件的式样，写一封还价信。

第十四课　付款条件
Lektion 14　Zahlungsbedingungen

课文 Text

Guójì màoyì zhōng de fùkuǎn fāngshì yǒu sānzhǒng xíngshì:
国际　贸易　中　的 付款　方式　有　三种　　形式:

huìkuǎn, tuōshōu hé xìnyòngzhèng.
汇款、　托收　和　信用证。

　　Huìkuǎn shì fùkuǎnfāng tōngguò yínháng jiāng huòkuǎn huìgěi
　　汇款　是　付款方　通过　银行　将　货款　汇给

shōukuǎnfāng. Shōukuǎn hòu jiāohuò chēngwéi yùfù huòkuǎn[1], jiāohuò
收款 方。　收款　后 交货　称为　预付 货款[1],　交货

huò fùkuǎn chēngwéi huòdào fùkuǎn.
后 付款　称为　货到 付款[2]。

　　Tuōshōu shì zhǐ màifāng kāilì huìpiào wěituō yínháng xiàng
　　托收[3]　是 指　卖方 开立 汇票,　委托　银行　向

màifāng shōuqǔ huòkuǎn. Rúguǒ màifāng bǎ huìpiào hé huòyùn dānjù
买方　收取　货款。　如果　卖方 把 汇票 和 货运　单据

děng yìtóng jiāogěi yínháng, wěituō yínháng xiàng màifāng shōuqǔ
等　一同　交给　银行,　委托　银行　向 买方　收取

huòkuǎn, jiù jiào gēndān tuōshōu. Gēndān tuōshōu yòu fēnwéi fùkuǎn
货款,　就 叫 跟单　托收[4]。　跟单　托收　又 分为 付款

jiāodān hé chéngduì jiāodān liǎngzhǒng. Fùkuǎn jiāodān shì màifāng
交单[5] 和　承兑　交单[6]　两种。　付款 交 单 是 买方

zài fùqīng huòkuǎn hòu, cáinéng dédào huòyùn dānjù, tíqǔ huòwù;
在 付清　货款　后, 才能 得到　货运　单据, 提取 货物;

chéngduì jiāodān shì màifāng chéngduì huìpiào jìkě qǔdé huòyùn
承兑　交单 是 买方　承兑　汇票 即可　取得 货运

dānjù,   tíqǔ huòwù, dài huìpiào dàoqī shí fùkuǎn.
单据， 提取 货物， 待 汇票 到期 时 付款。

    Xìnyòngzhèng shì yínháng gēnjù mǎifāng de shēnqǐng, kāigěi
    信用证[7] 是 银行 根据 买方 的 申请， 开给

màifāng de yìzhǒng yǒu tiáojiàn de chéng dān fùkuǎn zérèn de
卖方 的 一种 有 条件 的 承担 付款 责任的

píngzhèng. Xìnyòngzhèng de zhǒnglèi yǒu: Yī kěchèxiāo yǔ
凭证。   信用证   的 种类 有: (1) 可撤销 与

bùkěchèxiāo xìnyòngzhèng. Bùkěchèxiāo de xìnyòngzhèng shì zhǐ,
不可撤销 信用证[8]，   不可撤销 的 信用证 是 指,

xìnyòngzhèng kāichū hòu, méiyǒu gè dāngshìrén de tóngyì,
信用证   开出 后，没有 各 当事人 的 同意,

kāizhèngháng bù néng suíyì xiūgǎi huò chèxiāo xìnyòngzhèng. Èr jìqī
开证行[9] 不 能 随意 修改 或 撤销   信用证。 (2) 即期

yǔ yuǎnqī xìnyòngzhèng. Jìqī xìnyòngzhèng shì kāizhèngháng shōudào
与 远期 信用证。 即期 信用证[10] 是 开证行   收到

piàojù hòu lìjì fùkuǎn; yuǎnqī xìnyòngzhèng shì dài huìpiào dàoqī
票据 后立即 付款; 远期 信用证[11] 是 待 汇票 到期

shí fùkuǎn. Sān kězhuǎnràng yǔ bùkězhuǎnràng xìnyòngzhèng. Sì
时 付款。 (3) 可转让 与 不可转让 信用证[12]。 (4)

xúnhuán xìnyòngzhèng děng.
循环   信用证[12] 等。

[注释 Erläuterungen]

  [1] 预付货款: 英文为 Payment in Advance

  [2] 货到付款: 英文为 Payment after Arrival of Goods

  [3] 托收: 英文为 Collection

⁴ 跟单托收: 英文为 Documentary Collection

⁵ 付款交单: 英文为 Documents against Payment, 缩写为 D/P

⁶ 承兑交单: 英文为 Documents against Acceptance, 缩写为 D/A

⁷ 信用证: 英文缩写为 L/C, 即 Letter of Credit

⁸ 不可撤销信用证: unwiderrufliches Akkreditiv. 英文为
Irrevocable Credit

⁹ 开证行: die Bank, bei der das Akkreditiv eröffnet worden ist.

¹⁰ 即期信用证: 英文为 Sight Credit

¹¹ 远期信用证: 英文为 Usance Credit

¹² 可转让与不可转让信用证: 英文为 Transferable Credit 和
Nontrans-ferable Credit

¹² 循环信用证: 英文为 Revolving Credit

[生词 Vokabeln]

1.	付款条件	fùkuǎn tiáojiàn	Zahlungsbedingung
2.	货款	huòkuǎn	Kaufgeld
3.	托收	tuōshōu	Inkasso
4.	信用证	xìnyòngzhèng	Akkreditiv
5.	汇给	huìgěi	überweisen
6.	预付	yùfù	einen Vorschuß zahlen
7.	汇票	huìpiào	Wechsel; Tratte
8.	委托	wěituō	beauftragen
9.	货运单据	huòyùn dānjù	Frachtbrief; Frachtschein
10.	单据	dānjù	Dokumente; Urkunde; Beleg
11.	承兑	chéngduì	einlösen; akzeptieren
12.	承担	chéngdān	übernehmen; tragen
13.	责任	zérèn	Verantwortung; Pflicht

14.凭证	píngzhèng	Beleg; Bescheinigung
15.可撤销	kěchèxiāo	widerruflich
16.不可撤销	bùkěchèxiāo	unwiderruflich
17.当事人	dāngshìrén	beteiligte Partei; der Betreffende
18.随意	suíyì	willkürlich; beliebig
19.修改	xiūgǎi	abändern; korrigieren
20.撤销	chèxiāo	widerrufen; abschaffen
21.转让	zhuǎnràng	überlassen
22.循环	xúnhuán	zirkulieren; im Kreis laufen

[练习 Übungen]

一、根据课文，回答下列问题
Beantworten Sie die folgenden Fragen zum Text.

1. 国际贸易中的付款方式有哪三种？

2. 什么是货款？

3. 什么是预付货款？

4. 什么是货到付款？

5. 什么是托收？

6. 什么是跟单托收？

7. 什么是付款交单？

8. 什么是承兑交单？

9. 什么是信用证？

10.信用证的种类主要有哪些？

11.什么是不可撤销信用证？

二、填空 Ergänzen Sie die fehlenden Wörter

1. _____ 通过 _____ 将 _____ 汇给 _____ 叫汇款。

2. 预付货款是 _____ 后 _____。

3. 货到付款是 _____ 后 _____。

4. 卖方把 _____ 和 _____ 等一同交给银行，_____ 银行向
   买方收 取货款，叫跟单托收。

5. 信用证开出后，没有各 _____ 的同意，开证银行不能随意
   _____ 或 _____ 信用证，这是不可撤销信用证。

6. 开证银行收到 _____ 后 _____ 付款称为即期信用证。

7. 汇票到期时付款是 _____。

会话 Dialoge

1

白林: 克林格先生，您的报价是马克报价。您能给我们
        一个美元报价吗？

克林格: 对不起，我们通常都是用马克报价的。马克在世
        界上是一种很稳定的货币。

白林: 这我知道。可是我们公司没有马克储备，我们要
        在银行先把美元兑换成马克，再支付给你们。这
        样做，对我们来说是很麻烦[1]的。

克林格: 如果贵方坚持要求用美元付款，我们只能接受

D/P付款交单的托收方式。

白林:　　　对此我们没意见。

克林格:　　好，那就这样定[2]了。

2

刘明:　　　赖特尔先生，我们现在来谈谈付款方式问题，好
　　　　　　吗？

赖特尔:　　好的。

刘明:　　　贵方都接受哪种付款方式呢？

赖特尔:　　我们只接受信用证付款方式。

刘明:　　　贵方能不能也接受托收方式呢？象付款交单、承
　　　　　　兑交单等。

赖特尔:　　很抱歉，这类付款方式我们不能接受。

刘明:　　　您知道，采用信用证付款方式会使我们的进口费
　　　　　　用增加，而且，办证也很费时间。贵方如果能接
　　　　　　受托收方式，会对我们有很大帮助。

赖特尔:　　对不起，我想，我还是不能答应您。

刘明:　　　那贵方对信用证有什么具体要求吗？

赖特尔:　　我们要求贵方开立不可撤销的、可转让的信用证。

3

柯尼希:　　请问，贵方的付款条件是什么？

宋波:	我们要求不可撤销的即期信用证。
柯尼希:	这是国际通常的作法，我方没有异议。我方最晚应该在什么时候开立信用证呢？
宋波:	装运前40天。
柯尼希:	时间太紧了。30天行吗？我回去后，马上就办理信用证手续。
宋波:	最晚35天，否则恐怕会影响交货时间。
柯尼希:	好。就这样吧！准备好售货确认书后，请尽快通知我。

[注释 Erläuterungen]

1
麻烦: bedeutet hier kompliziert, nicht günstig usw.

[2] 定: bedeutet hier festgesetzt, bestimmt, ausgemacht usw.

[生词 Vokabeln]

1.	克林格	Kèlíngé	*Klinger (Personenname)*
2.	稳定	wěndìng	stabil
3.	储备	chǔbèi	Reserve; aufbewahren
4.	赖特尔	Làitè'ěr	*Reiter (Personenname)*
5.	采用	cǎiyòng	verwenden; anwenden
6.	费用	fèiyòng	Kosten
7.	柯尼希	Kēníxī	*König (Personenname)*
8.	异议	yìyì	andere Meineung

9.   恐怕   kǒngpà   ich fürchte, daß..., vielleicht

10. 影响   yǐngxiǎng   beeinflussen; wirken

11. 确认   quèrèn   bestätigen

[练习 Übungen]

一、根据课文，回答下列问题
   Beantworten Sie die folgenden Fragen zu den Dialogen.

1. 如果你希望得到美元报价，你怎样问？

2. 如果你坚持用马克报价，你怎样说？

3. 如果你不想用马克，而想用美元付款，你说什么？

4. 你想和对方谈付款方式问题，你说什么？

5. 如何问对方接受什么付款方式？

6. 你不能接受对方想采用的付款方式时，你说什么？

7. 对对方提出的付款方式，你不表示反对，你说什么？

8. 怎样问开立信用证的时间要求？

二、完成下列对话 Antworten Sie auf die Fragen.

1. A: 您能给我们一个美元报价吗？
   B: _____。

2. A: 贵方接受哪种付款方式呢？
   B: _____。

3. A: 贵方的付款条件是什么？
   B: _____。

4. A: 贵方对信用证有什么具体要求吗？
   B: _____。

5. A: 我方应该最晚在什么时候开立信用证？
   B: _____。

三、会话练习 Dialogübungen

分A，B组扮演本课对话1至3中的不同人物，练习如何谈付款条件。

四、思考与讨论 Fragen zur Diskussion

1. 为什么克林格说，他接受D/P付款交单方式，而没有提接受D/A 承兑交单？

2. 为什么国际贸易中通常采用信用证的付款方式？

3. 为什么很多出口商希望对方开立不可撤销的信用证，而不是可撤销的信用证？

函件 **Briefe**

1

定货

XX 公司:

感谢贵方199X年8月15日的报价。按贵方提供的样品，我方提出下列定货:

货号	数量 (个)	价格(汉堡港到岸价, 含包装)
9701235	2000	DM 10200, 00
9702678	1000	DM 9800, 00
9703912	1500	DM 23500, 00
9704321	2500	DM 17500, 00

		DM 61000, 00

交货期: 1997年11月。付款条件: 凭不可撤销的信用证支付。
我们相信，贵方能够认真履行订单。

致

礼

XXX 公司 (签章)

199X年8月18日

2

定货确认

XX 公司:

我方确认收到贵方199X年8月20日的订单。我方供应：

XX 机床 1 台，型号：XXXX

价格：1.500.000 马克，不莱梅港离岸价

交货期：四个月之内交货

其它条款请参见贵方已收到的我方报盘。

对贵方的信任，我方非常感谢。我方将认真、及时地办理贵方的
定货，满足贵方的定货要求。

致以友好的问候

德国 XXX 公司

19 XX 年X月X日

[注释 Erläuterungen]

1. 定货函件的一般内容包括：(1) 定货的原因，(2) 所需商品的
种类、数量、品质、价格，(3) 交货时间与运输方式，(4) 付款方式，
(5) 说明特 殊愿望。

[生词 Vokabeln]

1.	定货	dìnghuò	bestellen, Bestellung
2.	货号	huòhào	Produkt-Nummer
3.	确认定货	quèrèn dìnghuò	Auftragsbestätigung

[练习 Übungen]

一、根据课文，回答下列问题
Beantworten Sie die folgenden Fragen zu den Musterbriefen.

1. 在定货函中定货方是根据什么定货的？

2. 在定货函中定货方定了哪些货？价格是多少？

3. 定货函中的供货方应何时交货？

4. 定货函中的付款条件是怎样规定的？

5. 定货函中定货方的愿望是什么？

6. 为什么供货方发出定货确认书？

7. 在定货确认书中，供货方写明提供什么商品？

8. 在定货确认书中，供货方的货物价格是多少？

9. 在定货确认书中，供货方指出，其它条款参见什么？

10. 在定货确认书中，供货方表示，将怎样对待定货方的定货？

二、 写信练习 Schreiben Sie die Geschäftsbriefe nach den folgenden Angaben.

1. 请按定货函件的式样，写一封订购计算机的信函。

2. 请按定货确认书的式样，写一封订购计算机的确认书。

第十五课　包装与运输
Lektion 15　Verpackung und Transport

课文 Text

Jìnchūkǒu shāngpǐn de bāozhuāng fēnwéi liǎnglèi: yùnshū
进出口　　商品　的　包装　　分为　两类:　运输

bāozhuāng hé xiāoshòu bāozhuāng. Yùnshū bāozhuāng yòuchēng wài
包装　和　销售　　包装。　运输　包装　　又称　外

bāozhuāng. Tā de zuòyòng shì bǎozhèng huòwù zài yùnshū zhōng de
包装。　它 的 作用　是　保证　货物 在 运输　中　的

ānquán hé biàn yú bānyùn. Yùnshū bāozhuāng kěyǐ cǎiyòng zhǐxiāng、
安全 和　便于　搬运。　运输　包装　　可以 采用　纸箱、

mùxiāng huò jīnshǔ jízhuāngxiāng děng xíngshì. Xiāoshòu bāozhuāng
木箱　或　金属　集装箱　　等　形式。　销售　　包装

shì duì huòuwù de nèi bāozhuāng. Tā de zuòyòng yī shì biànyú shíbié
是 对　货物　的 内　包装。　它 的 作用　一 是　便于　识别

shāngpǐn xínghào、pǐnpái、zhìzào chǎngjiā hé língshòushāng
商品　型号、　品牌、制造　厂家　和　零售商

míngchēng; èr shì yǒu lìyú cùjìn shǎngpǐn de xiāoshòu. Hǎo de
名称;　二 是　有　利于 促进　商品　的　销售。　好 的

bāozhuāng yīnggāi zài bāozhuāng shèjì shàng, bāokuò tú'àn shèjì、
包装　　应该 在 包装　　设计 上,　包括 图案 设计、

yòngliào yǐjí wénzì shuōmíng děng fāngmiàn shǐ bāozhuāng duì
用料　以及 文字　说明　　等 方面　使 包装　　对

xiāofèizhě yǒu xīyǐnlì.
消费者　有　吸引力。

Yùnshū bāokuò hǎiyùn、 lùyùn、 kōngyùn、 yóuzhèng yùnshū hé
运输　包括　海运、　陆运、　空运、　　邮政　　运输　和

liánhé yùnshū. Yùnshū fāngshì de xuǎnzé tōngcháng qǔjuéyú huòwù de
联合　运输。　运输　方式　的　选择　　通常　　取决于　货物　的

yùnshū ānquán, yùnshū shíjiān chángduǎn yǐjí yùnfèi de gāodī děng
运输　安全，　运输　时间　　长短　　以及　运费　的　高低　等

yīnsù.
因素。

[生词 Vokabeln]

1.	包装	bāozhuāng	Verpackung; verpacken
2.	安全	ānquán	Sicherheit; Schutz
3.	便于	biànyú	bequem; handlich
4.	搬运	bānyùn	Beförderung; Transport
5.	纸箱	zhǐxiāng	Karton
6.	木箱	mùxiāng	Holzkiste
7.	金属	jīnshǔ	Metall
8.	集装箱	jízhuāngxiāng	Container
9.	识别	shíbié	unterscheiden; erkennen
10.	品牌	pǐnpái	Marke
11.	厂家	chǎngjiā	Firma; Fabrik
12.	零售商	língshòushāng	Einzelhändler
13.	促进	cùjìn	fördern; vorantreiben
14.	图案	tú'àn	Design; Muster
15.	消费者	xiāofèizhě	Konsument; Verbraucher
16.	吸引力	xīyǐlì	Anziehungskraft
17.	陆运	lùyùn	Transport auf dem Land
18.	空运	kōngyùn	Luftfracht

19.	联合	liánhé	gemeinsam
20.	取决于	qǔjuéyú	von etwas abhängen
21.	因素	yīnsù	Faktor

[练习 Übungen]

一、根据课文，回答下列问题
Beantworten Sie die folgenden Fragen zum Text.

1. 进出口商品的包装分为哪两类？

2. 运输包装的作用是什么？

3. 运输包装可以采取哪些形式？

4. 销售包装的作用是什么？

5. 运输的方式有哪些？

6. 运输方式的选择主要取决于什么？

二、填空 Ergänzen Sie die fehlenden Wörter.

1. 外包装的作用是 ＿＿＿ 货物在运输中的 ＿＿＿ 和便于
＿＿＿。

2. 进出口商品的运输包装通常采用 ＿＿＿、＿＿＿ 或金属
＿＿＿＿。

3. 识别商品型号、＿＿＿、制造厂家和 ＿＿＿＿ 名称，是商品
销售包装的作用之一。

4. 好的销售包装有利于 ＿＿＿ 商品的销售。

5. 好的包装要能够在 ＿＿＿＿、用料以及 ＿＿＿＿ 等方面吸
引消费者。

会话 **Dialoge**

1

宋波： 霍夫曼先生，我们接下来讨论一下包装问题吧。

霍夫曼： 好的。我认为，我们产品的包装还是相当不错的。

宋波： 我想，它对中国消费者会是很有吸引力的。只是包装袋上的文字说明只有德文。能否也印上中文说明呢？

霍夫曼： 这是个很好的建议。但是为我们生产包装袋的厂家目前还不能印刷中文。下次合作时，我们将满足贵方的这一要求。您看怎么样？

宋波： 只好如此了。请问，贵方的外包装用什么材料？

霍夫曼： 用纸箱。瓦楞纸板箱。

宋波： 纸箱要用胶带封口，再用尼龙带加固。

霍夫曼： 当然。

宋波： 每箱毛重多少？

霍夫曼： 大约25公斤。

宋波： 是用集装箱运输吗？

霍夫曼： 是的。

宋波： 好，那合同中的包装条款就这样定下来吧。

2

鲍尔: 白先生，贵方提供的改进后的包装式样，我方能够接受。

白林: 原有包装确实不太美观。这次按贵方要求做了改进。

鲍尔: 现在我们来谈谈外包装问题。贵方打算怎样打[1]运输包装呢？

白林: 用瓦楞纸板箱。每箱毛重大约25公斤。

鲍尔: 不能用木箱吗？

白林: 我认为，没有必要。

鲍尔: 纸箱容易破损，盗贼也容易得手。

白林: 纸箱我们用尼龙带加固。而且我们是用集装箱运输。商品的运输安全是有保障的。这一点您可以完全放心。至于盗窃问题，我们还没遇到过。万一发生，您可以找保险公司索赔。

鲍尔: 好的。那纸箱的防潮问题贵方怎么解决？

白林: 纸箱内加有防水塑料薄膜。

鲍尔: 那好，我们同意用纸箱包装。

3

刘明: 米勒先生，我方要订的这批货，贵方采用哪种运输方式呢？

米勒:	采用海运方式。海运虽然时间长点儿，但运量大、运费低。
刘明:	是用班轮运输，还是用租船运输呢？
米勒:	您打算订的这批货数量不是很大，用班轮运输更为合算。 租船运输适合于大宗货物。
刘明:	这批货物从汉堡港装运，是否可以直运到上海港？
米勒:	我们尽量安排直运。 如果不行的话，就只得转运。
刘明:	转运会不会影响按期交货呢？
米勒:	请贵方放心，我们会保证货物按时到达目的港的。
刘明:	我们希望如此。

[注释 Erläuterungen]

[1] 打...(包)： binden; zusammenbinden; einpacken

[生词 Vokabeln]

1.	相当	xiāngdāng	ziemlich; recht
2.	印(刷)	yìn(shuā)	drucken
3.	瓦楞纸	wǎlèngzhǐ	Wellpappe
4.	胶带	jiāodài	Klebestreifen; Klebstoff
5.	封口	fēngkou	zukleben; verschließen
6.	尼龙	nílóng	Nylon
7.	加固	jiāgù	festigen
8.	改进	gǎijìn	verbessern

9.	美观	měiguān	schön; formvollendet
10.	必要	bìyào	notwendig; nötig
11.	容易	róngyì	leicht
12.	破损	pòsǔn	beschädigt; kaputt; schadhaft
13.	盗贼	dàozéi	Dieb
14.	得手	déshǒu	gelungen; gut geglückt
15.	保障	bǎozhàng	sichern; gewährleisten
16.	放心	fàngxīn	sich keine Sorge machen
17.	至于	zhìyú	was ... betrifft
18.	万一	wànyī	Eventualität; zufällig; falls
19.	索赔	suǒpéi	reklamieren
20.	防潮	fángcháo	feuchtigkeitsbeständig
21.	防水	fángshuǐ	wasserdicht
22.	塑料薄膜	suòliàobáomó	Plastikfolie
23.	班轮	bānlún	Linienschiff
24.	合算	hésuàn	lohnend
25.	大宗	dàzōng	große Menge
26.	转运	zhuǎnyùn	umladen; umschlagen

[补充词 Zusätzliche Wörter]

1.	优缺点	yōuquēdiǎn	Vorteil und Nachteil

[练习 Übungen]

一、根据课文，回答下列问题
Beantworten Sie die folgenden Fragen zu den Dialogen.

1. 你想和对方谈包装问题，你说什么？

2. 你认为包装袋上的文字说明需要改进，你说什么？

3. 如何问商品的外包装？

4. 如何问运输货物的毛重量？

5. 你认为外包装不应用纸箱，而应用木箱，你说什么？

6. 如何谈纸箱的防潮问题？

7. 如何问对方打算采用的运输方式？

8. 如何谈海运方式的特点？

9. 如何谈论班轮运输和租船运输的特点？

10.如何谈论直运和转运？

二、用所给词完成下列对话 Ergänzen Sie die Dialoge mit den gegebenen Wörtern.

1. A: 我认为，我们产品的包装还是相当不错的。
   B: ＿＿＿＿＿＿＿＿＿＿＿＿＿＿＿＿＿＿。(消费者，吸引力)

2. A: 贵方的外包装用什么材料？
   B: ＿＿＿＿＿＿＿＿＿＿＿＿。(纸箱，瓦楞纸)
   A: ＿＿＿＿＿＿＿＿＿＿＿＿。(封口，加固)
   B: 当然。

3. A: 纸箱容易破损，盗贼也容易得手.
   B: ＿＿＿＿＿＿＿＿＿＿＿＿＿＿＿。(保障，至于，万一，保险公司索赔)

4. A: 纸箱的防潮问题贵方怎么解决？
   B: ＿＿＿＿＿＿＿＿＿＿＿＿＿＿。(防水，塑料薄膜)

5. A: 转运会不会影响按期交货呢？
   B: ＿＿＿＿＿＿＿＿＿＿＿＿＿。(放心，按时，目的港)

三、会话练习 Dialogübungen

分A，B组扮演本课对话1至3中的不同人物，练习如何讨论包装和运输问题。

四、思考与讨论 Fragen zur Diskussion

1. 如果你对商品的销售包装不满意，你做什么？
2. 用纸箱包装、还是用木箱包装好？
3. 海运方式的优缺点是什么？

<u>**函件 Briefe**</u>

发货通知

1

德国 XX 公司:

贵方19 XX 年3月28日的定货，今日已装上"XXX"号货轮从上海港启程。特此通知。这批货物共有2个集装箱。唛头[2]如下:

97688
1－2
Hamburg
Deutschland

全套装运单据已交我银行转德国 XX 银行，由该银行交贵方，用以支付货款。随函附上发票[3]副本一份。

希望货物能使贵方满意，并欢迎继续定货。

中国 XX 公司
19XX年6月6日

2

中国 XX 公司:

　　贵方5月15日2668号订单订购的货物，今日已在汉堡港装船，货轮号为"XXX"，预计7月30日到达天津港。这批货共有20箱。按贵方要求，唛头如下:

> ┌─────────┐
> │ **TJCN** │
> └─────────┘
> 5412
> 1－20
> 中国 天津

现附上发票副本一份。我们已将全套发货单据交付我方银行，以便兑取信用证。特此通知。

　　致友好问候

　　　　　　　　　　　　　　　　德国 XXX 公司
　　　　　　　　　　　　　　　　19XX年6月28日

附件:　发票副本

[注释 Erläuterungen]

[1] 发货通知函件的一般内容包括:　(1) 发货时间和发运方式;　(2) 必要时，说明与定货的出入;　(3) 说明发票与支付。

[2] 唛头:　通常包括收货人的标记 (Kennmarke des Empfängers), 订单号 (Auftragsnummer), 目的港 (Bestimmungshafen), 件数和总件数 (Nummer des Kollos und Gesamtzahl der Kolli)。

[3] (商业)发票(Handelsrechnung)的内容一般包括:　(1) 买方姓名和地址;　(2) 发票号和日期;　(3) 订单号;　(4) 商品品名和数量;　(5) 价格;　(6) 运输方式;　(7) 件数和唛头;　(8) 重复付款条件和其他条件。

[生词 Vokabeln]

1.	启程	qǐchéng	aufbrechen; abfahren
2.	唛头	màtóu	Verfrachtungsmarke; Versandmarkierung
3.	全套	quántào	komplett
4.	副本	fùběn	Abschrift; Kopie; Duplikat
5.	预计	yùjì	voraussichtlich; schätzen

[练习 Übungen]

一、根据课文，回答下列问题
Beantworten Sie die folgenden Fragen zu den Musterbriefen.

1. 发货函中的这批定货是何时装船启程的？

2. 装运单据交给了谁？

3. 与发货通知书一起发出的还有什么？

4. 唛头通常包括哪些内容？

5. 信函 1 和 2 中唛头的含义各是什么？

二、 写信练习 Schreiben Sie die Geschäftsbriefe nach den folgenden Angaben.

1. 写一封有关计算机定货的发货通知书。

2. 写一封有关录像机定货的发货通知书。

第十六课 保险
Lektion 16 Versicherung

课文 Text

Bǎoxiǎn shì yòng yǐ bǔcháng zìrán zāihài huò yìwài shìgù
保险   是   用 以 补偿   自然 灾害 或 意外 事故

zàochéng de sǔnshī de yìzhong cuòshī. Bǎoxiǎnrén (yìbān shì bǎoxiǎn
造成   的 损失 的 一种 措施。 保险人 (一般 是 保险

gōngsī) yǔ bèibǎoxiǎnrén qiāndìng bǎoxiǎn qìyuē, bèibǎoxiǎnrén àn
公司) 与 被保险人   签订   保险 契约, 被保险人   按

qìyuē guīdìng jiāonà bǎoxiǎnfèi, bǎoxiǎnrén àn qìyuē guīdìng de zérèn
契约 规定 交纳 保险费, 保险人 按 契约 规定 的 责任

fàngwéi, duì bèibǎoxiǎnrén de sǔnshī jǐyǔ bǔcháng.
范围, 对 被保险人   的 损失 给予 补偿。

Guójì màoyì zhōng de bǎoxiǎn, zhǔyào shì duì jìnchūkǒu shāngpǐn
国际 贸易   中 的 保险, 主要 是 对 进出口   商品

de yùnshū bǎoxiǎn, tā bāokuò hǎishàng yùnshū bǎoxiǎn、 lùshàng
的 运输 保险, 它 包括 海上   运输 保险、 陆上

yùnshū bǎoxiǎn hé hángkōng yùnshū bǎoxiǎn děng. Guójì shàng
运输 保险 和 航空   运输 保险 等。 国际 上

tōngyòng de hǎishàng yùnshū bǎoxiǎn dàtǐ fēnwéi sānlèi: Yī shì duì
通用   的 海上   运输 保险 大体 分为 三类: 一 是 对

hǎishàng fēngxiǎn de tóubǎo. Hǎishàng fēngxiǎn shì zhǐ yóu yīn hánghǎi
海上   风险 的 投保。 海上   风险 是 指 由 因 航海

ér fāshēng de fēngxiǎn huò yǔ hánghǎi yǒuguān de fēngxiǎn. Rú
而 发生 的 风险 或 与 航海 有关 的 风险。 如

hǎishàng zāihài、 huǒzāi、 hǎidào、 qiāngduó děng. Èr shì duì wàilái
海上　灾害、　火灾、　海盗、　抢夺　等。二　是　对　外来

fēngxiǎn de tóubǎo. Tā shì zhǐ yóu wàilái yuányī yǐnqǐ fēngxiǎn
风险　的　投保。它　是　指　由　外来　原因　引起　风险

zàochéng de sǔnshī. Rú huòwù shòucháo、 pòsuì、 shēngxiù、 fāméi
造成　的　损失。 如　货物　受潮、　破碎、　生锈、　发霉

děng. Sān shì duì tèshū fēngxiǎn de tóubǎo. Tā shì zhǐ yóuyú tōuqiè、
等。三　是　对　特殊　风险　的　投保。它　是　指　由于　偷窃、

tíhuò bùzháo、 bàgōng děng tèshū yuányīn zàochéng de sǔnshī.
提货 不着[1]、　罢工　等　特殊　原因　造成　的　损失。

Tèshūxiǎn de bǎoxiǎnfèi yìbān yóu mǎifāng fùdān.
特殊险　的　保险费　一般　由　买方　负担。

　　Zhōngguó Rénmín Bǎoxiǎn Gōngsī shì Zhōngguó zuìdà de bǎoxiǎn
　　中国　　人民　保险　公司　是　中国　最大　的　保险

gōngsī, tā chéngbǎo de hǎiyáng yùnshū huòwù bǎoxiǎn zhǒnglèi zhǔyào
公司，它　承保　的　海洋　运输　货物　保险　种类　主要

yǒu píng' ānxiǎn、 shuǐzìxiǎn hé yíqièxiǎn.
有　平安险[2]、　水渍险[3] 和　一切险[4]。

[注释 Erläuterungen]

[1] 提货不着: Nichtauslieferung

[2] 平安险: 负责赔偿由于自然灾害造成整批货物的全部损失或推
定全损； 负责赔偿由于运输工具等发生意外事故造成的货物的
全部或部分损失。

[3] 水渍险: 除包括平安险各项责任外，还负责赔偿由于恶劣气
候、雷电、海啸、地震、洪水自然灾害所造成的部分损失。

[4] 一切险: 又叫综合险，是除了包括平安险和水渍险以外，还负
责赔偿由于外来原因所造成的全部或部分损失。

[生词 Vokabeln]

1.	补偿	bǔcháng	kompensieren; Kompensation
2.	自然灾害	zìrán zāihài	Naturkatastrophe
3.	意外	yìwài	unerwartet
4.	事故	shìgù	Unfall; Unglücksfall
5.	造成	zàochéng	verursachen, schaffen
6.	损失	sǔnshī	Verlust
7.	措施	cuòshī	Maßnahme
8.	保险人	bǎoxiǎnrén	Versicherer
9.	被保险人	bèibǎoxiǎnrén	Versicherter
10.	交纳	jiāonà	zahlen; bezahlen
11.	范围	fànwéi	Bereich; Rahmen
12.	投保	tóubǎo	versichern
13.	航海	hánghǎi	Seeschiffahrt; Navigation
14.	引起	yǐnqǐ	verursachen
15.	破碎	pòsuì	zerbrochen; kaputt
16.	生锈	shēngxiù	verrosten; Rost ansetzen
17.	发霉	fāméi	schimmeln
18.	罢工	bàgōng	Streik; streiken
19.	负担	fùdān	übernehmen; tragen
20.	承保	chéngbǎo	eine Versicherung abschließen
21.	平安	píng'ān	sicher und störungsfrei
22.	水渍险	shuǐzìxiǎn	mit besonderer Havarie
23.	恶劣气候	èliè qìhòu	schlechtes Wetter
24.	雷电	léidiàn	Donner und Blitz
25.	海啸	hǎixiào	Flutwelle

26.	地震	dì zhèn	Erdbeben
27.	洪水	hóngshuǐ	Hochwasser
28.	一切	yíqiè	alle
29.	综合	zōnghé	universal; umfassend

[练习 Übungen]

一、根据课文，回答下列问题
Beantworten Sie die folgenden Fragen zum Text.

1. 保险的作用是什么？

2. 国际贸易中的保险主要是什么保险？

3. 海上运输保险一般分为哪几类？

4. 什么是海上风险？

5. 什么是外来风险？

6. 特殊险是指什么？

7. 特殊险的保险费通常由谁负担？

8. 中国人民保险公司的海上运输保险种类主要有哪些？

二、填空 Ergänzen Sie die fehlenden Wörter.

1. _____ 与_____ 签订保险契约。

2. 被保险人交纳 _____，保险人负责 _____ 被保险人在契约规定的责任范围内的损失。

3. 一般由买方负担特殊险的 _____。

4. 提货不着险属于 _____。

5. 平安险、＿＿＿＿＿和一切险是中国人民保险公司＿＿＿＿的海上
运输保险的几个主要种类。

会话 Dialoge

1

施奈德：　　宋先生，现在我们来谈谈保险问题吧。

宋波：　　　好的。

施奈德：　　贵国到岸价中的保险通常包括什么？

宋波：　　　包括平安险、水渍险和一切险中的一种。我方的

报价中包含水渍险。

施奈德：　　贵方报价中不包括偷窃险和提货不着险吗？

宋波：　　　不包括。偷窃险和提货不着险，在我国属于特殊

险或叫附加险。

施奈德：　　保险费由哪一方负担？

宋波：　　　按照国际惯例，附加险的保险费应由买方负担。

施奈德：　　好吧，我们考虑投保偷窃险和提货不着险。

宋波：　　　贵方还需要投保其它险吗？如罢工险、战争险等。

施奈德：　　保险费也应由买方负担？

宋波：　　　是的。它们也属于附加险。

施奈德：　　那么，罢工险、战争险我们就不投保了。这批货

请只投保水渍险、偷窃险和提货不着险吧。

宋波:　　　好的。

2

白林:　　　霍夫曼先生，关于海上运输保险问题，贵方需要

　　　　　投保什么附加险吗？

霍夫曼:　　都有哪些附加险呢？

白林:　　　有偷窃险、提货不着险、破碎险、渗漏险、受潮

　　　　　险、战争险、罢工险等。

霍夫曼:　　附加险是由我方负担吗？

白林:　　　按照国际惯例，是这样的。

霍夫曼:　　好的。请为我们投保提货不着险和破碎险。

白林:　　　我们在保险公司办好投保手续，拿到保险单据后，

　　　　　马上通知贵方。

霍夫曼:　　谢谢。

[生词 Vokabeln]

　　1.　渗漏　　shènlòu　　　　lecken; versickern; durchsichern

[练习 Übungen]

一、根据课文，回答下列问题
　　Beantworten Sie die folgende Fragen zu den Dialogen.

　　1. 你想和对方讨论保险问题，你怎样说？

2. 你怎样询问到岸价中的保险内容？

3. 你怎样询问保险的种类？

4. 你怎样询问保险费由谁负担？

5. 你想投保某种附加险，你怎样说？

6. 你不想投保某种附加险，你怎样说？

二、 用所给词完成下列对话 Ergänzen Sie die Dialoge mit den gegebenen Wörtern.

1. A: 贵国到岸价中的保险通常包括什么？

   B: _____。(平安险，水渍险，一切险)

2. A: _____? (偷窃险，·提货不着险)

   B: 不包括。 在我国它们属于附加险。

3. A: 保险费由哪一方负担？

   B: _____。(国际惯例， 由 ... 负担)

4. A: 请为我们投保提货不着险和破碎险。

   B: _____。(保险公司, 投保手续, 保险单据)

三、 会话练习 Dialogübungen

　　分A，B组扮演本课对话1至2中的不同人物，练习如何讨论海上运输保险问题。

四、思考与讨论　Fragen zur Diskussion

1. 中国很多公司在进出口贸易中，为什么进口商品时，希望对方报不含保险的 fob 或 C & F (成本家运费)价格；而在出口商品时，则希望给对方报含保险的 cif 报价？

函件 **Briefe**

催发货

XX公司:

　　我方19XX年8月18日在贵公司的定货(定货单号码: 97868)原定交货期为12月底。很遗憾，今天已经1月6日，我方尚未接到贵方的发货通知书。请速告之何时交货，并速履行合同，否则，我方将要求你方赔偿因延迟交货所造成的损失。

致

礼

XXX 公司
19XX年1月6日

[注释 Erläuterungen]

　　1. 催发货函的内容一般包括: (1) 指出原定交货期限, (2)指出急需此货的原因, (3)请求交货并提出最迟交货期限, (4)指出延迟交货可能造成的后果和定货人的权利。

[生词 Vokabeln]

1.	催	cuī	Mahnung, mahnen
2.	尚未	shàngwèi	noch nicht
3.	延迟	yánchí	verzögern
4.	原定	yuándìng	ursprünglich vereinbart, ursprünglich festgelegt
5.	急需	jíxū	dringend brauchen
6.	最迟	zuì chí	spätest
7.	权利	quánlì	Recht

[练习 Übungen]

一、根据课文，回答下列问题
Beantworten Sie die folgenden Fragen zu den Musterbriefen.

1. 为什么XXX公司要催发货？
2. 如果对方不履行合同，该公司打算做什么？

二、写信练习 Schreiben Sie die Geschäftsbriefe nach den folgenden Angaben:

1. 参照催发货函样本，写一封有关机床定货的催发货信。
2. 参照催发货函样本，写一封有关服装定货的催发货信。

第十七课　海关
Lektion 17　Zoll

课文 Text

Hǎiguān shì guójiā de jìnchū guānjìng jiāndū guǎnlǐ jīguān.
海关　是　国家　的　进出　　关境　　监督　管理　机关。

Hǎiguān yīzhào yǒuguān fǎlǜ hé fǎguī, duì jìnchū guójìng de huòwù、
海关　依照　有关　法律和 法规，对　进出　国境　的 货物、

yùnshū gōngjù jí yóudì wùpǐn děng jìnxìng jiāndū guǎnlǐ、zhēngshōu
运输　工具 及 邮递 物品 等　进行　监督 管理、　征收

guānshuì hé jīchá zǒusī.
关税　和 稽查 走私。

　Jìnkǒu huòwù de shōuhuòrén、chūkǒu huòwù de fāhuòrén yīng-
进口　货物 的　收货人、　出口　货物 的　发货人 应

dāng xiàng hǎiguān rúshí shēnbào (jì bàoguān), jiēshòu hǎiguān
当　向　海关 如实　申报 (即　报关)，接受　海关

cháyàn. Jīng hǎiguān cháyàn, fúhé guójiā guīdìng, bìng àn guīdìng
查验。经　海关　查验，符合 国家　规定，并 按　规定

bànlǐ jiāonà guānshuì shǒuxù de jìnchūkǒu huòwù, yóu hǎiguān
办理 交纳　关税　手续 的 进出口　货物，由　海关

qiānyìn fàngxíng.
签印　放行。

　Bàoguān shí, bàoguānrén bìxū jiāoyàn jìnchūkǒu huòwù
报关　时，　报关人 必须 交验　进出口　货物

bàoguāndān、jìnchūkǒu xǔkězhèng、huòyùn dānjù hé qítā yǒuguān
报关单、　进出口 许可证、　货运 单据 和 其它 有关

dānzhèng, rú shāngpǐn jiǎnyàn zhèngshū、 dòngzhíwù jiǎnyì zhèng-
单证， 如 商品 检验 证书、 动植物 检疫 证

shū、 wénwù jiàndìng zhèngmíngshū děng.
书、 文物 鉴定 证明书 等。

[生词 Vokabeln]

1.	关境	guānjìng	Zoll- und Landesgrenze
2.	依照	yīzhào	gemäß; nach
3.	邮递	yóudì	Postzustellung
4.	征收	zhēngshōu	(Steuer) erheben
5.	稽查	jīchá	(Schmuggel u.ä.) nachgehen
6.	走私	zǒusī	schmuggeln
7.	如实	rúshí	wahrheitsgetreu
8.	申报	shēnbào	(beim Zoll) deklarieren
9.	查验	cháyàn	kontrollieren; überprüfen
10.	符合	fúhé	mit etw. übereinstimmen
11.	签印	qiānyìn	unterschreiben und siegeln
12.	放行	fàngxíng	durchlassen
13.	许可证	xǔkězhèng	Genehmigung; Erlaubnis-schein
14.	单证	dānzhèng	Dokumente; Rechnungen
15.	证书	zhèngshū	Zeugnis; Zertifikat
16.	动植物	dòngzhíwù	Tiere und Pflanzen
17.	检疫	jiǎnyì	Quarantäne
18.	文物	wénwù	Kulturschätze; Antiquitäten
19.	鉴定	jiàndìng	Gutachten; Befund

[补充词 Zusätzliche Wörter]

1.	口岸	kǒu'àn	Hafen
2.	性质	xìngzhì	Wesen; Beschaffenheit
3.	国别	guóbié	Staat
4.	杂费	záfèi	Nebenausgaben; Extrakosten
5.	来源	láiyuán	Quelle
6.	标记	biāojì	Zeichen
7.	净重	jìngzhòng	Nettogewicht
8.	统计	tǒngjì	Statistik
9.	单价	dānjià	Einzelpreis
10.	总价	zǒngjià	Gesamtbetrag
11.	完税	wánshuì	nach Steuer
12.	税则	shuìzé	Steuer-; Zollpflicht; steuerliche Bestimungen
13.	无讹	wú'é	ohne Fehler
14.	装货单	zhuānghuòdān	Packliste
15.	收结汇	shuōjiéhuì	Devisenempfang und -abrechnung

[练习 Übungen]

一、根据课文，回答下列问题
Beantworten Sie die folgenden Fragen zum Text.

1. 什么是海关？
2. 海关的工作主要是什么？
3. 谁应当向海关申报？
4. 报关时报关人必须交验什么？
5. 在什么情况下，海关对进出口货物签印放行？

二、填写下列报关单 Lesen Sie die folgenden Formulare für die Zoll-deklaration (siehe Muster 5 und 6) und füllen Sie sie dann aus.

Muster 5 进口货物报关单

中 华 人 民 共 和 国

进 口 货 物 报 关 单

申报单位编号   海关编号

进口口岸	运输工具名称及号码	
经营单位	贸易性质(方式)	进口日期
收货单位	贸易国别(地区)	提单或运单号
合同号	原产国别(地区)	运杂费
批准机关及文号	外汇来源	保险费/率

标记唛码	件数 包装种类		毛重(公斤)		净重(公斤)	
海关统计 商品编号	货名规格及货号	数　　量		成 交 价 格		到 岸 价 格	
		数量	单位	单价	总价	人民币	外币

*关税完税价格 ￥............*工商税完税价格 ￥.................*关税交款书号 ....

*税则号列及税率%............*工商税税率% ....*工商 税交款书号 ....

*关税税额 ￥......................*工商税税额 ￥.......................交款书签发日期 ......年...月..日

备 注		集装箱号:	随附单据:

海关放行日期   年   月   日   以上各项申报无讹   此致

海关经办人(签章)   ....海关

　　　　　　　　　　　　　　　　　　申报单位 (盖章)

　　　　　　　　　　　　　　　　申报日期   年   月   日

* 由海关填写

Muster 6 出口货物报关单

**中华人民共和国
出口货物报关单**

申报单位编号

海关编号

出口口岸...... 贸易性质(方式)...... 运输工具名称及号码......
经营单位...... 贸易国别(地区)...... 装货单或运单号......
指运港(站)...... 消费国别(地区)...... 收结汇方式......
合同(协议)号...... 收货单位...... 起运地点......

海关统计商品编号	货名规格及货号	标记唛码	件数及包装种类	数量	单位	重量(公斤)毛重	净重	集装箱号	随附单据	成交价格单价	总价	离岸价格人民币	外币

备注

海关放行日期 年 月 日　　　　以上各项申报无讹　　......海关　　此致

海关经办人(签章)　　　　　　　　　　　申报单位(盖章)

申报日期 年 月 日

会话 Dialoge

1

霍夫曼:　　刘先生，您能给我讲讲贵国海关对进出口货物的
　　　　　　有关规定吗？

刘明:　　　当然可以。您有什么问题？

霍夫曼:　　进口货物到达中国，应该怎样向海关报关？

刘明:　　　由货物的发货人或者他的代理人向海关办理申报
　　　　　　手续。报关时，需要递交报关单和交验其它单据
　　　　　　和证件，如货运单据、装箱清单、发票、进口货
　　　　　　物许可证等。

霍夫曼:　　海关放行的标准是什么？

刘明:　　　凡是符合国家的有关法律、法规以及政策规定，
　　　　　　报关单填报内容正确无讹，交验的单据齐全有效
　　　　　　并与报关单内容相符，海关即可签印放行。

霍夫曼:　　进口货物的报关期限是多少？

刘明:　　　自货物运输工具申报进境起14天内向海关申报。
　　　　　　超过期限没有报关的，由海关征收滞报金。

霍夫曼:　　谢谢您，这些我现在都明白了。

刘明:　　　不用谢。有问题您再来问我。

霍夫曼:　　那就麻烦您了！

2

霍夫曼: 刘先生，我又来麻烦您了。

刘明: 您有什么问题？

霍夫曼: 我想问一下，海关对货物查验的时间与地点有哪

些具体规定？

刘明: 查验货物的时间和地点，通常由海关指定。

霍夫曼: 如果需要变更查验时间和地点呢？

刘明: 申报人应当向海关提出申请，并需交付一定的费

用。

霍夫曼: 那么，海关对查验货物的方式有什么具体规定呢？

刘明: 海关查验货物时，货物申报人或他的代理人应当

到场，并按海关的要求，搬移货物，拆包和重新包

装货物。

霍夫曼: 我们是否可以委托代理人去办理各种报关手续呢？

刘明: 可以。但必须委托专门经营报关业务的单位代理

报关。

霍夫曼: 从哪可以查到这些报关单位呢？

刘明: 如果您需要，我可以帮您查。

霍夫曼: 谢谢。那就拜托了。

[生词 Vokabeln]

1.	政策	zhèngcè	Politik
2.	滞报金	zhìbàojīn	Verzugsgebühr
3.	搬移	bānyí	etw. an einen anderen Platz tragen

[练习 Übungen]

一、根据课文，回答下列问题
Beantworten Sie die folgenden Fragen zu den Dialogen.

1. 你想了解海关对进出口货物的有关规定，你怎样问？

2. 你想了解报关手续，你怎样问？

3. 你想了解海关放行的标准，你怎样问？

4. 你想了解进口货物的报关期限，你怎样问？

5. 你想了解海关对货物查验的时间和地点的规定，你怎样问？

6. 能不能委托代理人去办理各种报关手续？

7. 是不是在中国的所有单位都可以代理报关？

二、完成下列对话 Ergänzen Sie die Dialoge.

1. A: 请问，进口到中国的货物，应该怎样向海关报关？
   B: _____。

2. A: 请问，进口货物超过报关期限没有报关，海关对此有什么规定？
   B: _____。

3. A: 请问，需要变更查验货物的时间和地点时，怎么办？
   B: _____。

4. A: 请问，海关对货物的查验有什么具体规定？
   B: _____。

三、会话练习 Dialogübungen

分A，B组扮演本课对话1至2中的不同人物，练习如何办理海关报关 手续。

四、思考与讨论 Fragen zur Diskussion

1. 是否进口的所有货物都需报关？

<u>函件 **Briefe**</u>

收货确认[1]

1

中国XX公司：

我方今日收到贵方发运来的货物。所交货物完好无损，与样品相符[2]。我方对贵方迅速办理我方订货，表示衷心感谢。随函附上我方X月X日银行汇款清单一份，请查收。

顺致友好的问候

德国XX公司
19XX年X月X日

附件：银行汇款清单

2

德国XX公司:

贵方X月X日通知发运的货物，昨日已如期安全抵达天津港，特此通知。随函附上货款承兑单据，我方保证到期立刻兑现。

希望以后能够继续得到贵方的订货。

此致

敬礼

中国XX公司
19XX年X月X日

附件: 货款承兑单据

[注释 Erläuterungen]

[1] 收货确认函件的内容一般包括: (1) 确认货物已收到; (2) 说明有关付 款问题; (3) 当货物或发票等与付款条件不一样时, 予以说明。

[2] 与样品相符: mustergetreu

[生词 Vokabeln]

1.	完好	wánhǎo	in gutem Zustand
2.	无损	wúsǔn	ohne Beschädigung
3.	清单	qīngdān	Aufstellung; Warenbestandsliste
4.	查收	cháshōu	etw. nachprüfen und in Empfang nehmen
5.	如期	rúqī	termingerecht; zur festgelegten Zeit
6.	抵达	dǐdá	ankommen; eintreffen

7.	通知	tōngzhī	jm etw. ankündigen
8.	付款通知	fùkuǎn tōngzhī	Zahlungsanzeige
9.	予以	yǔyǐ	geben

[练习 Übungen]

一、根据课文，回答下列问题
Beantworten Sie die folgenden Fragen zu den Musterbriefen.

1. 在两封函件中，各是怎样确认收到货物的？

2. 在两封函件中，随函附件各是什么？

二、 写信练习 Schreiben Sie die Geschäftsbriefe nach den folgenden
Angaben.

1. 假定你的公司收到了中国XX公司发运的一个集装箱的服装，
请给该中国公司写一封收货确认信。

2. 假定你的公司在上海港收到了德国XX公司发运来的机床一
台，请给该德国写一封收货确认信。

第十八课 商品检验
Lektion 18 Warenprüfung

课文 Text

Guójì màoyì zhōng de shāngpǐn jiǎnyàn, shìyóu shāngpǐn jiǎnyàn
国际 贸易 中 的 商品 检验，是 由 商品 检验

jīgòu huò gōngzhèng jiàndìng jīguò, duì jìnchūkǒu huòwù de jiǎnyàn
机构 或 公证 鉴定 机构，对 进出口 货物 的 检验

huò jiàndìng, bìng chūjù xiāngyìng de jiǎnyàn huò jiàndìng zhèngshū、
或 鉴定，并 出具 相应 的 检验 或 鉴定 证书、

zhèngmíng hé bàogào děng. Jiāoyì shuāngfāng yǐcǐ zuòwéi jiāojiē
证明 和 报告 等。交易 双方 以此 作为 交接

huòwù、yínháng jiésuàn hé chùlǐ suǒpéi děng jiūfēn de bìyào yījù.
货物、 银行 结算 和 处理 索赔 等 纠纷 的 必要 依据。

Shāngpǐn jiǎnyàn yǔ gōngzhèng jiàndìng bāokuò liǎngzhǒng lèixíng:
商品 检验 与 公证 鉴定 包括 两种 类型：

Yī shì zhèngfǔ guīdìng de qiángzhìxìng jiǎnyàn, rú duì huòwù de
一 是 政府 规定 的 强制性 检验，如 对 货物 的

pǐnzhì、shùliàng、zhòngliàng hé bāozhuāng děng de jiǎnyàn; Èr shì
品质、 数量、 重量 和 包装 等 的 检验；二 是

yóu jiāoyì guānxìrén (mǎifāng、màifāng、chéngyùnrén、tuōyùnrén
由 交易 关系人 (买方、 卖方、 承运人、 托运人

huò bǎoxiǎnrén)shēnqǐng de zìyuànxìng jiǎnyàn yǔ jiàndìng, rú duì
或 保险人) 申请 的 自愿性 检验 与 鉴定，如 对

huòwù de zhòngliàng、zǎisǔn、cánsǔn、chuáncāng děng de jiǎnyàn yǔ
货物 的 重量、 载损、 残损、 船舱 等 的 检验 与

jiàndìng. Zài Zhōngguó, fánshì shǐyú guójiā guīdìng xūyào jìnxíng
鉴定。 在　　中国，　凡是　属于 国家 规定 需要 进行

jiǎnyàn de jìnchūkǒu huòwù, xū jīng Zhōngguó shāngpǐn jiǎnyànjú
检验 的 进出口 货物，须 经 中国　　商品　检验局

jìnxíng jiǎnyàn. Jiǎnyàn hégé hòu fāgěi jiǎnyàn hégé zhèngshū.
进行 检验。 检验 合格 后 发给 检验 合格 证书。

[生词 Vokabeln]

1.	检验	jiǎnyàn	Prüfung; testen; prüfen
2.	机构	jīgòu	Organisation; Institution
3.	公证	gōngzhèng	notarielle Beglaubigung
4.	鉴定	jiàndìng	Gutachten; prüfen; begut- achten
5.	报告	bàogào	Bericht
6.	处理	chùlǐ	behandeln; erledigen
7.	纠纷	jiūfēn	Streitigkeit; Problem
8.	依据	yījù	Grundlage, Basis
9.	强制	qiángzhì	zwingen; zwangsweise
10.	关系人	guānxìrén	die betroffenen Personen
11.	承运人	chéngyùnrén	Spediteur
12.	托运人	tuōyùnrén	Versender; Aufgeber
13.	自愿	zìyuàn	freiwillig
14.	载损	zǎisǔn	Transportschäden
15.	残损	cánsǔn	mangelhaft, unvollkommen
16.	凡是	fánshì	jede; jegliche; alle
17.	合格	hégé	Qualifikation

[练习 Übungen]

一、根据课文，回答下列问题
Beantworten Sie die folgenden Fragen zum Text.

1. 什么是商品检验？

2. 交易双方把商品检验证书作为什么？

3. 商品检验的两种类型是什么？

4. 中国商品检验局对国家规定的进出口商品的检验属于哪一种
   类型的检验？

二、填空 Ergängen Sie die fehlenden Wörter.

1. 进出口货物须经商品检验机构或公证鉴定机构进行 _____
   或 _____。

2. 商品检验机构或鉴定机构给经检验的货物出具 _____
   ___、___ ___、 _____ 等。

3. 交易双方 _____、 _____ 和 _____ 等的必要依据，
   是商品 检验与公证鉴定证书。

4. 政府规定的 _____ 检验和由检验关系人申请的 _____ 是
   商品检验与公证鉴定的两种类型。

会话 Dialoge

1

白林：   施泰恩先生，我们来谈谈这批货物的商品检验问
            题。

施泰恩:　好的。这批货物出口前将由我国商品检验机构进行强制性检验，出具检验合格证明。

白林:　这是国际上通常的做法。我想建议的是，我方对这批进口货物拥有复验权。

施泰恩:　我们同意贵方的建议。但复验应按我国，即生产国的标准实行。这也是国际上通常的做法。

白林:　我们对此没有异议。

施泰恩:　那么，贵方对复验的时间和地点有什么考虑？

白林:　货物到达目的港十天内复验完毕。

施泰恩:　好。就这样定下来吧。

白林:　如果经复验证明，贵方的货物不符合规定的标准，我方有权向贵方提出索赔。

施泰恩:　当然可以。但是请您注意，复验不应超过复验期限。

白林:　谢谢您的提醒。

施泰恩:　我公司提供的商品在国际上有良好的声誉。

白林:　我相信是这样的，希望不会出现什么问题。

2

米勒:　宋先生，很不幸，我得通知您，贵方发运的20箱货物，到达目的港时，有4箱严重破损。

宋波:	贵方投保了碰损险和破碎险，对吧？
米勒:	是的。这是保险公司的保险单。
宋波:	请问，贵方已经请商检机构派人对货物进行检验和鉴定吗？
米勒:	是的。这是商检局的商检证明。
宋波:	包装破损问题应由保险公司负责赔偿。我方将尽力协助贵方与保险公司联系，尽快把此事处理好。
米勒:	谢谢。
宋波:	不用谢。

[生词 Vokabeln]

1.	复验	fùyàn	nochmals prüfen; nochmalige Prüfung
2.	权	quán	Recht
3.	实行	shíxíng	ausführen; durchführen
4.	完毕	wánbì	fertig; abgeschlossen
5.	注意	zhùyì	jm. seine Aufmerksamkeit schenken
6.	超过	chāoguò	überschreiten
7.	提醒	tíxǐng	jn. an etw. erinnern; jn. mahnen
8.	良好	liánghǎo	gut; vollzüglich
9.	声誉	shēngyù	Ruf
10.	出现	chūxiàn	erscheinen; auftreten
11.	不幸	búxìng	unglücklicherweise

12.	严重	yánzhòng	ernst; kritisch
13.	碰损	pèngsǔn	durch Kollision entstandener Schaden
14.	尽力	jìnlì	alle Kräfte mobilisieren; sein Bestes tun
15.	协助	xiézhù	helfen; Hilfe leisten

[练习 Übungen]

一、根据课文，回答下列问题
Beantworten Sie die folgenden Fragen zu den Dialogen、

1. 你想和对方讨论商品检验问题，你怎样说？

2. 你如果想提建议，你怎样说？

3. 你同意对方的建议，你可以说什么？

4. 你怎样问对方关于复验的时间和地点？

5. 你如何提醒对方某一事情，例如复验期限？

6. 如果收到的货物发现了问题，你与对方怎么说？

7. 你如何问对方是否有保险证明和商检证明？

二、用所给词组完成下列对话 Ergänzen Sie die Dialoge mit den gegebenen Wörtern

1. A: 我建议，我方对货物有复验权。
   B: ＿＿＿＿＿＿＿＿＿＿＿＿＿。(同意，建议)

2. A: 请问，按什么标准复验？
   B: ＿＿＿＿＿＿＿＿＿＿＿＿＿。(生产国，实行)

3. A: 复验的期限是多长？
   B: ＿＿＿＿＿＿＿＿＿＿＿＿＿。(目的港，十天内)

4. A: 请您注意，复验不要超过复验期限，否则贵方将不再有要求索 赔的权利。
   B: ＿＿＿＿＿＿＿＿＿＿＿＿＿。(谢谢，提醒)

三、会话练习 Dialogübungen

分A，B组扮演本课对话1至2中的不同人物，练习如何讨论商品检验问题。

四、思考与讨论 Fragen zur Diskussion

1. 为什么要进行商品检验？
2. 为什么施泰恩先生要提出复验的时间和地点问题？

函件 Briefe

催付款[1]

1

XXX公司:

贵方订购的货物我方已于X月X日由海运发出，贵方也已确认到货。可能是由于疏忽，付款日期已过一周，但贵方仍未付款。我们确信，贵方经我方提醒，见此信后，会立即付款的。

此致

敬礼

XX公司
19XX年X月X日

2

XXX公司:

我方曾于X月X日提醒贵方付款，但遗憾的是，贵方至今没有答复。我方再次敦请贵方，务必在9月15日前支付。这是我方向贵方提出的最后付款期限。逾期不付，我方将不得不通过仲裁机构索取货款连同利息和一切费用。

此致

敬礼

XX公司
19XX年X月X日

[注释 Erläuterungen]

¹ 催付款函件的内容一般包括：(1) 指出尚未收到货款；(2) 要求立即付款或提出付款期限；(3) 指出到期仍不付款的后果。

[生词 Vokabeln]

1.	疏忽	shūhū	Nachlässigkeit; Unachtsamkeit
2.	遗憾	yíhàn	bedauern; jm. leid tun
3.	答复	dáfù	Antwort
4.	敦请	dūnqing	jn. drängen; jn. ermahnen
5.	务必	wùbì	unbedingt; auf jeden Fall
6.	逾期	yúqī	fällig; überfällig; eine Frist überschreiten

7.	索取	suǒqǔ	etw. für sich reklamieren; verlangen; fordern
8.	连同	liántóng	zusammen mit; und
9.	后果	hòuguo	Folgen; Auswirkungen

[练习 Übungen]

一、根据课文，回答下列问题
Beantworten Sie die folgenden Fragen zu den Musterbriefen.

1. 课文中第一封催付款函是如何指出尚未收到付款的？

2. 课文中第一封催付款函是怎样要求立即付款的？

3. 课文中第二封催付款函可能是第几封催付款函？

4. 课文中第二封催付款函是怎样提出最后付款期限的？

5. 课文中第二封催付款函指出逾期不付的后果是什么？

二、 写信练习 Schreiben Sie die Geschäftsbriefe nach den folgenden Angaben.

1. 参照函件1给订购计算机的XX公司写一封催付款函。

2. 参照函件2给订购计算机的XX公司写第二封催付款函。

第十九课　成交
Lektion 19　Erfolgreicher Geschäftsabschluß

课文 Text

Guójì màoyì zhōng jiāoyì shuāngfāng jīngguò xúnjià、bàojià、
国际　贸易　中　交易　双方　　经过　询价、报价、

mǎifāng dìnghuò hé màifāng quèrèn, jì kěyǐ chéngjiāo; rúguǒ mǎifāng
买方　订货　和　卖方　确认，即可以　成交；　如果　买方

jìnxíng huánjià, màifāng biǎoshì jiēshòu, zé yě kěyǐ chéngjiāo. Zài
进行　还价，　卖方　表示　接受，则也可以　成交。　在

chéngjiāo`é shùliàng jiào dà huò jiāoyì nèiróng jiào wéi fùzá de
成交额　数量　较大或交易　内容　较为复杂的

qíngkuàng xià, jiāoyì shuāngfāng tōngcháng qiāndìng shūmiàn hétong,
情况　下，交易　双方　通常　签订　书面　合同，

yǐ quèrèn jiāoyì de nèiróng hé jiāoyì tiáojiàn. Hétong kě fēnwéi yǐ
以　确认交易　的内容　和交易　条件。　合同　可分为以

màifāng wéizhǔ de xiāoshòu hétong, yǐ mǎifāng wéizhǔ de gòuhuò
卖方　为主的　销售　合同，以买方　为主　的　购货

hétong hé yóu mǎimài shuāngfāng gòngtóng qǐcǎo de mǎimài hétong.
合同　和由买卖　双方　共同　起草的买卖　合同。

Hétong shì shuāngfāng jìnxíng jiāoyì hé chùlǐ jiūfēn de zhòngyào yījù.
合同　是　双方　进行交易和处理纠纷的重要　依据。

Tā xū jīng jiāoyì shuāngfāng qiānzì hòu cáinéng shēngxiào. Hétong kě
它须经交易　双方　签字后才能　生效。　合同可

yǒu zhèngběn hé fùběn, bìngqiě yífèn hétong kěyǐ yǒu liǎngzhǒng
有　正本和副本，并且一份合同可以有　　两种

bùtóng wénběn, rú Zhōngwén wénběn hé Déwén huò Yīngwén wénběn.
不同　文本，如　中文　　文本　和　德文　或　　英文　文本。

Liǎngzhǒng wénběn de hétong, zài jiāoyì shuāngfāng qiāngzì hòu kě
两种　　文本　的 合同，在 交易　　双方　　签字　后 可

jùyǒu tóngděng fǎlǜ xiàolì. Hétong yóu jiāoyì shuāngfāng gè zhí yítào.
具有　同等　法律 效力。合同　由 交易　　双方　　各执 一套。

Yǔ Zhōngguó gè jìnchūkǒu gōngsī dáchéng jiāoyì hòu, zhōngfāng
与　中国　各 进出口　公司　达成　交易 后，　　中方

tōngcháng yāoqíu qiāndìng zhèngshì shūmiàn hétong.
通常　　要求　签订　正式　　书面　合同。

[生词 Vokabeln]

1.	成交	chéngjiāo	Geschäftsabschluß
2.	书面	shūmiàn	schriftlich
3.	以…为…	yǐ… wéi…	mit…als…; etw. betrachten als
4.	起草	qǐcǎo	entwerfen; verfassen; abfassen
5.	生效	shēngxiào	in Kraft treten
6.	文本	wénběn	Fassung; Version (eines Schriftstücks)
7.	同等	dóngděng	gleich; gleichermaßen
8.	法律	fǎlǜ	Gesetz; Recht
9.	效力	xiàolì	Effekt
10.	执	zhí	halten; in der Hand haben
11.	套	tào	Satz; Reihe

[练习 Übungen]

一、根据课文，回答下列问题
　　Beantworten Sie die folgenden Fragen zum Text.

1. 在什么情况下，交易双方可以成交？

2. 在什么情况下，交易双方一般要签订书面合同？

3. 合同可以分为几种类型？

4. 在什么情况下，合同才能生效？

5. 合同可以有两种不同文本吗？

6. 两种不同文本的合同具有同等法律效力吗？

7. 合同应由谁来执有？

二、填空 Ergängen Sie die fehlenden Wörter.

1. 交易双方经过 _____、_____、买方订货和卖方确认，即可以
   _____。

2. _____ 数量较大或交易内容较为 _____，通常需要签订书面
   合同。

3. 交易双方通过签订 _____ 合同，来确认交易内容和 _____。

4. 合同须经交易双方 _____ 才能 _____。

5. 合同可以有 _____ 和副本，并且一份合同可以有不同的 __
   _____。

6. 中文和德文文本的合同，经双方签字后具有同等 _____。

会话 Dialoge

1

米勒：   白先生，您昨天给我们的合同草案，我们已经仔

细看过了。

白林: 有什么需要修改或补充的地方[1]吗？

米勒: 没有。我们谈判的内容都已包括在合同中了。我
        们只是希望，贵方能尽早发货。

白林: 请您放心，合同签了后，我们会尽快安排的。请
        问，你们需要几份副本？

米勒: 中文和德文文本各要一份。正本我们寄回慕尼黑，
        副本留在我这儿。

白林: 好的。那么，现在我们就可以在合同上签字了？

米勒: 是的。(双方签字)

白林: 祝贺我们圆满成交。

米勒: 希望我们今后能更好地合作。

2

宋波: 您好，施奈德先生。您是来讨论合同草案的吧？

施奈德: 是的，宋先生。您看我们的合同草案还有什么不
        清楚的地方吗？

宋波: 合同的第7款，装船日期是不是应该改为8月上旬？
        我们在第二次谈判时，已就此达成了一致意见。

施奈德: 我来查一下谈判记录。您是对的。对不起，这是
        我工作上的疏忽。

宋波:　　　另外，在索赔条款中，我们希望再加上一条："如果索赔成立，因索赔所发生的一切费用和利息均由卖方负担"。

施奈德:　　可以。还有别的²问题吗？

宋波:　　　没有了。

施奈德:　　我们明天上午9点来这里签署正式合同，可以吗？

宋波:　　　可以。

施奈德:　　现在所有问题都已解决了，明天签署合同后，我们就圆满成交了。非常感谢贵方的合作！

宋波:　　　对我们之间的友好合作，我们也很满意。

施奈德:　　好，那我就不再打扰了，告辞了³。

宋波:　　　明天见。

施奈德:　　明天见。

[注释 Erläuterungen]

[1] 地方 bedeutet hier "Stelle". Man kann auch sagen: "有什么<u>地方</u>需要修改或补充吗？"

[2] 别的: (umgangsprachlich) "andere"

[3] Na, dann werde ich Ihre geschätzte Zeit nicht länger in Anspruch nehmen und darf mich jetzt von Ihnen verabschieden. 我就不再打扰了. Eine direkte Übersetzung wäre: "Ich möchte Sie nicht mehr stören!"

[生词 Vokabeln]

1.	仔细	zǐxì	sorgfältig; aufmerksam
2.	修改	xiūgǎi	verbessern; korrigieren
3.	补充	bǔchōng	ergänzen
4.	副本	fùběn	Abschrift; Kopie; Duplikat
5.	正本	zhèngběn	Original; Urschrift
6.	圆满	yuánmǎn	befriedigend; zufriedenstellend
7.	(条)款	(tiáo)kuǎn	Klausel; Paragraph
8.	改	gǎi	korrigieren
9.	上旬	shàngxún	die ersten zehn Tage eines Monats
10.	记录	jìlù	Protokoll
11.	查	chá	nachsehen
12.	正式	zhèngshì	offiziell; formell; amtlich
13.	签署	qiānshǔ	unterzeichnen; unterschreiben
14.	打扰	dǎrǎo	Umstände machen; stören; belästigen

[练习 Übungen]

一、根据课文，回答下列问题
Beantworten Sie die folgenden Fragen zu den Dialogen.

1. 怎样问对方关于合同修改或补充意见？
2. 你对圆满成交表示满意，你怎样说？
3. 你需要中文和德文合同的副本，你怎样说？
4. 如果合同中有的条款需要修改，你怎样说？
5. 如果你希望合同中补充一个条款，你怎样说？
6. 你想建议签署合同的时间，你怎样说？

二、比较下列词组或句子 Vergeichen Sie die folgenden Wortgruppen und Sätze

    1. a. 合同草案
       b. 合同正本
       c. 合同副本

    2. a. 签署合同
       b. 在合同上签字

    3. a. 圆满成交
       b. 圆满地达成了交易

    4. a. 合同草案还有什么需要修改或补充的地方吗？
       b. 合同草案还有什么不清楚的地方吗？
       c. 合同草案还有什么问题吗？

    5. a. 在索赔条款中，我们希望再加上一条
       b. 在索赔条款中，我们希望再加上一句
       c. 在索赔条款中，我们希望补充一个条款

三、会话练习 Dialogübungen

    分A，B组扮演本课对话1至2中的不同人物，练习如何讨论合同草案问题。

四、思考与讨论 Fragen zur Diskussion

    1. 成交是否通常要签属书面合同？
    2. 你方对合同中的某一条款不满意，你应该怎么办？

函件 Briefe

1

合同

中国天津纺织品进出口公司(下称卖方)和德国施耐德贸易有限公司(下称买方)于今日在北京签订本合同，条款如下：

1) 商品名称：   T恤衫
2) 规格：   XXX
3) 数量：   10万件
4) 单价：   汉堡港交货价(包括运费) 为 X 马克
5) 总金额：   XX 万马克
6) 包装：   硬纸板箱
7) 付款条件：   凭以卖方为收益人、不可撤销的、可转让的信用
                证支付
8) 装运期：   5月上旬以前
9) 唛头：   根据买方要求确定
10) 保险：   由买方投保

本合同一式两份，每份有中文和德文两种文本。两种文本具有同等法律效力。

XXX 经理 (签字)   XXX 经理 (签字)
中国天津纺织品进出口公司   德国施耐德贸易有限公司
                                   19XX年12月10日

2

日期：19XX年6月15日
合同号：DC－189

销售合同

德国汉堡卡尔公司(作为卖方)－位于德国汉堡XX大街3－5号，依照本合同和交易条件，向中国北京万达公司(作为买方)－位于中国北京朝阳区XX大街1号，出售下列产品，条款如下：

1) 商品名称：　西门子商用计算机

2) 规格：　　　XXX 型

3) 数量：　　　100 台

4) 包装：　　　硬纸板箱加尼龙带加固，箱内用硬质塑料泡沫衬垫固定

5) 价格：　　　天津港交货价每台1200马克，共计11万马克

6) 付款条件：　凭可保兑的、不可撤销的信用证支付

7) 交货期：　　收到订货后4个月交货

8) 保险：　　　由卖方投保一切险，买方投保特殊附加险

9) 检验：　　　由卖方提供装船货物品质和数量的检验证明。
　　　　　　　买方如有其他检验或公证要求，费用由买方负担
　　　　　　　一般交易条件和条款作为本合同的组成部分附后。

　　XXX (签字)　　　　　　　　　　　XXX (签字)
德国汉堡卡尔公司　　　　　　　　中国北京万达公司

[生词 Vokabeln]

1.	称	chēng	nennen
2.	T恤衫	tìxùshān	T-Shirt
3.	西门子	Xīménzǐ	*Siemens (Firmenname)*
4.	塑料泡沫	sùliào pàomò	Schaumkunststoff
5.	衬垫	chèndiàn	Unterlage; Futter
6.	固定	gùdìng	befestigen; festlegen
7.	保兑	bǎoduì	garantiert einlösbar

[补充词 Zusätzliche Wörter]

1.	开头	kāitóu	Anfang; Beginn
2.	区别	qūbié	Unterschied
3.	布劳恩	bùláo'ēn	*Braun (Personenname)*
4.	宏远	hóngyuǎn	*(Firmenname)*
5.	玩具	wánjù	Spielzeug

[练习 Übungen]

一、根据课文，回答下列问题
Beantworten Sie die folgenden Fragen zu den Musterbriefen.

1. 合同的开头部分通常应该如何书写？(提示：买卖双方的公司名称，何时何地签署何合同)

2. 合同一般包括哪些条款？

3. 本课中两个合同的重要区别是什么？

二、 写信练习 Schreiben Sie die Geschäftsbriefe nach den folgenden Angaben.

1. 参照合同1写一封德国不莱梅布劳恩公司购买中国上海宏远公司玩具的合同。

2. 参照合同2写一封德国法兰克福迈尔公司向中国北京万达公司销售2台机床的销售合同。

第二十课　索赔
Lektion 20　Reklamationen

课文 Text

Suǒpéi shì zhǐ jiāoyì de yìfāng xiàng wéifǎn hétong de lìng
索赔　是　指　交易　的　一方　　向　　违反　　合同　的　另

yìfāng tíchū péicháng yāoqiú. Suǒpéi kě fēnwéi pǐnzhì suǒpéi hé
一方　提出　　赔偿　要求。　索赔　可　分为　品质　索赔　和

shùliàng suǒpéi. Pǐnzhì suǒpéi shèjí dào`àn huòwù chūxiàn pòsǔn、
数量　　索赔。　品质　索赔　涉及　到岸　货物　　出现　破损、

biànzhì、 cuòjiāo děng wèntí ; shùliàng suǒpéi zé shì zhǐ dào`àn huòwù
变质、　错交　等　问题;　数量　索赔　则　是　指　到岸　货物

yǒu duǎnzhòng děng wèntí. Suǒpéi bìxū jīngguò yǒuguān jīguò de
有　　短重　　等　问题。　索赔　必须　经过　　有关　机构　的

jiǎnyàn hé jiàndìng, quèdìng huòwù de sǔnshī jí yuányīn, míngquè
检验　和　鉴定,　　确定　货物　的　损失　及　原因,　　明确

zérèn chéngdānzhě. Suǒpéi duìxiàng tōngcháng shì màifāng、
责任　承担者。　索赔　对象　　通常　　是　卖方、

chéngyùnrén huò bǎoxiǎn gōngsī. Duì yǒu yánzhòng pǐnzhì wèntí de
承运人　或　保险　公司。　对　有　严重　　品质　问题　的

huòwù, yóu suǒpéi duìxiàng chùlǐ; duì yǒu qīngwēi pǐnzhì wèntí de
货物,　由　索赔　对象　处理;　对　有　轻微　品质　问题　的

huòwù, suǒpéifāng kě yāoqiú huànhuò、 xiūlǐ huò jiǎnjià děng; duì yǒu
货物,　索赔方　可　要求　换货、　修理　或　减价　等;　对　有

shùliàng wèntí de huòwù, zé kě yāoqiú bǔhuò、 péikuǎn huò xiāngyìng
数量　问题　的　货物,　则　可　要求　补货、　赔款　或　相应

de kòuchú zhàngdān jīn`é.
地　扣除　　帐单　金额。

[生词 Vokabeln]

1.	违反	wéifǎn	gegen etw. verstoßen; verletzen
2.	涉及	shèjí	betreffen; sich auf … beziehen
3.	变质	biànzhì	verderben
4.	错交	cuòjiāo	falsche Lieferung
5.	短重	duǎnzhòng	Fehlgewicht
6.	轻微	qīngwēi	leicht; gering
7.	换货	huànhuò	Warenaustausch
8.	修理	xiūlǐ	reparieren; Reparatur
9.	减价	jiǎnjià	den Preis senken; Preissenkung
10.	补	bǔ	ergänzen; wettmachen
11.	扣除	kòuchú	abziehen; Abzug
12.	帐单	zhàngdān	Rechnung

[练习 Übungen]

一、根据课文，回答下列问题
Beantworten Sie die folgenden Fragen zum Text.

1. 什么是索赔？

2. 索赔的基本种类有哪两种？

3. 什么是品质索赔？

4. 什么是数量索赔？

5. 对有品质问题的货物，索赔方通常可要求什么样赔偿？

6. 对有数量问题的货物，索赔方通常可要求什么样赔偿？

二、填空 Ergängen Sie die fehlenden Wörter

1. 交易的一方向 ＿＿＿ 合同的另一方提出 ＿＿＿＿ 要求，即索赔。

2. 到岸货物出现破损、＿＿＿、错交等问题，可提出品质索赔。

3. 到岸货物出现 ＿＿＿＿ 问题，可提出数量索赔。

4. 索赔 ＿＿＿ 提出是卖方、＿＿＿＿＿ 或保险公司。

5. 对有轻微品质问题的货物，索赔方可要求 ＿＿＿、修理或 ＿＿＿
   等。

6. 对有短重问题的货物，索赔方可要求 ＿＿＿＿、＿＿＿ 或相应地
   ＿＿＿＿ 帐单金额。

会话 Dialoge

1

菲舍尔： 刘先生，我这次来，想跟您谈一件不太愉快的

事。我希望，我们能一起把这个问题解决好。

刘明： 菲舍尔先生，到底是怎么回事呢？

菲舍尔： 是这样，我昨天接到总公司的消息，贵方发运给

我公司的500箱大蒜有20％已发霉，不能出售。对

这样的货物，我方无法接受。总公司让我向贵公司

提出品质索赔要求。

刘明： 听到这样的消息，我感到非常吃惊。我们出口的

大蒜以质量好而闻名。近年来，自从我们打开欧洲

市场后，我们在欧洲国家大蒜出口量每年都在增

加。还没有听到过这样的抱怨。

菲舍尔: 对发生此类问题，我们表示非常遗憾。这是我方的检验证书和检验报告，请您过目。

刘明: 贵方的检验证书并没有证明造成损失的原因是什么。运输途中保护措施不当，也可能使大蒜发霉。您知道，这批货物在装船前，是经过中国商检局检验，证明质量合格的。

菲舍尔: 但是，贵方进行的只是抽样检验。有可能被检验的20％恰好是合格的；而不合格的没被检验到。

刘明: 菲舍尔先生，按货物总量的20％进行抽样检验，是我们双方同意的。这在合同中有明确规定。以此为由，我方不能接受贵方的索赔要求。

菲舍尔: 可是20％的大蒜发霉，这是实事呀！

刘明: 我并不怀疑贵方检验证书的可靠性。但是您不能证明货物损失是发生在装船之前。要知道，大蒜如果在海运途中受潮，就很容易发霉。如果这是造成货物损失的原因，贵方就应该向保险公司提出索赔要求。

菲舍尔: 好吧。我马上通知总公司，让他们再检查一下运输途中货物保护措施问题。

刘明: 有什么需要我们帮忙的地方，可随时跟我们联系。

菲舍尔: 谢谢您。

2
数量索赔

刘明: 席勒先生，我们昨天发[1]给您的天津检验局关于
短重的检 验报告，您已经看过了吧？

席勒: 是的。按这份检验报告，我们发运的货物重量与
你们实际收到的货物重量之间相差达30吨。这实
在是不太可能呀！这批货物在装船前，是经过严
格检验的。装船重量是完全符合合同要求的。刘
先生，我们恐怕对你们的索赔要求无法接受。

刘明: 但是到货短重30吨这是事实。我们检验局的检验
报告已经清楚地证明了这点。而且，检验局的分析
还证实，这批货物的湿度也超过了合同规定的标
准。这意味着，实际短重数量还要大一些。

席勒: 使用的检验和计算方法不同，往往会导致分析结
果的差异。从你方的检验报告中，我注意到，你方
是用水尺[2]测定重量的。您知道，这种测重方法是
会产生一定的偏差的。

刘明: 我不否认水尺测重有产生一定偏差的可能性。但
是，偏差总不该这么大吧？

席勒: 好吧，刘先生。我尊重你们商检局的检验结果，

也考虑到我们之间今后的业务关系，我们打算赔偿

贵方30吨的短重。

刘明: 对您为解决此事所作出的努力，我们表示非常感

谢。希望我们今后能够扩大业务关系。

[注释 Erläuterungen]

[1]发 ist hier umgangssprachlich und bedeutet "(Fax) senden".

[2]水尺是指按船体吃水深度计算货物重量的一种测重方法。

[生词 Vokabeln]

1.	菲舍尔	Fèishè'ěr	*Fischer* (*Personenname*)
2.	愉快	yúkuài	froh; fröhlich; glücklich
3.	到底	dàodǐ	eigentlich; doch
4.	大蒜	dàsuàn	Knoblauch
5.	接受	jiēshòu	annehmen; akzeptieren
6.	吃惊	chījīng	erstaunt sein; einen Schreck bekommen; erschüttert sein
7.	闻名	wénmíng	bekannt; berühmt
8.	近年来	jìnniánlái	in den letzten Jahren
9.	打开	dǎkāi	öffnen; erweitern; entfalten
10.	抱怨	bàoyuàn	sich beschweren; sich beklagen
11.	过目	guòmù	durchsehen; etw. prüfend nachlesen
12.	途中	túzhōng	unterwegs
13.	保护	bǎohù	schützen

14.	措施	cuòshī	Maßnahme
15.	不当	búdàng	unpassend; unangemessen
16.	严格	yángé	streng; strikt
17.	合格	hégé	der Norm entsprechend
18.	抽样	chōuyàng	Stichprobe
19.	恰好	qiàhǎo	gerade; genau; ausgerechnet
20.	怀疑	huáiyí	zweifeln
21.	可靠性	kěkàoxìng	Zuverlässigkeit
22.	实在	shízài	wirklich
23.	证实	zhèngshí	bestätigen; bekräftigen
24.	湿度	shīdù	Feuchtigkeit
25.	水尺	shuǐchǐ	Wasserstandsanzeiger
26.	测定	cèdìng	etw. (durch Vermessung) feststellen
27.	测重	cèzhòng	Gewicht messen
28.	产生	chǎnshēng	hervorbringen; sich (aus...) ergeben
29.	偏差	piānchā	Abweichung; Fehler
30.	尊重	zūnzhòng	respektieren; achten
31.	业务关系	yèwù guānxì	Geschäftsbeziehung
32.	努力	nǔlì	sich anstrengen; sich bemühen
33.	船体	chuántǐ	Schiffsrumpf; Schiffskörper
34.	吃水	chīshuǐ	Tiefgang
35.	深度	shēndù	Tiefe

[练习 Übungen]

一、根据课文，回答下列问题
    Beantworten Sie die folgenden Fragen zu den Dialogen，

1. 你想和对方谈索赔问题，你可以怎样说？

2. 在谈判中，你可以怎样提出和说明你方的索赔要求？

3. 如果你对对方检验机构使用的抽样检验方法不满意，你怎样说？

4. 如果你对对方提出索赔的理由不同意，你怎样做？

5. 你方打算进一步查验货物损失的原因，你怎样跟对方说？

6. 如果对方向你方提出了索赔要求，你说什么？

7. 如果你方打算接受对方的索赔要求，你怎样说？

二、用所给词组完成下列对话 Ergänzen Sie die Dialoge mit den folgenden gegebenen Wörtern.

1. A: 这批货物到货时已有20%发霉。
   B: ＿＿＿＿＿＿＿＿＿＿＿＿＿＿＿＿＿＿＿。(吃惊，闻名，抱怨)

2. A: 这是我方检验局的检验报告，请您过目。
   B: ＿＿＿＿＿＿＿＿＿＿＿＿＿＿＿＿＿＿＿。(抽样检验，恰好，合格)

3. A: 根据合同的规定和我方检验局的检验证书，我方向贵方提出索赔要求。
   B: ＿＿＿＿＿＿＿＿＿＿＿＿＿＿＿＿＿＿＿。(怀疑，可靠性，原因)

4. A: 我不否认水尺测重有产生一定偏差的可能性。但是，偏差总不该这么大吧？
   B: ＿＿＿＿＿＿＿＿＿＿＿＿＿＿＿＿＿＿＿。(尊重，检验结果，业务关系)

三、会话练习 Dialogübungen

分A，B组扮演本课对话1至2中的不同人物，练习如何讨论索赔问题。

四、思考与讨论 Fragen zur Diskussion

1. 如果双方对索赔问题无法达成一致意见，怎么办？
2. 如果对方索赔要求不合理，怎么办？

函件 Briefe

1
索赔函[1]

宏云进出口贸易公司:

今收到你方3月28日发来的300箱服装。很遗憾，这批货物中有50箱型号与我们订货不附。现附上我方检验局检验证书一份，请查收。对上述错发货物，我方将交你方处理。如果贵方同意减价30%，我方可考虑接受这批货物，特价出售。此事给我方带来许多麻烦，希望今后能避免类似事情发生。

致友好问候。

IEH进出口贸易有限公司
19XX年6月8日

2

复索赔函[2]

IEH进出口贸易公司:

　　贵方6月8日索赔函已收到。我们对错发货物一事给贵方带来的诸多不便，深表歉意。贵方曾于3月24日来函要求立即发货。我方在时间十分仓促的情况下于3月28日将货物发出，由此造成了这次失误，敬请贵方原谅。对50箱错发货物，我方同意贵方的意见，减价30%交给贵方处理。现寄上新开的发票一张，请查收。今后,我们将尽力及时准确地办理贵方的订货。希望能够继续得到贵方的信任。

　　　　　　　　　此致

　　敬礼

　　　　　　　　　　　　　宏云进出口贸易公司
　　　　　　　　　　　　　19XX年6月15日

[注释 Erläuterungen]

　　[1]索赔函件的内容一般包括: （1）确认货物已经收到; （2）详细说明收到的货物存在的问题。如损坏、短重、错交等; （3）提出索赔要求及建议，或请对方提出赔偿办法。

　　[2]复索赔函件的内容一般包括: （1）确认收到索赔函，并表明对此事已做了仔细检验: （2）阐明自己的的态度: 如果经检验证实索赔理由成立，应承认货物有问题，对此表示歉意，并提出赔偿建议，或表示同意对方提出的赔偿建议。

[生词 Vokabeln]

1.	宏云	hóngyún	(*Firmenname*)
2.	更换	gēnghuàn	ersetzen; wechseln
3.	特价	tèjià	Sonderpreis
4.	避免	bìmiǎn	vermeiden
5.	诸多	zhūduō	sehr viel; eine Menge
6.	不便	búbiàn	ungünstig; unbequem; lästig
7.	歉意	qiànyì	Gefühl des Bedauerns; jn um Entschuldigung bitten
8.	仓促	cāngcù	eilig; übereilt
9.	失误	shīwù	Fehler; Fehlschlag (bei der Arbeit)
10.	原谅	yuánliàng	verzeihen; entschuldigen
11.	意见	yìjiàn	Meinung; Ansicht
12.	信任	xìnrèn	Vertrauen; jm vertrauen; sich auf jn verlassen
13.	态度	tàidù	Einstellung; Position
14.	理由	lǐyóu	Grund; Ursache
15.	成立	chénglì	haltbar sein (z.B. Schadenersatzforderung
16.	承认	chéngrèn	zugeben; anerkennen

[练习 Übungen]

一、根据课文，回答下列问题
Beantworten Sie die folgenden Fragen zu den Musterbiefen.

1. IEH进出口贸易有限公司的索赔函包括了哪几部分内容？

2. IEH进出口贸易有限公司为什么提出索赔要求？

3. IEH进出口贸易有限公司提出的索赔建议是什么？

4. 宏云进出口贸易公司的复索赔函包括了哪几部分内容？

5. 宏云进出口贸易公司是如何答复对方的索赔建议的？

二、 写信练习 Schreiben Sie die Geschäftsbriefe nach den folgenden Angaben.

1. 参照函件1，写一封关于计算机的索赔信。

2. 参照函件2，写一封复索赔信。

第三部分: 经济汉语阅读理解

Teil 3: Wirtschaftschinesisch für das Leseverständnis
"Chinas Reform- und Öffnungspolitik"

第二十一课
Lektion 21
Abgeordnete zum Volkskongreß diskutieren über Chinas Öffnung nach außen

课文 Text:

开阔视野 提高素质
代表委员谈提高对外开放水平

特区*）--沿海--内地，梯次开放的大潮涌向全国。

合作、合资、独资，三资企业如雨后春笋。

17年来，我国对外开放的基本格局已经形成。

几天来，代表、委员们谈到对外开放的成绩，同时对如何继续扩大开放，把对外开放提高到新水平，提出了自己的见解和建议。 许多代表谈到，现在人们的开放意识普遍提高，但面对世纪之交的国内形势，需要我们了解新情况，研究新问题，需要我们开阔视野，提高素质。

要认识到: 经济因素在世界格局的变化中起越来越重要的作用

一位代表说，现在是国际经济时代，闭关自守和彼此分割的时代已经过去了。冷战结束后，"和平" 与 "发展"是当今世界的主题，世界经济一体化、区域化、集团化日益强劲，经济合作与竞争成为国际关系中最主要的内容之一。我国经济同国际经济的联系空前紧密了。外资大量进入我国，形成 "我中有你，你中有我"互相交织的局面。1995年我国进出口总额初步统计为2800亿美元，约占国内生产总值的45%，可见我国经济同国际经济之间相关度大大增加。

代表、委员们强调，要认识国际经济关系的两面: 合作与竞争. 在国际经济关系中，我们处于既合作又竞争的环境中，合作进展很快，竞争也很激烈。国际关系是各国综合国力的较量，综合国力决定一个国家在世界舞台上的角色和地位; 而在综合国力中，经济是最基本的要素。有人已经预见，在21世纪的国际竞争中，起主导作用的将是经济. 经济上不去，要成为一个世界强国是不可能的。

要认识到: 国际竞争就在我们身边

另外一位代表感慨地说: 在首都中华第一街 --北京长安街上，有多少外商广告! 这表明，外商看中了中国这个大市场，纷纷到中国这个市场来竞争。

我国累计批准外商投资企业22.98万家,投产开业约12万家, 职工1600多万人。这反映了我国吸引外资的成功, 但同时也反映了外资通过各种渠道在我国市场上进行竞争的势头。 今天, 再也不能说国际合作与竞争远在国门之外, 它就在我们身边!

代表、委员们还指出, 外商为了占领中国市场, 在合资过程中, 着眼于控制中国企业。 今天, 在许多行业,家电、饮料、汽车、自行车、化妆品...都存在着这种激烈的竞争; 而且,国际经济竞争已经不限于产品竞争, 它已经深入到市场占领、资产控制、知识产权保护等, 构成全方位、深层次的竞争。

(《人民日报》海外版, 1996年3月14日,gekürzt)

*) 经济特区在中国共有5个, 即深圳、珠海、汕头、厦门、海南地区。

Vokabeln

开阔	kāikuò	erweitern
视野	shìyě	Gesichtskreis
提高	tígāo	erhöhen
素质	sùzhì	Qualität
对外开放	duìwài kāifàng	Öffnung nach außen
特区	tèqū	Sonderwirtschaftszone
梯	tī	Stufe
涌（向）	yǒng (xiàng)	*(siehe Anmerkung 1)*
三资企业	sānzī qǐyè	*(siehe Anmerkung 2)*
雨后春笋	yǔ hòu chūnsūn	wie Pilze aus dem Boden schießen
格局	géjú	Struktur, Aufbau
形成	xíngchéng	formen, Gestalt annehmen
委员	wěiyuán	Mitglied eines Komitees
成绩	chéngjī	Errungenschaft, Leistung
扩大	kuòdà	ausdehnen, erweitern
见解	jiànjiě	Meinung, Auffassung
建议	jiànyì	Vorschlag, Anregung
形势	xíngshì	*(siehe Anmerkung 3)*
情况	qíngkuàng	*(siehe Anmerkung 4)*
因素	yīnsù	*(siehe Anmerkung 5)*

越...越	yuè...yuè	je...desto
起...作用	qǐ...zuòyòng	*(siehe Anmerkung 6)*
闭关自守	bìguān zìshǒu	sich v. d. Außenwelt abkapseln
彼此	bǐcǐ	einander, gegenseitig
分割	fēngē	abtrennen, spalten
一体	yìtǐ	organische Einheit
集团	jítuán	(Firmen-)Gruppe
日益	rìyì	von Tag zu Tag
强劲	qiángjìng	stark
竞争	jìngzhēng	Konkurrenz
联系	liánxì	1) Kontakt 2) verbinden
紧密	jǐnmì	eng (z.B.Beziehungen)
交织	jiāozhī	mit etw verflochten sein
局面	júmiàn	*(siehe Anmerkung 7)*
额	é	*(siehe Anmerkung 8)*
统计	tǒngjì	Statistik
约	yuē	ungefähr, etwa
生产总值	shēngchǎn zǒngzhí	Gesamtproduktionswert
国民生产总值		Bruttonationalprodukt
相关	xiāngguān	in gegenseitiger Beziehung stehen
度	dù	Grad
强调	qiángdiào	hervorheben
处于	chǔyú	*(siehe Anmerkung 9)*
既...又	jì...yòu	*(siehe Anmerkung 10)*
环境	huánjìng	Umgebung, Verhältnisse
进展	jìnzhǎn	Fortschritt, s. entwickeln
激烈	jīliè	heftig, erbittert
综合	zōnghé	zusammenfassen
较量	jiàoliàng	Kraftprobe, sich mit jm messen
主导	zhǔdǎo	leitend, führend
起主导作用		eine führende Rolle spielen
感慨	gǎnkǎi	seufzen
表明	biǎomíng	*(siehe Anmerkung 11)*
纷纷	fēnfēn	einer nach dem anderen
累计	lěijì	Gesamt-

批准	pīzhǔn	genehmigen
投资	tóuzī	investieren
投产	tóuchǎn	die Produktion aufnehmen
开业	kāiyè	mit der Geschäftstätigkeit beginnen
反映	fǎnyìng	*(siehe Anmerkung 12)*
吸引	xīyǐn	anziehen, faszinieren
通过	tōngguò	mittels, durch
渠道	qúdào	*(siehe Anmerkung 13)*
进行	jìnxíng	durchführen
势头	shìtóu	Schwung, Wucht
占领	zhànlǐng	besetzen, erobern
过程	guòchéng	Verlauf, Prozeß
着眼	zhuóyǎn	s. Augenmerk auf etw richten
控制	kòngzhì	kontrollieren
行业	hángyè	Gewerbe, Branche
化妆品	huàzhuāngpǐn	kosmetische Artikel
存在	cúnzài	existieren
限于	xiànyú	sich beschränken auf...
产品	chǎnpǐn	Produkt
深入	shēnrù	eindringen in
知识产权	zhīshi chǎnquán	geistiges Eigentumsrecht
保护	bǎohù	schützen
构成	gòuchéng	bilden, formen
全方位	quánfāngwèi	in allen Richtungen, in jeder Hinsicht

Anmerkungen

1)

"涌" bedeutet: "strömen (nach....)"

z.B.:

越来越多的外商涌向亚太地区。

2）

"三资企业" bedeutet wörtlich "die drei (Formen von) Investitions-unternehmen". Diese drei Formen sind:

"合资(经营)企业" 一   chinesisch - ausländisches
                            Unternehmen mit gemeinsamem Kapital

"独资企业" —   Unternehmen in China mit nur aus-
                       ländischem Kapital.
"合作经营企业" —   chinesisch - ausländisches Unternehmen
                       mit gemeinsamem Management.

3)
"形势" bedeutet: "Situation", "Lage"
z.B.:
国际形势   *- internationale Lage*
当前经济的形势   *- die gegenwärtige wirtschaftliche Situation*

4)
"情况" bedeutet: "Umstände", "Lage", "Verhältnisse"
z.B.:
a)在这种情况下   *- unter diesen Umständen*
b)他们的情况如何？ *- Wie steht es um sie?*

5)
"因素"bedeutet: "Faktor"
z.B.:
李先生说，国有企业困难是多种因素综合的结果。

6)
"起..作用" bedeutet: "wirksam werden", "eine Rolle spielen"
z.B.:
对外经济在德国的经济生活中起着决定性作用。
*(Die Außenwirtschaft spielt eine entscheidende Rolle im Wirtschaftsleben
Deutschlands.)*

7)
"局面" - "Zustand", "Situation", "Aspekt"
z.B.:
不稳定的局面   *- unsichere Lage*
跃进的局面   *- sprunghafte Entwicklung*
新的局面   *- neuer Aspekt*

8)
"额"bedeutet: "Quote" oder "Zahl", z. B.:
进口额   进出口总额
出口额   对外贸易总额
对外出口额   全省外商投资总额

9)
"处（于）" bedeutet: "sich befinden in"
z.B.:

a)现在，中德两国都处于历史发展的重要时期。

b)中国仍是一个发展中国家，人均国民生产总值和人民生活水平都
处在世界平均水平之下。

10)

Die Konstruktion "既...又" bedeutet "sowohl... als auch..." und wird gebraucht, um zwei verbale oder Adjektiv-Konstruktionen miteinander zu verbinden.

z.B.:

张经理既不懂英文，又不懂德文，我们在一起没办法谈话。

11)

"表明": bedeutet: "etwas klar erkennen lassen", "etwas deutet
                darauf hin" z.B.:

a)这表明你说的不是实话。

b)双方都表明了自己的立场。

c)我昨天就表明了我的观点。

12)

"反映"bedeutet hier "widerspiegeln"

z.B.:

a) 他的发言反映了他的想法。

b) 他的小说反映过学生的生活。

13)

"渠道"bedeutet: "Weg","Medium"

z.B.:

台湾商人通过各种渠道与大陆进行贸易，去年两岸贸易额近35亿
美元。

Fragen zum Text

1) "对外开放"的含义是什么？

2) 代表、委员们认为，世界经济的一体化、区域化、集团化日
益加强。你能不能举出一个例子来说明？

3) 国际经济关系的两个方面是什么？

4) 吸引外国企业对中国经济的发展有什么影响？

5) 什么是提高国民经济竞争力的基本要素？

6) 按照初步统计，1995年中国的进出口额占国内生产总值的百
分之多少？

7) 提高综合国力的条件是什么？

Übung 1: Ergänzen Sie die richtigen Wörter (siehe Text).
1）17年来，在中国投资的外国企业＿＿＿＿＿＿。
　　a）已经形成　b）如雨后春笋　c）开放
2）代表、委员们认为，闭关自守的时代已经＿＿＿＿，国际
　　经济时代即将到来。
　　a）去了　b）去过　c）过去
3）在当今世界，世界经济集团化＿＿＿＿日益加强。
　　a）局面　b）势头　c）方面
4）当今整个世界经济正向着国际化、一体化方向发展，而且这
　　个＿＿＿＿越来越明显。
　　a）局面　b）势头　c）方面
5）中国经济与国际经济的＿＿＿＿越来越密切。
　　a）情况　b）发展　c）联系
6）代表和委员们认为，合作和竞争是国际经济关系中的两个最
　　主要的＿＿＿＿。
　　a）方面　b）局面　c）情况
7）目前在中国市场上竞争越来越＿＿＿＿。
　　a）激烈　b）好　c）快
8）国民经济的快速发展使＿＿＿＿明显提高。
　　a）竞争力　b）综合国力　c）势头

Übung 2: Ergänzen Sie **联系、关系** oder **相关**.
1）和谢先生＿＿＿＿上了吗？
2）这件事跟我没有＿＿＿＿。
3）你上午去还是下午去，＿＿＿＿不大。
4）我跟他们＿＿＿＿以后，再打电话给你。
5）与人民生活密切＿＿＿＿的教育、文化等事业"八五"期间也有
　　较大发展。
6）近年来，中德两国经济贸易＿＿＿＿发展很快。
7）因为工作的＿＿＿＿，我曾到过日本、韩国、泰国等亚洲国家，
　　来中国还是第一次。
8）香港的变化对德国在亚太地区的经济利益＿＿＿＿重大。
9）这两个问题根本＿＿＿＿不起来。
10）我们需要一名英语翻译，请你给我们＿＿＿＿一下好吗？

Übung 3: Ergänzen Sie **情况、局面** oder **形势**.
1）在这种＿＿＿＿下我们必须停止工作。

2）李鹏向客人介绍了中国经济发展的_____。

3）这种_____形成很长时间了。

4）他是在农村长大的，对农村的_____比较了解。

5）世界目前的_____越来越好。

6）事情出现了崭新的_____。

7）由于大家的努力才形成了目前这种好_____。

8）整个工业出现了跃进的_____。

9）当前中国经济总的_____是好的。

10）他特别强调，旅游业的发展离不开全国政治、经济稳定发展的_____。

Übung 4: Ergänzen Sie die Sätze.

... 起着积极作用   ... 起着越来越大的作用

... 起着重要的作用   ... 只起次要作用

... 起了革命性作用   ... 起越来越重要的作用

... 起主导作用   ... 不知能不能起到作用

... 起着决定性作用

Übung 5: Lesen Sie die folgenden Wortverbindungen und bilden Sie damit Sätze.

a)

进行贸易   进行合作

进行研究   进行国际合作

进行改革   进行投资

进行经济改革   进行友好的谈话

b)

扩大对外开放   扩大钢铁生产

扩大两国贸易   扩大两国经济关系

扩大机电产品出口   扩大国际经济合作

扩大厂房   扩大我们的视野

第二十二课
Lektion 22
Li Peng: Gute Zukunfsaussichten für ausländische Investoren

<u>课文 Text:</u>

李鹏阐述中国政府的政策和立场

国务院总理李鹏六月七日在中南海接受英国《金融时报》 亚洲主编彼得.蒙塔尼翁的采访，回答了他有关中国投资环境等方面的提问。

李鹏在回答有关外商投资前景的提问时指出,中国的投资环境越来越好, 软件和硬件都有很大改善。中国将继续以产业政策为导向， 加大对农业、基础产业和支柱产业的投入。现在我们的基础设施有了长足的发展,投资需求和消费需求巨大。 因此, 外国投资者看好中国稳定的市场,愿意到中国投资。 迄今, 中国已吸收一千二百多亿美元的投资。中国欢迎外国投资者在基础设施建设方面投资, 也欢迎同中国的轻工纺织业等方面的中小企业进行合作， 参加企业的技术改造。第三产业*) 方面的合作已有良好的开端, 也可望适当扩大。

李鹏说,我劝外国投资者要不断加深对中国市场的了解,这有助于他们选择正确的投资方向。 比如, 前几年房地产投资者在中国盖了很多高档的宾馆、写字楼和别墅， 超过了中国的实际需要,所以高档房地产没有多大市场。有的产品在中国的市场上已经饱和, 如家用电器等。我们不支持低水平重复引进。 但另一方面,有的产业投资需求则很大。中国现在电话普及率不到百分之五,低于世界发达国家和一些发展中国家的水平。中国每年电话增加量约一千五百万门,是世界上最大的市场。中国电力的发展潜力也很大,每年投产一千五百万千瓦的电力,才能满足经济增长和生活用电的需求。中国欢迎外国公司同中国合作进行海洋石油、陆地石油的风险勘探， 勘探取得成果后就可以合资和合作开发. 我们也欢迎在交通运输方面开展合作。

(《人民日报》海外版， 1996年6月25日;gekürzt)

*) 第三产业指商业、金融保险业、服务业、旅游业、交通业等。

Vokabeln:

李鹏总理	Lǐ Péng zǒnglǐ	Ministerpräsident Li Peng
阐述	chǎnshù	erläutern, darlegen
立场	lìchǎng	Standpunkt
国务院	Guówùyuàn	Staatsrat
中南海	Zhōngnánhǎi	(Ortsname)
金融时报	Jīnróng shíbào	(Zeitungsname)
主编	zhǔbiān	Chefredakteur
彼得.蒙塔尼翁	Pídé Méngtǎ'níwēng	(Name)
采访	cǎifǎng	(als Reporter) Material sammeln
前景	qiánjǐng	Aussicht, Perspektive
软件	ruǎnjiàn	Software
硬件	yìngjiàn	Hardware
改善	gǎishàn	verbessern
以...为	yǐ...wéi	*(siehe Anmerkung 1)*
导向	dǎoxiàng	Leitlinie
加	jiā	steigern
支柱	zhīzhù	Stütze
投入	tóurù	investieren
基础设施	jīchǔ shèshī	Infrastruktur
长足	chángzú	rasch (Entwicklung)
长足的发展		rascher Aufschwung
需求	xūqiú	Nachfrage
巨大	jùdà	gewaltig
好	hǎo	*(siehe Anmerkung 2)*
吸收	xīshōu	aufnehmen, empfangen
轻工业	qīnggōngyè	Leichtindustrie
纺织工业	fǎngzhī gōngyè	Textilindustrie
改造	gǎizào	umgestalten
开端	kāiduān	Start, Anfang
可望	kěwàng	in naher Zukunft
适当	shìdàng	angemessen, entsprechend
加深	jiāshēn	vertiefen
选择	xuǎnzé	wählen
正确	zhèngquè	richtig
房地产	fángdìchǎn	Immobilien

投资者	tóuzīzhě	Investor
高档	gāodàng	erstklassig
宾馆	bīnguǎn	Hotel
写字楼	xiězìlóu	Bürogebäude
别墅	biéshù	Villa
超过	chāoguò	übertreffen
饱和	bǎohé	gesättigt sein
支持	zhīchí	unterstützen
重复	chóngfù	wiederholen
引进	yǐnjìn	einführen
则	zé	*(siehe Anmerkung 3)*
普及	pǔjí	verbreiten
率	lǜ	*(siehe Anmerkung 4)*
潜力	qiánlì	Potential
瓦	wǎ	Watt
满足	mǎnzú	zufriedenstellen
陆地	lùdì	Festland
风险	fēngxiǎn	Risiko
勘探	kāntàn	schürfen (z.B. nach Erdöl)
取得	qǔdé	erringen
开发	kāifā	erschließen
交通运输	jiāotōng yùnshū	Transport
开展	kāizhǎn	entfalten, entwickeln
商业	shāngyè	Handel
金融	jīnróng	Finanz, Bankwesen
保险	bǎoxiǎn	Versicherung
服务业	fúwùyè	Dienstleistungsgewerbe
旅游业	lǚyóuyè	Fremdenverkehr

Anmerkungen
1)
Die Konstruktion "以..为" bedeutet: "mit...als".
z.B.:
中国仍是一个以农业和工业为主的发展中国家。
2)
Im Satz: *"因此，外国投资者看好中国稳定的市场...."* ist "好" ein
Komplement des Resultates. Es gibt an, daß das angestrebte Ergebnis

erreicht worden ist.

z.B.:

a) 外商看好中国良好的经济环境，到中国投资不断增加。

b) 目前更多的外国公司看好上海。

c) 双方应该集中精力把还没解决的问题解决好。

3)

Die Konjunktion "则" bedeutet: "aber"', "jedoch". Sie wird meistens in der Schriftsprache verwendet. Man benutzt sie gewöhnlich, um zwei Sätze eines Satzgefüges zu verbinden, die einen Vergleich angeben.

z.B.:

从全国来看，人口每年以1.5%的速度增长，土地面积则以2%的速度减少。

4)

"率" bedeutet "Rate" oder "Quote"', z. B.:

经济增长率	电话普及率
人口自然增长率	彩电普及率
年均增长率	失业率

Beantworten Sie die Fragen zum Text:

1）当前中国的投资环境怎么样？

2）为什么中国的市场对外国投资者有这么大的吸引力？

3）李鹏总理对外国投资者的劝告是什么？

4）哪些产品在中国的市场上已经饱和？

5）在中国，投资高档房地产市场的前景如何？

6）中国在哪些领域欢迎和鼓励外商投资？

Übung 1: Ergänzen Sie die Verben 开展、开放、改造、改善 oder 改革.

1）中国和德国在科技方面_____了良好的合作。

2）美国政府要求台湾_____市场，向美国购买产品。

3）他认为，在中国转向市场经济条件下，国有大企业经过深化_____、技术_____和加强企业管理是大有希望的。

4）劳动条件还应进一步_____。

5）中国城乡居民去年家庭收入有较大幅度提高，生活水平继续得到_____。

6）上海积极_____国际交流活动。

7）李鹏希望德国的中小企业更多地到中国中部和西部去投资，

_____多种形式的合作。

8）大中型商业企业继续_____多种形式的促销活动。

9）南京市的工业生产环境也得到明显的_____。

10）外商投资天津开发区，不仅提高了天津的加工能力，而且
加速了天津工业的技术_____。

Übung 2: Bilden Sie Sätze.

1）是 ‖ 最大的 ‖ 有 ‖ 中国 ‖ 巨大的 ‖ 发展中国家，‖ 投资需求

2）成为 ‖ 我国 ‖ 轻工产品 ‖ 支柱性 ‖ 出口创汇的 ‖ 产业。

3）欢迎 ‖ 中国市场的 ‖ 中国 ‖ 竞争 ‖ 参与 ‖ 德国企业界

4）越好 ‖ 投资环境 ‖ 而且 ‖ 中国的 ‖ 会越来 ‖ 不断改善，

5）是 ‖ 中国合作的 ‖ 同 ‖ 前景 ‖ 德国 ‖ 远大的

6）最为显著的特点 ‖ 是 ‖ 上半年 ‖ 增长迅速。‖ 北京市 ‖
经济发展 ‖ 第三产业

7）国民 ‖ 国有企业 ‖ 经济 ‖ 的 ‖ 是 ‖ 支柱

8）普及率 ‖ 5.5% ‖ 由 ‖ 到 ‖ 提高 ‖ 电话 ‖ 1.1%

9）中的 ‖ 在国民 ‖ 比重 ‖ 第三产业 ‖ 明显上升 ‖ 经济

10）得到 ‖ 生活水平 ‖ 继续 ‖ 城乡居民 ‖ 改善 ‖ 提高 ‖ 和

Übung 3: Übersetzung

1) In den letzten Jahren kommen immer mehr ausländische
Unternehmer nach China, um dort Investitionen zu tätigen.

2) Gestern interviewten einige ausländische Journalisten Minister-
präsident Li Peng.

3) Li Peng glaubt, daß ausländische Investoren in China gute
Zukunftsperspektiven haben.

4) Der chinesische Markt für Fahrräder ist bereits gesättigt.

5) Die Wirtschaftsbeziehungen Deutschlands mit China werden
immer enger.

6) China gehört zu den Ländern mit der weltweit schnellsten
Entwicklung.

7) In den ersten fünf Monaten dieses Jahres stieg das Brutto-
nationalprodukt in China um 14 Prozent.

8) China hat hinsichtlich der Wirtschaftsreformen bereits große
Erfolge erzielt.

9) Auf dem Markt für Haushaltsgeräte herrscht eine starke
Konkurrenz.

10) Auf dem internationalen Markt spielt die Konkurrenzfähigkeit
eine entscheidende Rolle.

Übung 4:
Lesen Sie die folgenden Wortverbindungen und bilden Sie
damit Sätze:

a)

满足国内需求	满足顾客的需要
满足最低要求	满足两国人民的愿望
满足他的要求	满足国民经济发展的需要

b)

取得很大的进展	取得很大的成就
取得重大的进展	取得巨大的成就
取得新的进展	取得很大的成绩
取得较快的发展	取得良好的成绩

c)

改善人民生活	改善两国关系
改善工作条件	改善经济环境
改善基础设施	改善投资环境

第二十三课
Lektion 23
Li Peng spricht in einem Interview über die Wirtschafts-beziehungen zwischen China und Deutschland

课文 Text:

李鹏接受德国《商报》主编采访
就中德关系、中国国内情况等广泛问题作答

李鹏总理7月9日结束对德国访问前, 在慕尼黑接受了德国"商报"主编谢费尔的采访, 就中德关系、中国国内情况等广泛的问题回答了对方的提问。

问: 总理先生, 在您访德期间, 德中两国经济界代表签订了一系列合同、协议和意向书。 在您访问结束后, 扩大两国经济关系有哪些可能性?

答: 访问德国期间, 经济问题是我们会谈的一个重点, 确实取得了相当可观的成功。 中德企业家签订了约11亿美元的合同, 30多亿美元的协议和意向书。 凡是有商业常识的人都知道, 协议和意向书是走向谈判成功的必由之路。 有些人对协议和意向书不重视, 他们以为做一笔大项目的生意, 就好象到商店买东西一样, 一手交钱一手交货。 实际上任何大项目都要经过可行性研究、商业谈判、技术谈判, 要有一个比较长的过程。 不重视意向书和协议的作用是一种缺乏商业常识的表现。

关于中德经济关系, 值得注意的是, 我们已从商品贸易发展到更多地进行经济合作、技术合作、金融合作。 双方已经商定要建立一些合资企业。 科尔总理讲, 中德经济关系应该是长期的、可靠的, 我又加了平等的、互利的两条。 长期、可靠、平等、互利是今后发展中德经济关系的总的原则。 中国经济在快速发展, 估计今后较长时期内的经济增长率在百分之八至百分之九。 我们的外贸也会同步增长, 甚至比这个速度还要快些。 中国是一个巨大的市场, 估计从今年起到本世纪末, 累计将有一万亿美元的进口。 我们今后的进口, 除了有一些初级产品外, 有相当大部分是技术含量高的产品。 能

源、交通、通讯、钢铁、化工以及原材料工业, 是我国经济发展的重点, 而这些都是德国经济的强项, 中德两国经济互补性很强。 因此, 从长远看, 中德经济合作不仅仅是现在签了多少亿美元的合同、协议和意向书, 而是有更加广阔的前景。

(《人民日报》海外版, 1995年7月11日, gekürzt)

Vokabeln:

商报	Shāngbào	"Handelsblatt"
慕尼黑	Mùníhēi	München
谢费尔	Xièfèi'ěr	(Name)
广泛	guǎngfàn	umfassend
就	jiù	*(siehe Anmerkung 1)*
结束	jiéshù	beenden
签订	qiāndìng	unterzeichnen
一系列	yíxìliè	eine Reihe von
协议	xiéyì	Vereinbarung
意向书	yìxiàngshū	Absichtserklärung
确实	quèshí	gewiß, sicherlich
相当可观	xiāngdāng kěguān	beträchtlich
凡是	fánshì	alle, jede
常识	chángshí	Elementarkenntnisse
谈判	tánpàn	verhandeln
必由之路	bì yóu zhī lù	der einzig gangbare Weg
项目	xiàngmù	Projekt
好象...一样	hǎoxiàng ..yíyàng	so..wie
经过	jīngguò	durch etw. gehen,durch
可行	kěxíng	durchführbar
缺乏	quēfá	mangeln
表现	biǎoxiàn	*(siehe Anmerkung 2)*
注意	zhùyì	achten, aufpassen
商定	shāngdìng	vereinbaren
科尔总理	Kē'ěr zǒnglǐ	Bundeskanzler Kohl
估计	gūjì	annehmen, einschätzen
甚至	shènzhì	sogar,mehr noch
除了...以外	chúle...yǐwài	außer
含量	hánliàng	Gehalt,Inhalt
能源	néngyuán	Energie

通讯	tōngxùn	Telekommunikation
化工	huàgōng	（=化学工业）
		chemische Industrie
原材料	yuáncáiliào	Rohstoffe
强项	qiángxiàng	Stärke
互补	hùbǔ	s. gegenseitig von Nutzen sein
不仅仅....而	bùjǐnjǐn..ér	*(siehe Anmerkung 3)*
广阔	guǎngkuò	weit, ausgedehnt
广阔的前景		große Aussichten

Anmerkungen:

1)
"就"im Satz " *李鹏总理7月9日.... 就中德关系... 回答了对方的
提问。* " ist eine Präposition und bedeutet etwa "bezüglich".
z.B.:
张经理在会议上就深化改革、建立现代企业制度等一系列问题讲了
话。

2)
"表现" （= 表示出来) bedeutet: "an den Tag legen","zeigen".
z.B.:
a) 他在工作中表现很好。 *(Er bewährt sich in seiner Arbeit
ausgezeichnet.)*
b) 美国的商人、投资者、旅游者对香港的未来表现出越来越大的
兴趣。
"表现" als Substantiv bedeutet "Ausdruck", "Erscheinung".
z.B.:
生活水准提高的另一个表现是越来越多的人拥有私人汽车。

3)
"不仅仅" ist eine Konjunktion （gleichbedeutend mit "不仅" oder
"不但"). Sie steht zusammen mit :"而且", "而", "并且",
"也"oder "还". Bedeutung: "nicht nur ... sondern auch"
z.B.:
a) 这不仅（不仅仅）是你个人的事，也是大家的事。
b) 中德两国之间的合作，不仅要看到当前，而且更应该着眼于未
来，着眼于21世纪。

Fragen zum Text:
1）李鹏总理这次访问德国，对扩大中德经济关系有什么影响？

2）按照李鹏总理的看法，中德的经济合作在哪些方面可以
加强？

Übung 1: Ergänzen Sie die fehlenden Wörter (siehe Text).

李鹏接受德国《商报》主编采访

正在德国_____ **(1)** 的李鹏总理7月9日在慕尼黑接受了德国 "商
报" 主编的采访，_____ **(2)** 中德关系、中国的内政等问题回答了
主编的提问。

在回答 "商报" 主编关于如何评价中德将来的经济关系时，李鹏相
信，中德经济合作有着广阔的_____ **(3)**。在这次访问中，中德两
国企业家_____ **(4)** 的合同总额达到约11亿美元。

李鹏总理说，中国经济的发展_____ **(5)** 比较强。今后在较长的时
期内，年经济增长率_____ **(6)** 在百分之八到百分之九。

今后中国所需要进口的产品大部分是_____ **(7)** 较高的产品。在中
国经济建设中，能源、交通、钢铁、化工以及原材料工业都是很重
要的领域，而这些领域都是德国经济的_____ **(8)**。因此，中德两国
的经济有较强的_____ **(9)**。李鹏总理认为，中德的合作潜力很___
_____ **(10)**。

Übung 2: Bilden Sie Sätze mit Hilfe der Konstruktion "不但...而且"

1）中国政府愿与德国政府发展长期友好合作关系
　　　　　　在经贸领域扩大交流
　　　　　　在政治领域加强合作
2）法国在亚洲市场的占有率仅有2%
　　　　　　低于美、德等国
　　　　　　低于法国在国外的平均市场占有率6%
3）深圳人
　　　　　　物质文化生活水平提高
　　　　　　生活环境优化
4）外商投资天津开发区
　　　　　　提高了天津的加工能力
　　　　　　加速了天津工业的技术改造
5）经济的发展，
　　　　　　解决了人们的温饱问题
　　　　　　居民收入增多了

6）前来投资的

　　　中小企业
　　　不少世界知名的大企业

Übung 3: Ergänzen Sie die Sätze mit passenden Ausdrücken.
1）中国和德国都是世界上有重要_____。
2）李鹏总理说，包括德国在内的欧洲国家非常重视_____。
3）中德在交通、通信、能源、钢铁、石化等领域合作_____。
4）李鹏总理指出，德中之间有着广阔的合作_____。
5）中国政府和人民愿意与德国政府和人民发展_____。
6）中德两国存在许多共同_____。
7）中国是亚洲大国，也是世界大国，德国十分重视_____。
8）德国是中国在欧洲的最大贸易伙伴，中国也是德国在亚洲的重要贸易伙伴,两国贸易关系具有_____。
9）李鹏总理也希望德国的企业界进一步扩大在华投资，提高德国产品的竞争能力，让我们共同努力，把中德经济关系提高到_____。
10）李鹏指出，中德两国发展水平不同，但各有自己的优势和需要，经济上有_____。

Übung 4: Ergänzen Sie in den folgenden Sätzen das Suffix "性"，
　　　　　falls erforderlich.
1）亚洲的经济和人口数字现已表明它具有突出的重要：亚洲居住着59%的世界人口，其贸易额占世界贸易的25%，社会生产总值占全球的27%。
2）我国改革开放和现代化建设取得了伟大的历史成就。
3）中美两国经济互补很强，合作领域广阔，发展潜力巨大。
4）由于居民消费支出增长，各地区社会消费品零售总额均比去年同期明显扩大。
5）对外经济在德国的经济生活中起着决定作用。
6）中国的经济改革使中国发生了"成功的革命变化"。
7）多数人认为，中国是具有世界影响的大国，发展潜力巨大。
8）宏观改革取得突破进展。
9）国民经济持续发展，宏观经济稳定增强。
10）李鹏总理说，中国政局稳定，而且这种稳定可以长期保持下去。

第二十四课
Lektion 24
Neue Investitionsvorhaben der Firmen BASF und Siemens in China

课文 Text a:

德国巴斯夫公司将增加在亚洲投资

德国三大化工企业之一的巴斯夫公司将大量增加对亚洲特别是对中国的投资。

这家公司的董事会成员特劳茨不久前对德国《法兰克福汇报》发表谈话指出，巴斯夫公司将进一步开发亚洲市场，在今后15年内，巴斯夫公司占亚洲化工市场的份额将翻一番，销售额将从1995年的54.5亿马克增加到150亿马克。

他指出，从长远观点看，亚洲将是世界最大的化工市场。谁要想在世界上领先，就必须首先在亚洲领先。

迄今为止，巴斯夫公司在亚洲的投资总额已达33亿马克，其中在中国的投资达到10亿马克，是在华投资最多的外国化工企业。

（《人民日报》海外版，1996年2月29日）

课文 Text b:

德国西门子公司
计划在华再建30家合资企业

德国西门子公司发言人2日在接受一家报纸记者采访时说，西门子计划在中国再建30家合资企业。

西门子目前在中国有近20家合资企业。

这位发言人说，到本世纪末，西门子同中国的贸易额预计将达到大约100亿美元，在中国的投资总额将超过10亿美元。

在整个亚太地区，西门子计划使它的销售额到本世纪末达到大约150亿美元，投资额达到大约35亿美元。

西门子公司在其1993/94年度报告中说，西门子1993/94年的世界销售额为846亿马克（约合528亿美元），其中亚太地区占9%。

这两年中，西门子来自欧洲的订货额部分（包括本国在内）由75%

下降到66%，而来自美国和亚太地区的订货额都增加了10%以上。

（《人民日报》海外版，1995年1月4日）

Vokabeln:

a)

巴斯夫	Bāsīfū	BASF (Firmenname)
董事会	dǒngshìhuì	Aufsichtsrat
		Verwaltungsrat
成员	chéngyuán	Mitglied
特劳茨	Tèláocí	(Name)
法兰克福	Fǎlánkèfú	Frankfurt
发表	fābiǎo	herausgeben, veröffentlichen
指	zhǐ	hinweisen
进一步	jìnyíbù	um einen Schritt weiter
占	zhàn	*(siehe Anmerkung 1)*
份额	fèn'é	Anteil
翻	fān	*(siehe Anmerkung 2)*
番	fān	(Zählwort)
销售额	xiāoshòu'é	Verkaufszahlen, Umsatz
马克	Mǎkè	Deutsche Mark
领先	lǐngxiān	in Führung liegen
总额	zǒng'é	Gesamtbetrag

b)

西门子	Xīménzǐ	Siemens (Firmenname)
计划	jìhuà	planen
合资企业	hézī qǐyè	chinesisch- deutsches Unternehmen mit gemeinsamem Kapital, Joint Venture
股份有限公司	gǔfèn yǒuxiàn gōngsī	Ges mbH
发言人	fāyánrén	Sprecher
贸易额	màoyì'é	Handelsvolumen
预计	yùjì	vorausberechnen, voraussichtlich
达到	dádào	erreichen
使	shǐ	*(siehe Anmerkung 3)*
自	zì	(Präposition)

包括...在内	baokuò..zàinèi	umfassen, beinhalten
下降	xiàjiàng	sinken, fallen
订货	dìnghuò	Waren bestellen

Anmerkungen:

1)

"占" bedeutet "einen Platz einnehmen" oder "ausmachen". Dieses Verb steht oft in Verbindung mit Prozentangaben.

z.B.:

a) 1994年中国进出口总额已达2367亿美元，占国民生产总值的 45%左右。

b) 据介绍，目前中国轻工业产值已经占到全国工业总产值的1/3。

2)

"翻一番" bedeutet: "verdoppeln"

z.B.:

今年计算机生产销售达40亿元，比去年翻一番。

3)

"使" bedeutet: "bewirken"

z.B.:

改革开放已使中国成为发展最快并具潜力的市场。

Ergänzen Sie die Sätze (siehe Text a).

1）巴斯夫公司在亚洲化工市场上所占的_____越来越大。

2）巴斯夫公司计划_____它对中国的投资。

3）巴斯夫公司想在亚洲化工市场处于_____地位。

4）亚洲是世界上化学工业_____最快的地区。

5）目前巴斯夫公司在华投资_____该公司在整个亚洲投资总额的 1/3左右。

Stellen Sie den Text richtig! (siehe Text b)

1995年2月2日西门子公司的一位发言人接受了报社记者的采访。 这位发言人表示，西门子公司在中国已经建立了30家合资企业，到 本世纪末在中国预计将有50家合资企业。

这位发言人还说，1994年与中国的贸易额超过了100亿美元。西门子 公司1993/94年的亚太销售额为528亿美元，其中从中国获得的销售 额占9%。目前欧洲的订货额部分比两年前多一些，而从美国获得的 订货额部分下降了到10%以上。

Übung 1: Ergänzen Sie die Verben 估计、预计 oder 计划.
1)他们＿＿＿＿十天之内就可以完工。
2)你＿＿＿＿情况将会怎么样？
3）到2010年，中国人口＿＿＿＿达到14亿。
4)我＿＿＿＿明年买一台电视。
5)我们公司过高地＿＿＿＿了今年的出口额。
6)我希望投资者不要超出了他们的＿＿＿＿。
7)产量＿＿＿＿将增加百分之四十。
8)我们＿＿＿＿完成这项工作需要三个月。
9)到2000年，中国的年进出口总额＿＿＿＿将达四千亿美元。
10)一切都是按＿＿＿＿进行的。
11)我们今天＿＿＿＿做什么？
12)他们完全错误地＿＿＿＿了国际形势。

Übung 2: Ergänzen Sie die Verben 提高、扩大、增加、加
　　　　　　oder 增长.
1）在国民经济和社会发展第九个五年计划期间，中国将进一步
　　------对外开放，并不断------对外开放的水平。
2）张先生给汽车------过油了。
3）如果不------管理水平，产量增长不了。
4）他又给工人------工资了。
5）老板给每个工人------了一百块钱工资。
6）在上半年，城市中的人均收入------了15%，在农村也同样
　　如此。
7）你的外语水平还得------ ------。
8）这个工厂今年又------了八十名新工人。
9）中国------了电子产品的出口。

Übung 3: Ergänzen Sie Präpositionen 对、向、从、为oder自.
1）这两年中，西门子来---亚太地区的订货额增加了
　　10%以上。
2）李鹏总理---客人介绍了中国经济发展的情况。
3）从1985年到1991年，德国从中国的进口增长了200%，
　　而在这个时间里，---中国的出口下降了45%。
4）大家都---这件事很高兴。

5）李先生以为，上海是中国的商业中心，上海人---西方
文化接受快。

6）目前，香港与内地经贸关系发展的势头很好，且正
在---更高的水平发展。

7）亚洲市场---日本的厂家来说越来越重要。

8）我---他借钱。（Ich leihe <u>von</u> ihm Geld.)

9）改革开放是中国走---富强的基本政策。

10）中国的经济成就---英国的影响越来越大。英国是欧洲
---华投资最多的国家，在中国有1000多家合资企业。

Übung 4: Bilden Sie Sätze.

1）发展(2x) ‖ 的 ‖ 是 ‖ 中德关系 ‖ 基础 ‖ 中德经贸合作

2）中国 ‖ 世界上 ‖ ‖ 最快的 ‖ 国家 ‖ 发展 ‖ 是 ‖ 之一

3）外商 ‖ 投资项目 ‖ 首次 ‖ 在第三产业的 ‖ 工业项目 ‖ 超过

4）改革开放 ‖ 中国 ‖ 发展最快的 ‖ 市场 ‖ 成为 ‖ 已使

5）中国总理 ‖ 中国 ‖ 介绍了 ‖ "商报" 主编 ‖ 经济形势 ‖ 向

6）中国 ‖ 了 ‖ 的 ‖ 经济改革 ‖ 巨大 ‖ 成就 ‖ 取得

7）德国 ‖ 的 ‖ 是 ‖ 同 ‖ 中国合作的 ‖ 远大 ‖ 前景

8）中国 ‖ 经济增长 ‖ 9%左右 ‖ 今年 ‖ 率 ‖ 预计 ‖ 为

9）深圳人 ‖ 物质文化生活水平 ‖ 提高 ‖ 优化 ‖ 不仅 ‖
而且 ‖ 生活环境

10）石油化工 ‖ 发展的 ‖ 之一 ‖ 是 ‖ 中国 ‖ 重点 ‖ 支柱产业

11）中德两国 ‖ 有重要 ‖ 都 ‖ 是在世界 ‖ 影响的 ‖ 国家 ‖ 上

12）美国 ‖ 它 ‖ 经超过了 ‖ 贸易 ‖ 对 ‖ 亚洲的贸易 ‖ 对欧洲的 ‖ 已

Übung 5:

Lesen Sie die folgenden Wortverbindungen und bilden Sie
damit Sätze:

a)

建立西门子公司	建立贸易关系
建立合资企业	建立稳定的经贸关系
建立市场经济体制	与... 建立联系

b)

开发新产品	开发高新技术
开发高档新产品	开发油田
开发轻工产品	开发中国市场
开发房地产	

第二十五课
Lektion 25
Die Firma Pepsi Cola erobert den chinesischen Markt

课文 Text a:

百事集团加大马力
瞄准中国大市场

　　家喻户晓的美国百事集团创建于1965年，由有近百年历史的百事可乐公司和菲多利公司合并而成。后来通过收购必胜客、肯德基开展快餐业务，公司集团日渐走向多元化发展的道路。目前，百事集团在国内和国际上除了要维护其饮料帝国的声誉外，还在小食品和快餐业方面占有一席之地。

　　作为世界上成功地生产消费品的大公司之一，百事集团的员工已超过42.3万人，每年收入逾280亿美元，在国际业务中的投资额已达60多亿美元。

　　百事集团自1981年进入中国市场以来，以饮料经营为龙头全方位发展，取得了惊人的业绩。

　　时下，百事集团在中国已拥有12家合资或合作灌瓶厂及两家浓缩液生产厂，而在其计划中，未来5年还将建起8家新厂。与有些集团的做法不同，百事集团数年来致力于支持中国的民族饮品的发展：北京的北冰洋汽水、重庆的天府可乐。广州的亚洲饮料经与百事集团合作后，从产品的内在质量、包装、商标到广告方式、经销策略都有了崭新的变化，具有了强大的竞争力。

　　作为首家进入中国的快餐店，肯德基在群雄纷争的快餐业中无疑已占有领导地位 --- 它的60多家分店分布于包括北京、上海、天津、 广州、南京在内的22个城市，总投资额达3000万美元。肯德基在中国每天的顾客人数近10万名，销售数量是在美国的4倍。百事集团的另一家产业--必胜客（比萨饼），虽然1990年才进入中国市场，但目前也已拥有了13家分店，每月的营业额在100万美元以上。

　　在小食品方面，百事集团1994年在广州成立了一家合资企业，生产不同种类的小食品；今年8月，另一家同样的合资企业也在上海投产。据估计，百事小食品年内的销售额将达2亿元人民币。

　　日前，百事集团亚太区副总裁林星强先生在接受首都新闻记者采访时表示: 百事集团在中国目前仍处于投入阶段, 未来5年也是如此。为此, 百事将加大对华投资力度。1994年底百事在中国投资总额已达1亿美元, 在未来4年内, 百事在饮料、小食品、快餐业诸方面的投资将达5亿美元。

(《人民日报》海外版, 1995年11月24日)

课文 Text b:

"必胜客"连锁餐厅经营良好

北京比萨饼有限公司在京开业5年来, 经营国际知名的"必胜客"比萨饼连锁餐厅, 以其独具风味和富于营养的比萨饼, 优良的服务, 幽雅卫生的就餐环境和规范的管理赢得了游人的青睐, 公司经营业绩稳步扩大。特别值得称道的是, 他们主动协助顾客并满足其需要, 在餐厅配备儿童椅、电话机等服务措施, 并定期征询客人意见。

(《人民日报》海外版, 1995年9月23日)

Vokabeln:
a)

百事集团	Bǎishìjítuán	Firma Pepsi Cola
集团	jítuán	Firmengruppe
加大	jiādà	vergrößern
马力	mǎlì	Pferdestärke, Geschwindigkeit
瞄准	miáozhǔn	*(siehe Anmerkung 1)*
家喻户晓	jiāyù hùxiǎo	allbekannt
创建	chuàngjiàn	gründen
菲多利	Fēiduōlì	Frito Lay (Firmenname)
合并	hébìng	zusammenlegen (z.B. Firmen)
收购	shōugòu	an- aufkaufen
必胜客	Bìshèngkè	(Firmenname)
肯德基	Kěndéjī	Kentucky Chicken (Firmenname)
快餐	kuàicān	Fast Food
业务	yèwù	Geschäft, beruflich
日渐	rìjiàn	nach und nach
多元	duōyuán	multi-, viel-

维护	wéihù	schützen, erhalten
声誉	shēngyù	Ruf
占有	zhànyǒu	besitzen, haben
一席之地	yì xí zhī dì	der erste Platz
成功	chénggōng	Erfolg
消费品	xiāofèipǐn	Konsumgüter
员工	yuángōng	Belegschaft
逾	yú	= 超过
投资额	tóuzī'é	Investitionsvolumen
经营	jīngyíng	(Geschafte) führen
惊人	jīngrén	erstaunlich
业绩	yèjī	Leistung, Erfolg
拥有	yōngyǒu	haben, besitzen
灌瓶厂	guànpíngchǎng	Abfüllanlange
浓缩液	nóngsuōyè	Konzentrat
生产厂	shēngchǎnchǎng	Produktionsstätte
致力于...	zhìlìyú	s. ganze Kraft einsetzen für...
产品	chǎnpǐn	Produkt, Erzeugnis
质量	zhìliàng	Qualität
包装	bāozhuāng	Verpackung
商标	shāngbiāo	Handelsmarke
广告	guǎnggào	Werbung
经销策略	jīngxiāo cèlüè	Verkaufsstrategie
崭新	zhǎnxīn	funkelnagelneu
强大	qiángdà	stark, gewaltig
群雄纷争	qúnxióng fēnzhēng	heißumkämpft
无疑	wúyí	zweifellos
领导	lǐngdǎo	führend
分店	fēndiàn	Filiale
分布	fēnbù	verstreut-, verteilt sein
顾客	gùkè	Kunde
销售数量	xiāoshòu shùliàng	Verkaufszahlen
比萨饼	Bǐsàbǐng	Pizza Hut (Firmenname)
营业额	yíngyè'é	(Geschäfts) Umsatz
成立	chénglì	errichten
种类	zhǒnglèi	Art, Sorte

副总裁	fùzǒngcái	stellvertr. Generaldirektor
林星强	Lín Xīngqiáng	(Name)
表示	biǎoshì	*(siehe Anmerkung 2)*
仍	réng	weiterhin
力度	lìdù	Dynamik

b)

连锁商店	liánsuǒ shāngdiàn	Kettenladen
独具风味	dújù fēngwèi	einzigartiger Geschmack
富于	fùyú	reich an ...
富于营养	fùyú yíngyǎng	nahrhaft
优良	yōuliáng	sehr gut
幽雅	yōuyǎ	von gutem Geschmack
卫生	wèishēng	hygienisch, Hygiene
规范	guīfàn	Standard, Norm
赢得	yíngdé	erringen, gewinnen
游人	yóurén	Ausflügler
青睐	qīnglài	Gunst, Wohlwollen
稳步	wěnbù	stetig
值得称道	zhídé chēngdào	anerkennenswert
主动	zhǔdòng	aus eigenem Antrieb
协助	xiézhù	helfen
配备	pèibèi	ausstatten
措施	cuòshī	Maßnahme
定期	dìngqī	in regelmäßigen Zeitabständen
征询	zhēngxún	befragen

Anmerkungen

1)

"瞄准" bedeutet: "anvisieren", "zielen (auf)".

z.B.:

现在许多德国企业者把目光瞄准中国市场。

2)

"表示" — "zeigen", "ausdrücken" (Gefühle, Meinungen usw.)

表示 + (立场、态度、欢迎、感谢、同意、歉意等)

z.B.:

a) 对你的主张，他并没有反对的表示。

b）张经理向大家表示了公司的立场。

c）每个人都在表示着自己的意见。

Fragen zum Text:

1）百事集团是哪一年创立的，是哪一年进入中国市场的？

2）百事集团、必胜客、肯德基之间有什么关系？

3）百事集团在中国主要经营哪些业务？

4）通过与百事集团的合作，中国饮料业在哪些方面得到了发展？

5）在快餐业方面，百事集团在中国市场上取得了什么业绩？

6）你认为，在中国快餐市场上，肯德基的份额大，还是必胜客的份额大？

7）必胜客连锁餐厅以什么措施赢得顾客的青睐？

8）1994、1995年，百事集团在中国的哪些城市兴办了生产小食品的合资企业？

9）百事集团未来的对华投资计划如何？

Ergänzen Sie die Sätze (siehe Text).

1）百事集团是世界上最大的生产_____大公司之一。

2）1981年，百事集团_____了中国市场。

3）在未来五年中，百事集团_____在中国再建立八家新厂。

4）百事集团所生产的消费品包括___、_____。

5）百事集团在中国饮料市场上赢得了_____。

6）在中国的快餐市场上，肯德基占有_____地位。

7）比萨饼独特的风味和丰富的营养赢得了北京人的_____。

8）在中国，必胜客每月_____超过100万美元。

Übung 1: Welches Verb ist richtig, "管理" oder "经营"？

1）这种机器一个人就能_____。

2）李先生_____电脑有丰富的经验。

3）这家旅馆_____得很好。

4）他_____一家大百货公司。

5）在过去5年中，每年有约2万家中小企业自动停产、退出_____，但同时也有5万家中小企业加入_____。

6）张先生_____零售生意。

7）在他的_____下，公司发展得很快。

8）香港公司_____的中国内地及第三国产品出口总值，是香港本地产品出口总值的9倍。

9）"三联"是一家_____家电的集团公司。

10）如果不提高_____水平，产量增长不了。

Übung 2: Ergänzen Sie "生意"、"营业" oder "业务".

1）这家商店晚上七点停止_____。

2）我们公司做食品_____。

3）中国同IBM公司有着长期的_____往来。

4）去年，IBM公司在中国的订单总额达到4亿美元，其中国_____第一次在该公司的总营业额中超过1%。

5）1995年，中国银行国际_____发展势头良好。

6）目前上海外资银行总数已达15家，其中14家已_____。

7）IBM公司在世界上具160多个国家开发_____,是世界最大的电脑公司。

8）超级市场的_____时间很长，一般都在十三小时以上。

9）张经理对这项_____发表了自己的意见。

10）这家商店上午九点开始_____。

11）在开业经营的150家外商投资的三产企业中，上半年_____收入达5亿元，比去年同期增长105%。

12）为了将来_____的发展并作为友谊的表示，我们准备减价百分之五。

Übung 3: Ergänzen Sie die Verben "具有"、"拥有"、"占有" oder "有".

1）中国是一个发展中国家，_____很大的市场潜力。

2）香港是一个金融中心，同时又_____跟中国内地进行贸易的经验。

3）这几年，"三联"公司_____的市场份额越来越大。

4）商业在台湾经济中_____重要的地位。

5）目前北京市已_____乡以上工业企业六千五百户。

6）多数人认为，中国是_____世界性影响的大国，发展潜力巨大。

7）中德经贸合作_____强大的互补性和吸引力。

8）中国现有的出租车中有40%为个体经营者所_____。

9）现在，西门子公司在中国_____二十家合资企业。

10）中国国有企业生产经营状况近几年_____了很大改善。

Übung 4: Lesen Sie die folgenden Wortverbindungen und bilden Sie
damit Sätze:

a)

提高业务能力	提高产品档次
提高竞争能力	提高家庭收入
提高服务水平	提高市场占有率
提高合作的水平	提高产品的质量
产业技术水平	提高劳动力的素质

b)

开展良好的合作	开展文化活动
开展多种形式的合作	开展业务
开展对外友好往来	开展一项新业务

第二十六课
Lektion 26
Ausländische Investoren entdecken das Yangtse-Delta

课文 Text:

海外厂商看好长江三角洲
国际资本拓展市场向广度延伸

记者最近在长江三角洲*) 调查时了解到, 国际资本正积极拓展这个中国经济最发达地区的市场、投资触角从加工工业伸向基础设施、农业和金融、保险、商业等服务性领域。

长江三角洲由中国最大商业市场上海和江苏省南部、浙江省北部共14个城市组成。到目前为止, 这个地区已批准外商投资企业5.5万余个, 协议引进外资已超过900亿美元。

整个八十年代直至九十年代初, 外商们看中长江三角洲的市场、廉价劳动力等条件, 几乎把资金都投向第二产业**) 的加工工业。而近一二年来, 第二产业在整个投资中的比重开始下降, 大约占60%左右。

云集上海的30多家外资金融机构和120多家外资金融机构代表处正把目光投向三角洲的杭州、宁波、南京、苏州等城市。已有数十家外资金融机构申请在这些城市设立分行和代表处。

对外经贸部门的官员告诉记者, 在上海、苏州、南京、杭州等地, 外商在服务行业的业务范围已涉及商业批发、零售、医疗、旅馆、娱乐、运输、广告、工程、建筑等。

过去外商投资空白的长江三角洲农业, 近年来已有美国、日本、德国、澳大利亚等20多个国家的客商前来投资, 投资额超过3亿美元。 一些外商认为, 长江三角洲人口密集, 人均消费水平居中国各经济区域之首, 而且中国政府对投资农业提供多种优惠政策, 因此开发农产品无疑具有潜力。

被长江三角洲年均高达17%的经济增长率所吸引, 过去商业资本不愿涉足的交通、电力等基础设施, 已引起国外金融机构和企业家的关注。 目前外商已投资的有大桥、隧道、地铁、高速公路、铁路、码头甚至飞机场、电厂等, 外商投资额超过60亿美元。三角洲南翼的浙江省在电力方面就吸引了10亿美元的外资。

据了解, 从今年起到本世纪末, 江苏、浙江、上海三省市的固定资产投资估算突破2万亿元人民币。其中长江三角洲地区重点工程建设投资计划就达6000亿元。

浙江省省长万学远认为,这么大的投资额, 仅靠在省内、国内筹集是不够的, 必须扩大利用外资。

（《人民日报》海外版, 1996年7月10日）

*) 长江三角洲和沿江地区是中国经济、科技和文化发达的地区之一。 这一地区涉及七省一市, 基础设施好, 水利资源丰富, 农业经济比较发达, 工业门类比较齐全, 在钢铁、汽车、电子、石化、机械等领域都有一大批一流的大型骨干企业。再加上人口众多、人才密集、科技力量强等有利因素, 使得这一地区在全国经济和社会发展中占有举足轻重的地位。

**) 第二产业指制造业、土木建筑业、加工业等。

Vokabeln:

三角洲	sānjiǎozhōu	Delta
资本	zīběn	Kapital
拓展	tuòzhǎn	erschließen und entfalten
广度	guǎngdù	Umfang
延伸	yánshēn	sich ausdehnen
调查	diàochá	untersuchen
触角	chùjiǎo	Fühler
加工工业	jiāgōng gōngyè	die weiterverarbeitende Industrie
伸	shēn	ausstrecken
农业	nóngyè	Landwirtschaft
领域	lǐngyù	*(siehe Anmerkung 1)*
由...组成	yóu...zǔchéng	sich zusammensetzen aus ...
到...为止	dào..wéizhǐ	bis ...
余	yú	mehr als
廉价	liánjià	billig
几乎	jīhū	beinahe
资金	zījīn	Geldmittel
比重	bǐzhòng	*(siehe Anmerkung 2)*
云集	yúnjí	in großer Zahl zusammen-strömen
机构	jīgòu	Struktur

代表处	dàibiǎochù	Vertretungsbüro
目光	mùguāng	Blick
申请	shēnqǐng	beantragen
设立	shèlì	errichten
对外经贸部门	Dùiwài jīngmào bùmén	Ministerium für Außenhandel und Wirtschaft
官员	guānyuán	Beamter
范围	fànwéi	*(siehe Anmerkung 3)*
涉及	shèjí	*(siehe Anmerkung 4)*
批发	pīfā	Großhandel
零售	língshòu	Einzelhandel
医疗	yīliáo	ärztliche Betreuung
旅馆	lǚguǎn	Hotel
娱乐	yúlè	Unterhaltung
工程	gōngchéng	Bauprojekt
空白	kòngbái	leerer Raum
密集	mìjí	hochkonzentriert, dicht
人均	rénjūn	pro Kopf
居...之首	jū...zhīshǒu	*(siehe Anmerkung 5)*
区域	qūyù	*(siehe Anmerkung 6)*
提供	tígōng	anbieten, versorgen
优惠	yōuhùi	Vorzugs.., bevorzugt
农产品	nóngchǎnpǐn	Agrarprodukte
具有	jùyǒu	besitzen, haben
涉足	shèzú	(ein Gebiet) betreten
引起...关注	yǐnqǐ...guānzhù	die Aufmerksamkeit erregen
码头	mǎtou	Anlegeplatz
南翼	nányì	Südflanke
固定资产	gùdìng zīchǎn	Anlagevermögen
估算	gūsuàn	einschätzen
突破	tūpò	überschreiten
重点工程	zhòngdiǎn gōngchéng	Schlüsselprojekt
建设	jiànshè	aufbauen, Aufbau (gilt für große Projekte, Vorhaben usw.)
筹集	chóují	Geld beschaffen

利用	lìyòng	*(siehe Anmerkung 7)*
资源	zīyuán	natürliche Ressourcen
丰富	fēngfù	reich (z.B. an Bodenschätzen)
门类	ménlèi	Sparte, Art
齐全	qíquán	*(siehe Anmerkung 8)*
石化	shíhuà	Petrochemie
机械	jīxiè	Maschinen
大批	dàpī	große Anzahl
一流	yìliú	erstklassig
大型	dàxíng	Groß..
骨干	gǔgàn	Stütze
众多	zhòngduō	viele, zahlreiche
有利	yǒulì	vorteilhaft
使得	shǐde	bewirken
举足轻重	jǔ zú qīng zhòng	von großer Wichtigkeit sein
制造工业	zhìzào gōngyè	Fertigungsindustrie
土木建筑业	tǔmùjiànzhùyè	Baugewerbe

Anmerkungen:

1)

"领域" bedeutet: "Bereich" , "Sektor"

z.B.: 这属于艺术的领域。 *(Das fällt in den Bereich der Kunst.)*

2)

"比重" bedeutet: "Anteil", "Proportion"

z.B.: 在上海外资企业销售收入中，工业性外资企业销售收入占最大
比重。

3)

"范围"- "Bereich" , "Umfang", "Rahmen"

z.B.: 这不属于我们研究的范围。 *(Das liegt außerhalb unseres
Forschungsbereichs.)*

4)

"涉及" bedeutet: "sich beziehen auf", "betreffen"

z.B.:

工业企业已成为三资企业的骨干力量，占到60%，涉及轻工、机
械、电子等13个行业，总投资6.5亿美元。

5)

Die Konstruktion "居..之首" oder "居...首位" bedeutet: "an erster
Stelle stehen".

z.B.:

a)上海利用外商直接投资项目成功率达百分之九十八，居全国之首。

b）"八五"时期，中国居民消费水平年增长9%，增长速度居世界首位。

c)去年家用电脑销量增长居于所有商品的首位，高达1296%。

d)在全国500多个城市中，北京市拥有出租汽车6万辆，居首位。

6)
"区域" - "Bereich", "Gebiet"

z.B.: 这些房屋坐落在这区域之外。 *(Diese Häuser liegen außerhalb dieses Bereichs.)*

7)
"利用" bedeutet: "verwenden", "Gebrauch machen".

z.B.:

a)上海成为全国利用外资的金融中心。

b)这东西还能利用半年。

8)
"齐全" bedeutet: "vollständig".

z.B.: 我希望一切齐全。 *(Ich hoffe, daß nichts fehlt.)*

Fragen zum Text:

1）长江三角洲包括哪些地区？

2）过去，外商企业为什么几乎把资金都投向长江三角洲的加工工业？

3）如今，外商投资已涉及到哪些领域？

4）为什么过去被轻视的长江三角洲农业现在也吸引着外国企业家前来投资？

5）长江三角洲的年经济增长率是多少？

6）举例说明"基础设施"的含义。

7）为什么长江三角洲和沿江地区的开发潜力那么大？

Übung 1: Ergänzen Sie die Sätze (siehe Text)

1）长江三角洲是中国经济最_____的地区之一。

2）沿江地区是一个水利资源_____的地区。

3）近一二年来，外商们把目光_____长江三角洲的第三产业。

4）长江三角洲和沿江地区由七省、一市_____。

5）外商的大量投资，使长江三角洲的道路和铁
路建设取得了_____。

6）上海、南京、杭州等城市的服务业也引起了国外企业家的
_____。

7）众多外商表示愿意在电厂、码头、飞机场等方面进行合资
或独资_____。

8）长江三角洲人均消费_____大幅度增长。

Übung 2: Ergänzen Sie die Verben 建立、建、建设、设立、
形成oder 成立.

1）目前已经有很多银行在深圳_____了分行或代办处。

2）这种局面_____很长时间了。

3）1995年，IBM公司在中国又_____了一家合资企业。

4）在短短的三年时间里，工厂就_____起来了。

5）中国已经_____了沿海、沿江、沿边全方位开放的格局。

6）外国金融机构在中国_____的代表处有10家。

7）市内商业区最近_____了一座公园。

8）由于大家的努力才_____了目前这种好局面。

9）1996年，美国、德国、意大利等国家纷纷来中国_____
家电产品合资企业。

10）中国已同世界上一百多个国家_____了外交关系。

11）我们要_____出一个美好的新世界。

12）这种观点不能_____。

Übung 3: Ergänzen Sie Adjektive丰富、广阔、紧密、巨大、
强劲、优良、长远 oder 长足:

1）香港将成为一个与内地发展_____联系的国际科技开发中心。

2）汽车工业是中国国民经济的支柱产业之一，有着_____
的发展前景。

3）中国经济同国际经济的联系空前_____了。

4）中国是一个_____的市场，估计从今年起到本世纪末，
累计将有一万亿美元的进口。

5）香港拥有_____的基本设备。

6）李鹏总理介绍了中国经济发展的_____打算和产业政策。

7）外国企业在中国的投资取得了_____的进展。

8）四川是中国西部经济发展潜力最大的省份，有_____的
自然资源。

9）中国的PC市场发展前景十分_____。

10）独资企业首次成为外商投资企业发展最为_____的企业。

11）英中之间有着_____的合作领域。

12）我们公司对经营工艺品业务有_____的经验。

Übung 4: Übersetzung

1) Innerhalb Chinas gehört das Yangtse-Delta zu den Gebieten mit dem größten Wirtschaftswachstum.

2) In den achtziger Jahren erregten die billigen Arbeitskräfte des Yangtse-Deltas die Aufmerksamkeit vieler ausländischer Unternehmer.

3) In den letzten Jahren investieren immer mehr ausländische Unternehmer in die Landwirtschaft.

4) Um den chinesischen Markt weiter erschließen zu können, hat die Firma Siemens in China noch einige Joint-Ventures gegründet.

5) In den nächsten fünf Jahren wird die Pepsi Cola-Firmengruppe ihre Investitionen in China beträchtlich erhöhen.

6) Beide Seiten sind übereingekommen, in Shanghai gemeinsam eine Abfüllanlage zu errichten und zu betreiben.

7) Innerhalb von vier Jahren verdoppelte die Pepsi Cola Firmengruppe ihren Marktanteil in China.

8) Im nächsten Jahr wird das Gesamt-Importvolumen Chinas voraussichtlich 100 Milliarden Dollar betragen.

9) Die deutschen Investitionen in China erreichen nur ein Prozent aller Auslandsinvestitionen.

10) Der chinesiche Außenhandel nahm in den letzten 10 Jahren eine rasche Entwicklung.

Übung 5: Lesen Sie die folgenden Wortverbindungen und bilden Sie damit Sätze:

提供帮助　　　　提供运输服务
提供人力资源　　提供原料
提供方便　　　　提供有利的条件

第二十七课
Lektion 27
**Li Peng spricht in einem Interview über die allgemeine
Entwicklung der chinesischen Wirtschaft**

课文 Text:

李鹏接受德国《商报》主编采访
就中德关系、中国国内情况等广泛问题作答

李鹏总理7月9日结束对德国访问前, 在慕尼黑接受了德国"商报"主编谢费尔的采访, 就中德关系、中国国内情况等广泛的问题回答了对方的提问。

问: 总理先生, 您曾经说过中国的经济形势是好的, 但是只要读一下报纸就会知道, 中国也存在着社会紧张, 你们在保持社会和经济稳定方面取得了什么样的进展呢?

答: 按照辩证法的观点,事情总有两面, 既有好的一面, 也有不足的一面。中国经济发展的主流是好的, 经济增长, 社会稳定, 民族团结, 整个国家欣欣向荣, 这是世界公认的。同时, 我们经济中也存在一些问题, 中国领导人的头脑是清醒的。我们认为这些问题是发展中的问题、前进中的问题, 但又采取了一些宏观调控的措施, 控制了基本建设的规模, 从今年上半年的趋势看, 通货膨胀上升的势头已经得到遏制。

中国经济发展中另一个需要着重解决的问题, 就是产业结构不尽合理。工业和农业相比, 农业相对落后, 轻工业和基础工业相比, 基础工业相对落后, 难以满足经济发展的需求, 所以有一个调整经济结构的问题。地区差别也是一个问题, 东部地区和西部地区在发展程度上有差别。有这种差别并不奇怪, 任何国家都有, 特别是大国, 经济发展不平衡是普遍现象。就世界范围来说, 有南北差距问题。我们认识到缩小和消灭这种差距还需要比较长的时间, 但我们是朝着这个方向努力。中国还存在提高国有企业效益的问题。有些企业效益不高, 我们正在通过深化改革, 推动技术进步和加强管理来改变这种现状。

总之, 中国并不是一切都好, 我们是个发展中国家, 要赶上世界

中等发达国家的水平，还要经过几十年努力奋斗。但是中国总的发
展趋势确实是好的。

（《人民日报》海外版，1995年7月11日，gekürzt）

Vokabeln:

只要...就	zhǐyào..jiù	*(siehe Anmerkung 1)*
保持	bǎochí	*(siehe Anmerkung 2)*
稳定	wěndìng	stabil
按照	ànzhào	gemäß
辩证	biànzhèng	dialektisch
观点	guāndiǎn	Standpunkt,Auffassung
既。。也	jì .. yě	*(siehe Anmerkung 3)*
不足	bùzú	unzulänglich
主流	zhǔliú	Haupttendenz,Hauptströmung
团结	tuánjié	sich zusammenschließen
欣欣向荣	xīnxīn xiàng róng	blühen und gedeihen
头脑清醒	tóunǎo qīngxǐng	bei klarem Verstand sein
采取	cǎiqǔ	*(siehe Anmerkung 4)*
措施	cuòshī	Maßnahmen
宏观调控	hóngguān tiáokòng	Makro-Steuerung
规模	gūimó	*(siehe Anmerkung 5)*
趋势	qūshì	*(siehe Anmerkung 6)*
通货膨胀	tōnghuò péngzhàng	Inflation
上升	shàngshēng	(an)steigen
生产持续上升		Die Produktion steigt kontinuierlich
得到	dédào	*(siehe Anmerkung 7)*
遏制	èzhì	in Grenzen halten,eindämmen
着重	zhuózhòng	mit Nachdruck
结构	jiégòu	*(siehe Anmerkung 8)*
尽	jìn	u.a.: voll,ganz
合理	hélǐ	rationell
相对	xiāngdùi	relativ,verhältnismäßig
落后	luòhòu	rückständig
调整	tiáozhěng	regeln, wiederanpassen
奇怪	qíguài	ungewöhnlich

任何	rènhé	jeder, irgendwelcher
普遍现象	pǔbiān xiànxiàng	allgemeines Phänomen
差距	chājù	Unterschied, Abstand
缩小	suōxiǎo	verkleinern (≠扩大)
消灭	xiāomiè	abschaffen, vernichten
朝。。方向	cháo..fāngxiàng	in Richtung auf ....
效益	xiàoyì	Effizienz, Effekt
深化	shēnhuà	vertiefen
推动	tuīdòng	vorantreiben
加强	jiāqiáng	verstärken, verbessern
现状	xiànzhuàng	gegenwärtige Lage
赶上	gǎnshàng	einholen
发达	fādá	entwickeln
奋斗	fèndòu	kämpfen, nach etw streben
确实	quèshí	=的确, gewiß,sicher

Anmerkungen:

1)

Die Konstruktion "只要...就" bedeutet: "man braucht nur......dann".

z.B.:

a) 从香港的市中心乘车只要几分钟就可以达到深圳。

b) 不用谢我，只要你们满意就行了。

2)

"保持" bedeutet: "bewahren",beibehalten".

z.B.:

今年以来，全国工业生产中轻工业生产增长一直保持较快速度。

3)

Die Konstruktion "既...也" bedeutet "sowohl ...als auch". "既...也" ist weniger intensiv als "既..又", welche eine gewisse Gefühlsfärbung andeutet. (siehe Lektion 1)

z.B.:

a)中国愿意同所有国家，既同发达国家也同发展中国家，发展经济
　合作关系。

b)社会主义市场经济体制是个崭新的体制，在许多方面，既不同于
　过去的计划经济，也不同于资本主义市场经济。

4)

"采取" bedeutet: "ergreifen" (z.B. Maßnahmen) oder "anwenden" (z.B. Mittel und Wege).

z.B.:

近年来，中国一直采取多渠道筹集港口建设资金。

5)
"规模" - "Ausmaß"

z.B.:

深圳九十年代总投资规模达到七百亿元，相当于前十年的三倍。

6)
"趋势" bedeutet: "Tendenz", "'Trend".

z.B.:

中国家电市场国际化已成为今后发展的主要趋势。

7)
"得到" bedeutet: "bekommen", "einen Vorteil erlangen". "Nutzen ziehen" usw.

z.B.:

与六年前相比，中国人民的生活水平已得到很大改善，生活水准明显提高。

8)
"结构" bedeutet: "Struktur"

z.B.:

工业结构	消费结构
产业结构	投资结构
出口商品结构	贸易品结构
产品结构	轻工产品结构
经济结构	

Fragen zum Text:
1）在中国经济发展中还存在着哪些问题？
2）遏制通货膨胀是宏观调控的一项主要任务。在这方面中国政府的工作是否有成效？
3）为什么要调整产业结构？
4）为什么中国东部和西部地区在经济发展上有差别？
5）消灭地区差别与保持社会和经济稳定有何关系？
6）为了提高国有企业的效益，中国政府采取了什么措施？

Übung 1: Ergänzen Sie die Verben 得到、达到、取得 oder 赢得.
1）我希望两国经济关系中的问题是可以_____解决的。
2）我们高兴地看到，近年来，中德两国经贸关系_____了历史最高水平。

3）中国自改革开放以来，投资环境有了很大的改善，德国企业
家已经在中国市场上_____了一些合作的经验。

4）城乡居民生活水平继续_____改善和提高。

5）投资结构上，能源、原材料以及电子等行业_____加强，但农
业投资比重有所下降。

6）到2010年，中国人口估计_____13.9亿，城市人口比重为
31.5%，城市总数1003个。

7）过去的一年是德国同中国关系_____重要进展的一年，双边经
贸合作取得了显著成果。

8）中德两国经济贸易及其他领域的合作关系_____不断发展。

9）去年，法国与中国的双边贸易额_____了40多亿美元。

10）江苏一些农副产品在国际市场_____了良好声誉。

11）百事集团在中国饮料市场上_____了惊人的业绩。

12）中国政府希望，法国企业采取措施，进一步提高自己的竞
争力，这样才能在中国市场上_____更大的份额。

Übung 2: Ergänzen Sie 推动、加强oder 加深.

1）"九七"后，香港金融中心的地位进一步_____。

2）近年来，中德关系不断发展，双边合作不断_____，中国
已成为德国在亚洲最重要的合作伙伴。

3）在不断增长的区域贸易和投资的_____下，亚洲发展中国家
经济增长率将由5%增加到6%。

4）中德两国之间的长期友好关系不断_____。

5）去年3月，科尔总理访华，使德国企业界对中国经济情况
_____了了解。

6）科尔总理愿意与中国_____在各个领域的交流与合作。

7）他们的先进经验，大大的_____了我们的工作。

8）我们厂的技术力量比以前_____了。

9）对外合作的_____和改革的渗入，_____了北京的对外贸易。

10）他认为，科尔总理的来访本身就是对中德经贸关系
发展的最大_____。

Übung 3: Bilden Sie Sätze.

1）增长 ‖ 中国轻工生产 ‖ 保持 ‖ 快速 ‖ 势头 ‖ 今年以来

2）中国 ‖ 的 ‖ 经济发展 ‖ 趋势 ‖ 是健康 ‖ 的

3）世界水平的 ‖ 中国计算机技术 ‖ 正在 ‖ 缩小 ‖ 差距 ‖ 与

4) 保持 ‖ 中国对外经济贸易 ‖ 继续 ‖ 良好 ‖ 今年 ‖ 的 ‖
   发展势头
5) 中德 ‖ 的 ‖ 在经济领域 ‖ 合作 ‖ 是 ‖ 的 ‖ 两国 ‖ 很有潜力
6) 密切的 ‖ 中国 ‖ 跟世界上 ‖ 保持着 ‖ 相当 ‖
   经济联系 ‖ 100多个国家
7) 不少 ‖ 发展 ‖ 的 ‖ 增长 ‖ 推动了 ‖ 国家经济的 ‖ 国际贸易
8) 发展的 ‖ 规模 ‖ 不断 ‖ 中国国民经济 ‖ 扩大 ‖ 总
9) 发展 ‖ 和 ‖ 社会主义 ‖ 市场经济 ‖ 加强 ‖ 改善 ‖
   宏观调控 ‖ 必须
10) 经济 ‖ 中国 ‖ 增长率 ‖ 1994年 ‖ 达 ‖ 13.5% ‖ 的

Übung 4:
Lesen Sie die folgenden Wortverbindungen und bilden Sie
damit Sätze:

a)

采取改革措施	采取优惠政策
采取以下措施	采取开放进口政策
采取一系列措施	采取保护政策
采取许多重要措施	
采取宏观调控措施	
采取各种有力措施	

b)

保持领先地位	保持强劲的增长势头
保持一定增长速度	保持一定的水平
保持稳定增长	跟...保持密切的经济联系
保持一成以内的增长	保持友好关系

c)

推动世界经济的增长	推动中德关系的改善
推动上海外贸的发展	推动高新技术产品出口
推动经济建设和科技发展	推动香港与内地的经贸合作
推动双方合作关系的发展	推动出口高速增长

d)

调整生产计划	调整产业结构
调整亚洲政策	调整企业结构
调整作息时间	调整利用外资的有关政策

第二十八课
Lektion 28
Die Weltbank gewährt der VR-China ein zinsenloses Darlehen

课文 Text:

世行将对华提供软贷款
用于帮助中国改革建设

世界银行负责东亚及太平洋地区事务的副行长奇塔姆日前表示，世界银行希望得到国际开发协会捐款国的支持，以便使其能继续向中国提供软贷款，用于帮助中国扶贫。

奇塔姆是在作一个题为《中国: 机会所在》的专题报告时说这番话的。国际开发协会是世界银行的一个分支机构，其主要职责是用各国政府的捐款向世界上最贫困的国家提供期限为35年至40年的无息贷款。

奇塔姆说，中国是世界上贫困人口最为集中的国家之一。国际开发协会的软贷款对中国的扶贫工作十分重要，有助于中国在该领域取得更大的成功。

他说，世界银行和中国政府多年来在各个领域建立了卓有成效的合作关系，今后世界银行将继续支持中国在宏观经济、贸易、劳动体制、金融、基础设施和社会保障等领域进行的改革和建设。

据世界银行驻中国代表处介绍，国际开发协会通常将80%的软贷款提供给年人均国民收入在500美元以下的不发达国家，中国是目前80多个有资格接受此类软贷款的国家之一。截至今年6月底，中国共得到国际开发协会提供的软贷款80多亿美元。

世界银行驻中国代表处首席代表鲍泰利早些时候对记者说，中国是执行世界银行贷款项目最好的国家之一。今后世界银行将继续向中国提供贷款，并在其它方面提供帮助。

（《人民日报》海外版，1995年8月22日）

Vokabeln:

世界银行	Shìjiè yínháng	Weltbank
贷款	dàikuǎn	Kredit
负责	fùzé	*(siehe Anmerkung 1)*
事务	shìwù	Angelegenheit(en)

奇塔姆	Qítǎmǔ	(Name)
国际开发协会	Guójì kāifā xiéhùi	Internationale Entwicklungs-organisation (IDA)
捐款	juānkuǎn	(einen Geldbetrag) stiften
以便	yǐbiàn	*(siehe Anmerkung 2)*
扶	fú	Hilfe leisten, unterstützen
分支机构	fēnzhī jīgòu	Zweigstelle
职责	zhízé	Aufgabe, Verpflichtung
贫困	pínkūn	arm, armselig
期限	qīxiàn	Frist
无息贷款	wúxī dàikuǎn	zinsenfreier Kredit
集中	jízhōng	konzentrieren
该	gāi	der, die (oben) erwähnte
卓有成效	zhuō yǒu chéngxiào	sehr erfolgreich, wirksam
体制	tǐzhì	*(siehe Anmerkung 3)*
社会保障	shèhùi bǎozhàng	Sozialversicherung
驻	zhù	residieren in, s. Standort haben
资格	zīgé	Qualifikation,Eignung
截至	jiézhì	bis ..
首席代表	shǒuxí dàibiǎo	Chefdelegierter
鲍泰利	Bào Tàilì	(Name)
执行	zhíxíng	durchführen

Anmerkungen

1)
  "负责" bedeutet: "verantwortlich sein","verantworten"
z.B:
香港贸发局作为负责拓展香港对外贸易的机构。
2)
  "以便" - "damit", "um zu"
Diese Konjunktion gibt an, daß das im zweiten Satzteil gesteckte Ziel
unter gewissen Bedingungen leicht zu verwirklichen ist.
z.B.:
我们应该进一步推动经济的发展，以便更迅速地提高人民的生活水
平。
3)
"体制" bedeutet: "System"

Beispiele:

政治体制	外贸体制
国家体制	对外经济体制
教育体制	社会主义市场经济体制
管理体制	计划经济体制

Beantworten Sie die Fragen zum Text:

1）国际开发协会与世界银行的关系是什么？
2）国际开发协会的主要职责是什么？
3）"软贷款"的含义是什么？
4）一般什么样的国家可能得到国际开发协会提供的贷款？
5）你认为，中国的贫困人口集中在哪些地区？
6）世界银行在哪些领域支持中国进行改革和建设？

Übung 1: Ergänzen Sie 规模、环境、范围、方面、区域
oder 领域.

1）我国必须不断提高农业生产_____的技术水平。
2）中德之间有着广阔的合作_____。
3）他们谈话的_____很广，涉及政治、经济、科学等各_____。
4）这件事超过我的能力_____。
5）德国在技术_____居欧洲领先地位。
6）这项改革是从经济_____开始的。
7）科尔总理说，许多_____表明，亚洲将成为21世纪最重要的
大陆。
8）中国经济总_____不断扩大，成为发展中国家的经济大国。
9）中国的投资_____不断改善，而且会越来越好。
10）1992年度，全国_____最大的三百家外商投资企业中，
上海有五十三家，占百分之十七以上。
11）欧洲联盟是世界上最大的_____性集团，既一个经济联盟，
也是一个政治联盟。
12）外商看好中国良好的经济_____，到中国投资不断增加。
13）中德两国不仅贸易额不断增长，而且贸易_____也
在日益扩大。
14）西门子公司准备进一步扩大在中国的业务_____。

Übung 2: Setzen Sie die richtigen Satzteile zusammen:

1）世界银行30日宣布，
2）世界银行今天宣布，它已批准了3.6亿美元的贷款
3）世行贷款支持的第一个项目
4）世行贷款支持的
5）世行将向这个总投资6.56亿美元的项目
6）由世界银行提供的1.5亿美元贷款将用于
7）在这些款项中，
8）世行及其下属机构国际开发协会将分别提供贷款6000万
9）其中1.5亿美元的贷款
10）世行贷款的

	a）有1亿美元的贷款将由世行所属的国际开发协会提供。
	b）提供贷款2.1亿美元。
	c）还款期为35年至40年。
	d）将用于支持河南省2号省级公路项目。
	e）河南省的公路建设。
①	f）向中国提供总额达3.6亿美元的贷款，以支持甘肃省的农村减贫项目和河南省的公路建设项目。
	g）是甘肃河西走廊项目。
	h）和9000万美元为了支持扶贫项目。
	i）以支持中国的两个项目改革。
	j）另一个项目是河南省2号省级公路项目。

Übung 3: Übersetzung

1) Die Weltbank hat China einen zinsenlosen Kredit in Höhe von 1 Milliarde Dollar gewährt.
2) Dieser Kredit wird für die Errichtung eines Groß-Wasserkraftwerkes verwendet werden.
3) Die von der Weltbank gewährten Kredite haben eine Laufzeit von 15 bis 20 Jahren.
4) China hat in der Bekämpfung der Armut in den westlichen Gebieten bereits große Erfolge erzielt.
5) Die Weltbank wird China weiterhin finanziell unterstützen.

6) Die chinesische Regierung hofft, daß die Zusammenarbeit zwischen der Weltbank und China noch weiter verstärkt werden kann.

7) Im Vergleich zu den Küstenprovinzen ist der Westen Chinas noch relativ rückständig.

8) Hinsichtlich ihrer wirtschaftlichen Entwicklung git es zwischen dem Osten und Westen Chinas noch große Unterschiede.

9) Diese Unterschiede werden erst in verhältnismäßig langer Zeit beseitigt werden können.

10) Um die Inflation einzudämmen, hat die chinesische Regierung bereits eine Reihe wichtiger Maßnahmen ergriffen.

第二十九课
Lektion 29
Einführung der 5-Tages Arbeitswoche in China.

课文 Text:

经济与社会不断进步的一种标志
五天工作制受到普遍欢迎

26岁的北京姑娘赵云梅对5月1日的来临感到特别高兴，因为从今天起，她将拥有更多的时间到郊外去旅游。

作为一家大公司的职员，赵云梅平时的工作非常繁忙。"我喜欢野外的山水草木，"她说，"走进自然是一种享受，今后这样的机会就更多了。"

她所说的更多的"机会"来自中国新实行的每周五天工作制。中国政府今年3月作出的一项规定使中国的职工从今天起每周享受两天的休息日。

这项制度的实行无疑是中国经济与社会发展的结果。在过去16年里，中国经济以年均9%的速度增长，社会生产力和人民生活水平持续提高。去年以前，中国一直实行每周6天、48小时工作制，去年3月改为每周44小时，现在又进一步改为每周5天、40小时工作制。

社会学家认为，这种变化显示中国的工作制度与国际通行的做法正在趋向一致。有资料显示，世界上已有144个国家和地区实行了5天工作制。

劳动部一位高级官员说，中国在去年实行每周44小时工作制度后的短短一年时间里，工时改革就又迈上了一个新台阶，这是经济与社会不断进步的一种标志。接受记者采访的大部分人认为，他们将可以有更大的自由来选择周末生活方式，促进家庭的和睦和个人的身心健康。

中国有关部门所作的社会调查显示，在"增加一天工资"和"不增加工资，增加一天休息"两者的选择中，80%以上的人选择了后者，这表明人们对缩短工时、提高生活质量更为注重。

事实上，实行五天工作制不只对个人生活产生积极影响，它对于中国经济与社会来说，也是一个发展和改善结构的良好契机。

第三产业将是五天工作制的最大受益者。据专家测算，铁路、交通、民航、旅游服务、餐饮和制造业可新增就业岗位100多万个。

为争取像赵云梅这样的旅游爱好者，北京大部分旅行社已经行动
起来，开辟新路线，推出新项目，紧锣密鼓地筹划在"周末旅游"市
场中获得更大份额. 据国家旅游局专家预测，由于5天工作制的实行，
1995年国内旅游人数将达5亿人次，比去年至少净增5000万人次，大
大超出前几年的增幅。文化市场和新闻出版业也面临着新的发展形
势。 位于北京西长安街的首都电影院已把每周五至周日列为吸引观
众的黄金时间。该影院经理刘洪鹏估计，在放映影片相同的情况下，
这三天的卖座率至少要比平时高出20%。

企业界人士普遍认为，实行五天工作制利大于弊。由于企业职工
工时减少而工资不减少，企业的开支增加是必然的，但是，这为解
决企业隐形失业的问题提供了可能，并使提高生产效率成为企业发
展的必由之路。

也有专家指出，实行新工时制后，主要旅游景点和商业地带的
人、车流量周末会有大幅增加，这对交通和城市建设部门来说是一
个需要解决的新问题。此外，一些特殊部门如金融、公安等，将必
须对其工作结构作较大调整来适应这一制度。

（《人民日报》海外版，1995年5月1日）

Vokabeln:

进步	jìnbù	Fortschritt, fortschreiten
标志	biāozhì	*(siehe Anmerkung 1)*
赵云梅	Zhào Yúnméi	(Name)
来临	láilín	(an)kommen
旅游	lǚyóu	reisen
职员	zhíyuán	Angestellter
繁忙	fánmáng	arbeitsreich, rastlos
享受	xiǎngshòu	genießen
实行	shíxíng	*(siehe Anmerkung 2)*
规定	guīdìng	Bestimmung, Vorschrift
制度	zhìdù	System
生产力	shēngchǎnlì	Produktivkraft
持续	chíxù	*(siehe Anmerkung 3)*
显示	xiǎnshì	zeigen, demonstrieren
通行	tōngxíng	allgemein geltend
趋向	qūxiàng	*(siehe Anmerkung 4)*
一致	yízhì	übereinstimmen
资料	zīliào	Daten, Materialien

迈	mài	Schritt nach vorne machen
台阶	táijié	Stufe
选择	xuǎnzé	wählen
促进	cùjìn	fördern, vorantreiben
和睦	hémù	Eintracht
所	suǒ	*(siehe Anmerkung 5)*
工资	gōngzī	Lohn, Gehalt
表明	biǎomíng	*(siehe Anmerkung 6)*
缩短	suōduǎn	verkürzen
注重	zhùzhòng	auf etw besonderen Nachdruck legen
契机	qìjī	endscheidender Wendepunkt
受益者	shòuyìzhě	Nutznießer
测算	cèsuàn	schätzen, berechnen
制造业	zhìzàoyè	Produktionsindustrie
就业岗位	jiùyè gǎngwèi	Arbeitsplatz
争取	zhēngqǔ	nach etw streben
旅行社	lǚxíngshè	Reisebüro
行动	xíngdòng	in Aktion treten
起来	qǐlái	(Komplement der Richtung)
开辟	kāipì	*(siehe Anmerkung 7)*
路线	lùxiàn	Linie
推	tuī	vorantreiben
紧锣密鼓	jǐnluó mìgǔ	mit "Gong und Trommelschlägen"
筹划	chóuhuà	planen und vorbereiten
获得	huòdé	erlangen
预测	yùcè	im voraus berechnen
超出	chāochū	überschreiten
出版业	chūbǎnyè	Verlagswesen
面临	miànlín	*(siehe Anmerkung 8)*
位于	wèiyú	sich befinden in ...
列(为...)	liè (wéi...)	*(siehe Anmerkung 9)*
刘洪鹏	Liú Hóngpéng	(Name)
放映	fàngyìng	vorführen (Film)
相同	xiāngtóng	gleich

利大于弊	lì dà yú bì	Die Vorteile sind größer als die Nachteile
开支	kāizhī	Ausgaben, Kosten
隐形失业	yǐnxíng shīyè	versteckte Arbeitslosigkeit
效率	xiàolǜ	Leistungsfähigkeit, Nutzeffekt
地带	dìdài	Gegend
车流量	chēliúliàng	Kraftfahrzeugsaufkommen
适应	shìyìng	entsprechen

Anmerkungen:

1)
"标志" bedeutet: "Kriterium","Kennzeichen" bzw. "kennzeichnen",
 "symbolisieren".
z.B.:
名牌是国家经济实力的一个重要标志。

2)
 "实行" bedeutet "durch/ ausführen" oder "praktizieren", (z. B. Durchführung einer Politik, eines Grundsatzes oder eines Programmes).
Das Verb "进行" bedeutet ebenfalls "durchführen". Es wird verwendet,
um die Durchführung einer lange andauernden oder offiziellen Tätigkeit
anzugeben. (siehe Übung 4)
z.B.:
a)中国实行的改革开放政策是不会变的。
b)实行了几年的计划生育政策，效果很显著。

3)
"持续" bedeutet: "andauern", "(lange) bestehen".
z.B.:
没有对外开放，就没有中国持续快速的经济发展。

4)
 "趋向" bedeutet als Verb "neigen zu...", "tendieren zu..." und als
 Substantiv: "Neigung", "Tendenz".
z.B.:
a)经过多年的调整，中国的经济结构已趋向合理。
b)中国家电市场国际化趋向已引起国际社会广泛关注。

5)
Beispiele für die Konstruktion "所 + Verb + 的 + Nominalphrase ":
a)张经理所介绍的情况对我们帮助很大。

b)李先生指出，现在德国产品在中国市场上所占的份额还不大，在华投资还远远落后于其他国家。

c)上海外资企业经济效益普遍良好，在国民经济生活中所起的作用越来越大。

6)

"表明" bedeutet "清楚明白地表示".(siehe Übung 2)

7)

"开辟" bedeutet: "erschließen" ,"den Weg bahnen".

z.B.:

奥地利于1995年初加入了欧洲联盟，为奥地利的经济发展开辟了新的局面。

8)

"面临" bedeutet: "konfrontiert sein mit"

z.B.:

高失业率仍将是西欧国家面临的主要问题。

9)

"列"bedeutet "einordnen" oder "einstufen".

z.B.:

据香港一家杂志报道，澳门目前的人均生产总值达1.41万美元，列世界第13位。

Fragen zum Text:

1）为什么说，实行五天工作制是中国经济与社会发展的结果？

2）缩短工作时间对职工有哪些好处？

3）实行每周40小时工作制对企业家有什么影响？

4）为什么说，第三企业是五天工作制的最大受益者？

5）实行五天工作制，对国内旅游业有哪些积极影响？

6）面临新的发展形势，北京的旅行社采取了什么措施？

7）为什么北京的首都电影院为新工作制感到特别高兴？

Übung 1: Ergänzen Sie die folgenden Sätze.

1）五天工作制的实行_____着经济与社会的不断进步。

　　a) 标志 b) 显示 c) 表示

2）1995年由于实行五天工作制，国内旅游有较大增长，国内旅游人数_____可达5亿人次。

　　a) 计划 b) 预计 c) 打算

3）双休日的＿＿＿＿与过去16年里中国经济快速度的发展有密切
关系。
a) 进行 b) 实行 c) 通行

4）双休日的实行提高了中国职工的生活＿＿＿＿。
a) 数量 b) 质量 c) 素质

5）五天工作制的实行是对第三产业发展的极大＿＿＿＿。
a) 引起 b) 推动 c) 促进

6）旅游业是五天工作制最大＿＿＿＿之一。
a) 公司 b) 推动力 c) 收益者

7）对企业来说，实行五天工作制也有＿＿＿＿。由于工作时间
的减少，企业的工资开支相对增加。
a) 不利之处 b) 好处 c) 影响

8）实行双休日之后，每周末，旅游景点和商业地带的行人车辆
将＿＿＿＿增加。
a) 很大 b) 大 c) 大大

Übung 2: Ergänzen Sie 表示 表明 oder 表现:

1) 国家统计局提供的情况＿＿＿＿，今年上半年我国农村居民现金
收入比去年同期有较大幅度增长。

2) 他们对中德两国经贸合作进展的良好势头表示＿＿＿＿。

3) 他在工作中的＿＿＿＿还不错。

4) 在北京长安街上有许多外商广告。这＿＿＿＿，外商看中了中国
这个大市场。

5) 生活水平提高的另一个＿＿＿＿是越来越多的人拥有私人汽车。

6) 今年1至5月份中国进口增长18%，低于1至4月份20%的进口增
长速度，继续＿＿＿＿为减速增长。

7) 他们对这项计划＿＿＿＿同意。

8) 对于你的帮助，我几乎无以＿＿＿＿谢意。

9) 四月份的香港对外贸易＿＿＿＿，今年比去年及1995年同期有明
显的增加。

10) 新加坡政府在香港投资，是＿＿＿＿对香港前途有信心。

11) 香港经济代表团＿＿＿＿要进一步加强与北京的合作，扩大双边
经贸联系。

12) 我不能直接向他＿＿＿＿我的爱。

Übung 3:
Lesen sie die folgenden Wortverbindungen und bilden Sie damit Sätze.
a)
适应消费需求
适应市场经济的发展
适应市场的需要
适应社会各方面的需要
适应改革开放新形势的需要
适应社会主义市场经济发展的需要
b)

促进中国经济的发展	促进中德合作
促进国民经济的发展	促进香港与内地的贸易关系
促进地区经济的发展	促进技术升级
促进第三产业的发展	促进科技进步
促进两国关系的发展	

c)

争取每年回来一次	争取更多的外国公司来投资
争取更为密切的合作	争取一个好收成
争取开发新的市场	争取尽快建立社会主义市场经济新体制

d)

进行经济建设	进行改造
进行调查	进行技术改造
进行交易	进行谈判
进行会谈	进行外贸体制改革
进行结构调整	进行卓有成效的合作

e)

实行计划	实行八小时工作制
实行对外开放	实行每周五天工作制
实行政策	实行改革开放政策

Übung 4: Ergänzen Sie "**实行**"、"**做**" oder "**进行**"
1）奥地利总统对德国＿＿＿＿24小时的正式工作访问。
2）张经理同外国商人＿＿＿＿了两次会谈。
3）我们今天＿＿＿＿成了一笔买卖。
4）他指出，我们正在建立和＿＿＿＿社会主义市场体制。

5）中国_____的改革开放政策是不会变的。

6）中国正在_____大规模的经济建设。

7）去年中国内地三成七的进口贸易是通过香港_____的。

8）去年中国的对外合作主要以商品贸易、技术引进及合资合作的方式_____。

9）A：请问，您一向_____什么生意？B：主要经营中国工艺品。

10）当前世界服务贸易达9000多亿美元，其中80%以上在工业发达国家间_____。发展中国家所占比重极小。

11）这种错误政策不能再继续_____下去了。

12）要表示一个动作正在_____，可在动词前加"在"、"正"、"正在"或在句尾加"呢"。

13）说起来容易，_____起来难。

14）香港是一个金融中心，同时又拥有跟中国内地_____贸易的经验。

15）这家建筑公司正_____着一项重要工程。

第三十课
Lektion 30
Neue Entwicklung im Fremdenverkehr

课文 Text a:

我国国际旅游业首季呈增长势头

尽管1至3月为中国的旅游淡季,但今年第一季度中国的国际旅游业仍保持了较强劲的增长势头,来华旅游入境人数为1179万多人,比去年同期增长12.3%。

从不同市场看,亚洲、欧洲、非洲客源比去年同期增长二成以上;美洲客源增长一成多;大洋洲客源保持一成以内的增长。在15个主要客源国中,去年的头两大客源国日本和韩国的增幅近四成;蒙古、加拿大增长两成以上;俄罗斯、美国、英国、德国增长一成多;马来西亚、印尼、澳大利亚、法国略有下降;其余均有一成以内增长。

第一季度全国国际旅游外汇收入累计测算数为21.45亿美元,比去年同期增长16.26%。

(《人民日报》海外版,1996年5月11日)

课文 Text b:

北京向国际旅游名城迈进

具有3000多年文明史和800多年建都史的文化古都北京,"八五"期间旅游业发展迅猛,正大步朝现代化国际旅游名城迈进。

统计数字表明,5年间,全市接待海外游客约923万人次,创汇74亿美元,分别比"七五"期间增长31.9%和85%。预计今年来京的海外游客将超过210万人次。

档次齐全,设备现代化的旅游饭店遍及北京城乡。"八五"期间,新建41家饭店,新增1.7万间客房,使全市拥有星级饭店188家,客房5.7万间,其中五星级饭店14家,8040多个房间。
"八五"期间,在全市78家中外合资饭店中,先后引进喜来登、假日、半岛集团、香格里拉等20多家海外饭店管理集团,运用海外先进的管理经验管理饭店,提高了管理水平,使服务接待工作接近或达到国际先进水平。

旅游设施的完善和各项旅游服务质量的提高,使北京基本上成为一座对外开放的现代化的国际旅游名城。

(《人民日报》海外版，1996年1月2日，gekürzt)

Vokabeln:

a)

呈	chéng	*(siehe Anmerkung 1)*
尽管	jǐnguǎn	obwohl
淡季	dànjì	Nebensaison
入境	rùjìng	einreisen
大洋洲	Dàyángzhōu	Ozeanien
俄罗斯	Éluósī	Rußland
印尼	Yìnní	Indonesien
外汇	wàihùi	Devisen

b)

向..迈进	xiàng...màijìn	voranschreiten
迅猛	xùnměng	rasant, schnell
接待	jiēdài	(Besuch) empfangen
游客	yóukè	Tourist
档次	dàngcì	Güteklasse (z.B.: 高档、 低档)
设备	shèbèi	Anlage, Einrichtungen
遍及	biànjí	sich erstrecken
先后	xiānhòu	nacheinander
喜来登	Xǐláidēng	Sheraton (Hotel)
假日集团	Jiàrì jítuán	Holiday Inn (Hotelgruppe)
半岛集团	Bàndǎo jítuán	Peninsula (Hotelgruppe)
香格里拉	Xiānggélǐlā	Shangrila (Hotel)
运用	yùnyòng	*(siehe Anmerkung 2)*
管理经验	guǎnlǐ jīngyàn	Management - Erfahrung
接近	jiējìn	sich annähern
设施	shèshī	Einrichtungen
完善	wánshàn	vollkommen
基本上	jīběn shàng	im großen u ganzen

Anmerkungen:

1)

"呈" oder "呈现" bedeutet in der Schriftsprache "sich darbieten", "sich zeigen".

z.B.:

去年年底以来，在辽宁工业结构中仅占27%的轻工业呈现加速发展趋势。

2）

"运用" bedeutet: "anwenden", "gebrauchen". (z.B. Anwendung einer Methode, einer Strategie, einer Technik, eines Grundsatz usw.Gilt nicht für Menschen!)

z.B.: 这套技术一直运用到九十年代末期。

Fragen zum Text a:

1）1996年1至3月到中国旅游的人数是多少？

2）哪些国家是中国旅游业最主要的客源国？

3）1995年头两大客源国的增长幅度是百分之多少？

4）1995年哪些客源国增长幅度下降了？

Übung 1: Ergänzen Sie die Sätze mit einem passenden Verb
　　　　　(siehe Text b)

1）北京市在"八五"期间，旅游业_____了迅速的发展。

2）国际"假日"管理集团在北京_____一家五星级饭店。

3）与"七五"期间_____，"八五"期间北京接待的海外游客
　　增长了32%，外汇收入为75亿美元。

4）1996年，北京计划_____210多万海外游客。

5）香格里拉饭店是一家服务质量、_____水平很高的五星级
　　饭店。

6）北京市饭店的接待水平接近或_____国际先进水平。

Übung 2: Zusammensetzübung.

1) 来自美国的游客占来华游客的比重
2) 与发达国家相比，中国旅游业的收入在国民经济中所占的比重
3) 旅游业作为中国的新兴产业，
4) 国际假日管理集团自1984年进入中国以来，
5) 北京市旅游饭店今年上半年经济效益
6) 到2006年，亚洲旅游产出将达二万亿美元，占全球总量的三成左右，
7) 从客源市场看，日本市场仍居首位，
8) 新开发的客源国中，

	a) 美国次之。
	b) 已在中国管理17家酒店。
	c) 是国民经济发展中速度最快的行业之一。
	d) 将超过欧洲联盟而占世界首位。
	e) 韩国、马来西亚、加拿大等市场增势较为迅猛。
	f) 还有一定距离。
	g) 显著提高。
①	h) 由过去的4%增至10%。

Übung 3: Ergänzen Sie das richtige Verb.

1）"八五"期间，中国旅游业继续_____持续、快速、健康发展的势头。
   a)有 b)发展 c)保持

2）"八五"期间，中国旅游业每年平均以_____10%的速度发展。
   a)占 b)超过 c)比较

3）从最近的统计数字看，_____1997年来华旅游入境人数可达4500万人次，比1996年增长5%。
   a)预计 b)计划 c)在

4）改革开放以来，来中国_____的外国游客越来越多。
   a)旅行 b)走 c)住

5）改革开放以来，山东旅游经济_____了长足的进展。
   a)达到 b)取得 c)拥有

6）1980年山东旅游外汇收入仅104万美元，1991年_____1035万美元。
   a)达到 b)得到 c)占

7）据统计，今年第一季度，山东省共_____国内外游客60万人次，其中境外游客6万人次。
   a)接 b)有 c)接待

8）1998年，杭州市_____接待海外游客45万至47万人次。
   a)计划 b)来 c)认为

Übung 4: Bilden Sie Sätze:

1）稳步 ‖ 杭州市 ‖ 期间 ‖ 旅游业 ‖ 发展 ‖ "八五"
2）势头 ‖ 持续 ‖ 旅游 ‖ 呈现 ‖ 上升 ‖ 业
3）海外游客 ‖ 增长 ‖ 接待 ‖ 的 ‖ 有 ‖ 今年上半年 ‖ 较大幅度
4）中国社会主义市场经济 ‖ 充分认识 ‖ 旅游产业的 ‖ 在 ‖ 中 ‖
　已得到 ‖ 地位
5）后 ‖ 旅游业 ‖ 产业 ‖ 是 ‖ 新兴的 ‖ 中国改革开放
6）是 ‖ 最快的 ‖ "八五" 期间 ‖ 发展 ‖ 中国旅游业 ‖ 时期
7）好 ‖ 的 ‖ "九五" 期间 ‖ 发展前景 ‖ 是 ‖ 的 ‖ 中国旅游业
8）有 ‖ 旅游资源 ‖ 着 ‖ 丰富 ‖ 中国 ‖ 的

Übung 5: Ergänzen Sie die fehlenden Satzzeichen und gliedern Sie
　　　　　den Artikel in Absätze:

。（句号）	，（逗号）	、（顿号）	；（分号）

上半年来华旅游人数稳增

我国国际旅游业今年上半年又呈稳步增长势头来华旅游
入境人数为2000万人次比去年同期增长3%其中外国人
入境250万人次比去年同期增长8%在客源市场中亚洲大
洋洲客源继续呈较强的增长势头来华旅游人数分别比去
年同期增长10%和12%欧洲来华旅游人数增长6%美洲游
客与去年同期持平在主要客源市场中日本仍是来华旅游
人数最多的客源地上半年达50万人次比去年同期增加6%
韩国来华旅游人数上半年达20万人增加最快比去年同期
增加50%增加较快的还有菲律宾达35%德国澳大利亚的
增长率也分别在10%以上从目的地情况看接待入境旅游
者最多的广东北京上海福建江苏浙江云南山东广西海南
等10个省区市其中浙江山东海南和云南的接待量比去年
同期有较大增长经初步测算今年上半年全国国际旅游
（外汇）收入为37亿美元比去年同期增长6%预计下半年
来华旅游人数和我国国际旅游创汇仍将保持良好的发展
势头

第三十一课
Lektion 31

a) Shanghais Autoindustrie boomt
b) Erfolge im Kampf gegen den Autoschwarzmarkt

课文 **Text a:**

上海汽车工业强势迎来年
明年桑塔纳轿车产量将达二十二万辆

上海汽车工业集团总公司副总裁洪积明表示，上海桑塔纳轿车明年年产量将从今年的十六万辆增至二十二万辆。

明年出厂的二十二万辆桑塔纳中销价较低的老车型的产量压缩至十二万辆，而二千型新车型，将猛增至十万辆。上海汽车工业总公司的这一举措若能获得市场认可，既是该公司产品升级换代取得重大进展的标志，又可看作中国汽车工业自行开发新车型，快速投入批量生产的能力，又有了长足的进步。

在今年的一至九月中，上海桑塔纳占据了国产轿车市场百分之五十七点六九的份额，比第二位的『天津夏利』高出二十七个百分点。桑塔纳的产销率也稳居百分之九十八以上。

来自国家信息中心的最新预测显示，明年，中国的轿车市场需求将会出现百分之二十七左右的较大幅度增长，需求总量有可能在四十至四十二万辆之间。由于明年新购买的轿车将主要用于商务、公务活动和出租汽车行业，因此，主要面向此类市场的桑塔纳轿车仍将是众人看好的抢手货。

此间专家还认为，由于新、老车型的桑塔纳轿车，其国产化率分别达到百分之九十和百分之六十，所以，随着轿车用户数量日增，出售用于汽车维修的零配件，今年也会为上海汽车工业带来大量的订单和利润。

（《人民日报》海外版，1995年12月20日）

课文 **Text b:**

中外合作打击灰色汽车市场

中外双方将携手合作打击灰色汽车市场，这是日前由中国机械部汽车司和中国汽车报在京召开的灰色汽车市场现状及对策研讨会上传出的信息。

外经贸部、机械工业部、国家工商局、国家税务总局、海关总署等有关部门负责人参加了研讨会。 这次研讨会也受到国外汽车厂商的关注，通用、福特、克莱斯勒、奔驰、大众、宝马、丰田、日产等世界著名汽车厂商代表也参加了研讨。

"灰色汽车市场" 就是指通过走私或非官方非正规渠道进口的汽车所形成的汽车市场。这些汽车有的是整车，有的是散件进口后在境内组装，甚至有些已报废的旧车也被进口。"灰色汽车市场" 的形成对中国汽车业的发展是一个严重冲击。

对用户来说，在产品质量、行车安全和售后服务方面都没有任何保证，对用户和社会的生命和财产构成极严重的威胁；不少国外汽车厂商，由于受假冒和走私的影响，在声誉上受到严重损失。

一些外商代表也在会上发言，表示 "灰色汽车市场" 严重损害了中国消费者的利益，同时也给他们带来了不应有的损失，使他们良好声誉受到影响。外商表示他们愿意积极行动，配合中国为根除 "灰色汽车市场" 而共同努力。

（《人民日报》海外版，1995年11月14日）

Vokabeln:

a)

迎	yíng	entgegengehen
桑塔纳	Sāngtǎnà	Santana (Automarke)
轿车	jiàochē	Kraftwagen
产量	chǎnliàng	Produktionsmenge
洪积明	Hóng Jīmíng	(Name)
销价	xiāojià	Verkaufspreis
压缩	yāsuō	verringern
二千型	èrqiānxíng	'2000er' (ein VW-Modell)
举措	jǔcuò	Vorgangsweise, Handlung
认可	rènkě	billigen, annehmen
升级	shēngjí	*(siehe Anmerkung 1)*
汽车工业	qìchē gōngyè	Automobilindustrie
自行	zìxíng	aus eigener Kraft
车型	chēxíng	Autotype

批量	pīliàng	in großen Mengen
占据	zhànjù	in Besitz nehmen
出现	chūxiàn	*(siehe Anmerkung 2)*
购买	gòumǎi	kaufen
商务	shāngwù	Handel
公务	gōngwù	öffentlicher Dienst
出租汽车	chūzū qìchē	Taxi
面向	miànxiàng	*(siehe Anmerkung 3)*
众人	zhòngrén	alle, jeder
好	hǎo	(Verbkomplement)
抢手货	qiǎngshǒuhuò	*(siehe Anmerkung 4)*
分别	fēnbié	Anteil
随着	suízhe	*(siehe Anmerkung 5)*
出售	chūshòu	zum Verkauf anbieten, verkaufen
维修	wéixiū	reparieren, Reparatur
零配件	língpèijiàn	Ersatzteile
订单	dìngdān	Bestellbuch
利润	lìrùn	Gewinn
b)		
打击	dǎjī	bekämpfen
灰色市场	hūisè shìchǎng	Schwarzmarkt
双方	shuāngfāng	beide Seiten
携手	xiéshǒu	Hand in Hand
机械工业部	jīxiè gōngyèbù	Ministerium fur Maschinenbauindustrie
司	sī	Abteilung
召开	zhàokāi	einberufen
现状	xiànzhuàng	gegenwärtige Lage
对策	dùicè	Gegenmaßnahmen
研讨会	yántǎohùi	Diskussionsrunde
传	chuán	weiterleiten
对经贸部		= 对外经济贸易部
海关总署	hǎiguān zǒngshǔ	Oberste Zollbehörde
有关部门	yǒuguān bùmén	die betreffende Abteilung
负责人	fùzérén	der/die Verantwortliche
通用	Tōngyòng	General Motors

福特	Fútè	Ford
克莱斯勒	Kèláisīlè	Chrysler
奔驰	Bēnchí	Mercedes
大众	Dàzhòng	Volkswagen
宝马	Bǎomǎ	BMW
丰田	Fēngtián	Toyota
日产	Rìchǎn	Nissan
走私	zǒusī	schmuggeln
非官方	fēiguānfāng	inoffiziell
正规	zhènggūi	normal, regulär
散件	sànjiàn	Einzelteile
组装	zǔzhuāng	montieren, zusammensetzen
报废	bàofèi	schrottreif
严重	yánzhòng	ernst, kritisch
冲击	chōngjī	angreifen, Angriff
用户	yònghù	Kunde, Abnehmer
保证	bǎozhèng	garantieren, Garantie
财产	cáichǎn	Eigentum, Vermögen
威胁	wēixié	bedrohen, Bedrohung
假冒	jiǎmào	Fälschung
消费者	xiāofèizhě	Konsument
利益	lìyì	Interesse, Vorteil
配合	pèihé	zusammenwirken, koordinieren
根除	gēnchú	etw (mit der Wurzel) ausrotten

Anmerkungen:

1)
"升级" bedeutet: "im Rang aufsteigen", "die Qualität verbessern"
z.B.: 他升级为副总裁。 - *Er wurde zum stellvertretenden General-direktor befördert.*

2)
"出现" bedeutet: "entstehen", "zu verzeichnen sein"
z.B.:
a)今年上半年上海口岸出现了近年来少有的高速增长的好势头。

b)中国18个内陆省份中有9个省（区）的外商投资企业进出口出现下降。

3)

"面向" bedeutet: "sich auf etwas hin orientieren", "sich zuwenden"

z.B.:

沿海开放城市应该面向国际和国内两个市场。

4)

"抢手货" bedeutet etwa "Verkaufsschlager". (抢: "entreißen", "weg-
    nehmen")

z.B.:

"七五"期间最抢手的彩色电视机和电冰箱，在"八五"期间得到了
充分满足。

5)

"随着" bedeutet: "parallel zu", "gleichzeitig mit .."

随着生产的不断发展，人民的物质和文化生活也得到了改善。

Fragen zum Text a:
1）上海汽车工业将在哪年把桑塔纳新车型投入批量生产？
2）1996年桑塔纳老车型的产量多还是新车型的产量多？
3）与1995年相比，1996年老车型的总产量是否也有提高？
4）1995年1至九月，在国产轿车的总产量中，"天津夏利"
    所占的份额是多少？
5）1996年，预计中国的轿车需求总量是多少辆？
6）桑塔纳老车型的国产化率高还是进口化率高？

Übung 1: Ergänzen Sie die fehlenden Wörter. (siehe Text b)
    几天前中国机械部汽车司和中国汽车报为了------ (1) 灰色汽车
市场召开了一场研讨会。这次研讨会也受到"通用"、"福特"等世
界著名汽车厂商的------ (2)。在灰色汽车市场------ (3) 的汽车
大多数是走私进口的汽车。其中有些汽车是在中国内地------ (4)
组装的，甚至有些汽车是报废的旧车。这样质量不高或很差的汽车
对用户的生命和财产------ (5) 严重的威胁。灰色汽车市场不但
------ (6) 中国消费者的利益，而且有损于国外汽车厂商的良好
------ (7)。为了打击和根除灰色汽车市场，外商门------ (8) 和
中国政府积极合作。

Übung 2: Fügen Sie die beiden Satzteile zusammen.

1. 随着中国对外开放的扩大，来华
2. 今年以来，随着经济改革的不断深入，外来投资
3. 随着中国改革开放和现代化建设的发展，中国民航
4. 随着收入水平提高，
5. 随着利用外资规模的扩大，天津各
6. 随着改革开放和经济的发展，北京的
7. 随着山东省进出口规模的进一步扩大，对外贸易在
8. 近几年来，随着改革开放的不断深入，天津的经济建设有了
9. 随着改革开放的不断深入和国际环境的某些变化，
10.随着中国北方经济呈现出加快发展势头，国外企业纷纷

	a) 事业也取得了很大进展。
	b) 国民经济中地位不断加强。
	c) 长足的发展。
	d) 看好北方最大的综合性工业大城市天津。
①	e) 留学的外国学生日益增多。
	f) 当前中国利用外资面临新的形势。
	g) 开发区域的建设取得新的突破。
	h) 北京人的衣、食、住、行质量也大大提高。
	i) 大幅度增长。
	j) 城市交通出现了新的情况。

Übung 3: Ergänzen Sie eines der folgenden Verben:
出现 — 有；　配合 —配 — 合作
形成 — 构成；　购买 — 买

1）随着经济的快速发展，中国城乡居民生活水平_____了
　 明显提高。
2）电视机_____早了，要是晚_____几天就降价了。
3）衬衫的颜色与上衣的颜色不相_____。
4）越来越多国家发现他们必须到国际市场上_____稻米，
　 不过市场却太小而无法满足他们的需求。

5）解放前，房地产_____了外国资本的重要部分。

6）由于密切的_____，我们的事业一定成功。

7）中国国民经济发展中存在的地区差距，是历史_____的。

8）1996年物价上升幅度同1995年相比_____明显的下降。

9）中国有着巨大的市场需求。消费需求和投资需求_____了
中国市场的巨大潜力。

10）在这个合作项目上，两家公司_____得很好。

11）北京在吸收外资方面，_____良好的发展势头。

12）目前中国经济总的形势是好的。但在发展过程中，
也_____了一些新的矛盾和问题。

Übung 4: Übersetzung

1) Im Jahr 1996 stieg die Jahresproduktion des neuen Santana-
   Modells im Vergleich zum Vorjahr um mehr als 40% .

2) Die Serienproduktion des neuen Santana-Modells wurde kürzlich
   aufgenommen.

3) Das Shanghaier Volkswagenwerk produziert derzeit jährlich 40 000
   Personenwagen, deren Bauteile (部件) zu 70 Prozent in China her-
   gestellt werden.

4) Im Vergleich zu den auf legalem Weg importierten Autos sind die
   geschmuggelten Autos von schlechterer Qualität.

5) Gleichzeitig mit dem gestiegenen Lebensstandard der Bevölke-
   rung ist auch die Nachfrage nach hochwertigen Personen-
   kraftwagen gestiegen.

6) Der Autoschmuggel schädigt nicht nur den guten Ruf der Auto-
   mobilhersteller, er gefährdet auch die Sicherheit der Konsumenten.

7) Der chinesische Fremdenverkehr wächst jedes Jahr um durch-
   schnittlich mehr als 10%.

8) Im Jahr 1995 betrugen die Deviseneinnahmen Chinas aus
   dem Fremdenverkehr 5 Milliarden US-Dollar, bis zum Jahr 2000
   werden es voraussichtlich 10 Milliarden sein.

9) Der Anteil der aus Deutschland kommenden China-Touristen ist
   von 4% auf 5% gestiegen.

10) Die Sehenswürdigkeiten (名胜古迹) Pekings üben auf die in- und
    ausländischen Touristen eine große Anziehungskraft aus.

第三十二课
Lektion 32
Die chinesische Bekleidungsindustrie hat Weltgeltung

课文 Text:

中国步入世界服装大国
服装产量出口贸易额名列世界前茅

日前从这里召开的全国服装工作会议上获悉："八五"期间，我国服装工业获得了历史性的飞速发展。

5年间累计生产服装298亿件，出口贸易额达919亿美元，均名列世界第一位；更为可喜的是经过市场经济的培育，服装企业的名牌意识不断增强，涌现出了富绅、杉杉、红豆等一大批国内外都有较高知名度的国产名牌服装，其中一些产品已进军国际市场。

一位代表在会上发言认为：中国的劳动力优势、原材料优势和近年来发展起来的加工优势以及一定的技术优势，使中国名牌服装具备了冲击国际市场的能力。当前，最重要的就是提高产品的技术含量和设计含量，使中国名牌服装成为技术和艺术的结合体，以提高与国际名牌服装的竞争能力。

另一位代表在会上指出，发展中国名牌服装，树立中国名牌服装的国际形象，是振兴我国民族服装工业、缩小与发达国家差距的当务之急和走上集约化道路的重要途径。在"九五"期间，要争创100个国内市场公认的名牌服装产品，同时争取有10个国际名牌。

(《人民日报》海外版，1996年5月4日)

Vokabeln:

步入	bùrù	*(siehe Anmerkung 1)*
服装工业	fúzhuāng gōngyè	Bekleidungsindustrie
名列前茅	míngliè qiánmáo	zu den Ersten gehören
会议	huìyì	Konferenz
悉	xī	wissen, erfahren
获悉		Kenntnis erlangen
飞速	fēisù	mit großer Geschwindigkeit
可喜	kěxǐ	erfreulich
培育	péiyù	heranbilden
名牌	míngpái	bekannte Firmenmarke

增强	zēngqiáng	verstärken
涌现	yǒngxiàn	zutage treten
富绅	Fùshēn	(Firmenmarke)
杉杉	Shāshā	(Firmenmarke)
洪豆	Hóngdòu	(Firmenmarke)
知名度	zhīmíngdù	Bekanntheitsgrad
进军	jìnjūn	*(siehe Anmerkung 2)*
劳动力	láodònglì	Arbeitskraft
优势	yōushì	Überlegenheit
占...优势		eine dominierende Stellung einnehmen
起来	qǐlái	*(siehe Anmerkung 3)*
具备	jùbèi	besitzen, haben
设计	shèjì	planen, Projekt
结合体	jiéhétǐ	Kombination, Verbindung
竞争能力	jìngzhēng nénglì	Konkurrenzfähigkeit
树立	shùlì	(siehe Anmerkung 4)
振兴	zhènxīng	etw großen Auftrieb geben
振兴工业		der Industrie einen kräftigen Aufschwung geben
发达	fādá	sich entwickeln
发达国家		ein (wirtschaftlich) entwickeltes Land
当务之急	dāng wù zhī jí	eine dringliche Aufgabe
集约化	jíyuēhuà	Intensivierung
途径	tújìng	Weg, Mittel
争	zhēng	streben, kämpfen

Anmerkungen

1)

"步入" bedeutet "eintreten in ..."

z.B.:

a)步入九十年代，世界经济发展的总趋势是合作与竞争并存。

b)随着两国经济的发展和中国改革开放政策的实行，中韩经贸合作
    与交流步入了一个新时代。

2)

"进军" bedeutet "im Vormarsch sein"

z.B.:

西方国家在进军亚洲市场时，首先把目光投向中国。

3）

Das Komplement der Richtung "起来" wird oft im übertragenen Sinn gebraucht. Es steht sowohl nach Verben als auch nach Adjektiven.
Im Satz: *"中国的...原材料优势和近年来发展起来的加工优势...，使..."* bedeutet dieses Komplement, daß die dominierende Stellung der weiterverarbeitenden Industrie ausgebaut wurde. Weitere Beispiele:

a)我们已经建立起来了一批大型工业生产基地。

b)预计中国的轿车市场很快发展起来，尤其在一些南方城市。

4)

"树立" bedeutet: "etwas begründen", "sich zu eigen machen"

(Dieses Verb wird meist in übertragener Bedeutung und für positive Dinge gebraucht.)

z.B.:

a)树立标兵 - (*ein gutes Beispiel geben)*

b)我们公司今年树立了两个服务标兵。

Übung 1: Ergänzen Sie den Text mit passenden Wörtern:

"八五" 期间中国服装＿＿＿ (1) 和出口贸易额均位居世界第一。五年之间，服装企业一共＿＿＿ (2)了298亿件服装，出口贸易额为919亿美元。服装企业的名牌意识不断＿＿＿ (3)，一些高知名度的产品已经具备了向国际市场＿＿＿ (4) 的条件。＿＿＿ (5) 国际市场的有利条件是廉价的劳动力、价廉物美*）的原材料和先进的生产技术。

为了发展中国民族服装工业、缩小和消灭与发达国家的＿＿＿ (6)，中国服装业必须创造和＿＿＿ (7)自己的名牌服装。到2000年，中国服装业将＿＿＿ (8) 出100种名牌产品，其中10种产品要力争走出国门，做国际名牌。

*）价廉物美 — *preiswert und von guter Qualität*

Übung 2: Ergänzen Sie das <u>fehlende</u> Komplement "起来", falls erforderlich:

1）中国旅游业是改革开放以后全面发展的新兴产业。

2）中国家电工业在外来竞争的压力下更快地发展，
　　许多产品已大量出口。

3）中美两国关系正常化使中美贸易的前景更加广阔。

4）你应该把这项工作管理。

5）在几年之内，轻纺工业大大发展了。

6）中国经过十几年的改革开放，各方面的经验都在逐步
　　丰富。

7）我想了，他一九九三年到过北京。

8）预计中国的快餐市场会很快发展，尤其在一些南方城
　　市。

9）在短短的三年时间里，工厂就建设了。

10）近几年，机电产品又发展了。

11）到中国以后，我认识的中国朋友慢慢儿地多了。

12）两国建立外交关系已经十三年了。

Übung 3: Übersetzen Sie das fehlende Wort.

1) 到2000年，中国服装业将_____*(hervorbringen)*100块名牌，
   其中10块要力争走出国门，做国际名牌。

2) _____*(im Verlauf)*近20年的发展，中国服装产量和服装出口贸
   易额均已位居世界第一，1994年产量达78亿件，产品出口创
   汇240亿美元，_____*(besitzen/haben)*了向国际名牌服装市场进军
   的条件。

3) 目前在中国市场上_____*(verkaufen)*的国际名牌服装，基本上
   都是在中国由中国服装企业加工生产的。

4) 这一方面_____*(erklären)*中国服装企业的生产技术已达到了国
   际先进水平，另一方面_____*(etw. deutlich machen)*中国服装
   工业在国际上没有叫得响的品牌。

5) 1986至1993年，服装出口年均增长速度为28%，明显_____
   *(höher als)*总出口的增长速度。

6) 1992年，中国纺织品和服装出口仅次于香港地区，居世界第
   二，1993年出口额为270亿美元，_____*(ausmachen)*全球出口
   总额的1/10。

Übung 4: Ergänzen Sie eines der folgenden Verben.
　　　　经过、涌现、涌、增强 oder 争取

1）_____高速发展的中国家电工业，已经形成了自己的一批名牌
　　产品。

2）大约有950万游客去年从各地_____来香港。

3）中国出口商品在国际市场上的竞争能力进一步_____。

4）我们要_____一切可以争取的人。

5）中国服务行业_____十年努力，有了长足进步，现已走上了健康发展的道路。

6）越来越多的人口_____进亚太地区的大城市，现在全世界17个最大的城市有12个分布在亚洲。

7）进出口贸易规模扩大，对国民经济的作用不断_____，出口成为中国经济高速增长的重要因素之一。

8）今后只要有可能，_____每年回来一次！

9）_____不断地学习，他进步很快。

10）新建的工厂、饭店、学校也在不断_____。

11）人们纷纷_____向商店选购他们需要的物品。

12）西欧面向亚洲，有助于_____它同美国的竞争力。

Übung 5: Stellen Sie den Text zusammen:

☐ 总量年递增速度为 11.8%，比"七五"高出3.6个
百分点。   (A)

☐ 联合国统计，1994年中国生产的肉类在全世界所占   (B)

☐ 份额高达23%，其中猪肉产量更高达42.8%，预计
1995年这一比重还会有所   (C)

☑ 中国肉类产量占世界五分之一   (D)

☐ 我国肉类生产在世界肉类产量中所占比重越来越
高，目前全球肉类产量中已有1/5多是我国生产
的。 据   (E)

☐ 40公斤。 去年全国肉类总产量高达4966万吨，   (F)

☐ 上升。我国肉类人均占有量自1994年超过世界平均水
平，国家统计局预计1995年可超过   (G)

☐ 比上年增长10.6%。   农业部的分析表明， "八五" 期间
   全国肉类生产   (H)

1.............   D   5 ....   _
2 ....   _   6 ....   _
3 ....   _   7 ....   _
4 ....   _   8 ....   _

第三十三课
Lektion 33
Ausgezeichneter Kundendienst ist das Erfolgsrezept der Elektrogerätefirma "Sanlian"

课文 Text:

魅力服务在"三联"

一提起"三联",山东几乎无人不知.它是一家经营家电的集团公司. 1995年销售额达1.5亿元,而包括济南家电公司在内的三联商业总公司,营业收入突破6亿元,发展成为全国最大的家电连锁店.

在对三联的采访中,记者听到许多动人的故事.去年夏天的一个晚上,快要下班时,一位女顾客打来电话说刚买的电扇坏了,希望明天派人去修一下.随着一阵婴儿的哭声,电话断了,没有留下详细地址.两位营业员各带一台调试好的电扇,直到深夜11点,终于找到了这位顾客的家.看着衣衫被汗湿透的营业员,被孩子哭闹得不知所措的女主人简直不敢相信自己的眼睛.

在三联十多年的发展历史中,他们新招迭出:第一家用普通话待客,第一家提出商品试用,第一家承诺保修终生.去年,三联又推出"魅力服务". 所谓魅力服务,就是优质服务的进一步延伸,为顾客提供全方位、更周到的服务,消灭服务领域的死角,让顾客在购物过程中感受到三联的魅力.

"靠服务占领市场",这是三联的经营信条,所以他们在服务上下功夫. 今年初,各大商场又掀起一股降价潮,三联仍然不为所动.三联商业总公司总经理张岩有句名言:"我们不卖高价,但绝不卖不负责任的低价. "家电商品利润本来就不高,大幅降价把利润都降没了,售后服务又从何谈起? 三联有一支强大的家电维修队伍,每年支出数百万元之巨. 这是为了什么呢? 为的是给顾客提供终生保修的服务,彻底解除顾客的后顾之忧.

这几年,三联占有的市场份额越来越大. 每每谈起这些,总经理张岩显得很得意: "其实,抓服务最划算,少花钱却能多卖货. "

"因为顾客购买了我们的产品和服务,我们才有了利润,因此应始终以真诚的感激之心面对每一位顾客. " 每一个三联员工从进入三联的那一天起,就会反复受到这样的教育. 魅力服务使顾客从三联得到的不仅是优质的商品和服务,更有三联人的一份真情.

　　洗衣机柜台营业员贾洪钢告诉记者这样一件事. 有一位顾客为了买洗衣机，前后来了4次, 问这问那, 贾洪钢都不厌其烦地向他作介绍。最后，这位顾客才下决心买了一台洗衣机. 贾洪钢又利用下班时间上门为他调试, 调试完洗衣机，又将他家里其它电器都调试一遍。从此这位顾客成为三联的朋友, 过年也不忘到三联给营业员拜个年。这样的事情在三联还有许多, 三联的魅力服务已超出了柜台的范围，向更广阔的空间延伸。

　　在三联流传着一个"不等式" : 100 － 1 ＝ 0. 这个"不等式", 源于发生在今年2月的一件事。

　　2月9日, 一位顾客到三联商业总公司维修中心询问: "发票丢失了, 洗衣机维修怎么办?" 维修工人以为这台机器不是在三联买的, 不属保修范围，便随口说: "没办法." 这下子, 引起了顾客不满。 三联公司闻知此事, 立即严肃处理了当事人, 并向顾客赔礼道歉。事情过去了，但三联的领导仍在深思: 三联是一个整体, 每一个员工都是其中的一个环节, 而每个环节细小的失误都会破坏三联的整体形象, 从这个意义上讲， "100 － 1" 不就等于零吗? 三联决定, 全面开展魅力服务，让每一个顾客在三联都能感到100%的满意。

　　今天, 三联的魅力服务已名播山东商界, 但他们知道: 服务, 是一首唱不完的歌。

（《人民日报》海外版, 1996年5月30日）

Vokabeln:

魅力	mèilì	Zauber, attraktiv
几乎	jīhū	beinahe
营业收入	yíngyè shōurù	Geschäftseinnahmen
下班	xiàbān	Dienstschluß machen
电扇	diànshàn	Ventilator
修	xiū	reparieren
阵	zhèn	(Zählwort)
婴儿	yīng'ér	Baby
断	duàn	unterbrechen
详细	xiángxì	genau
营业员	yíngyèyuán	Angestellter
调试	tiáoshì	einstellen
终于	zhōngyú	schließlich
衣衫	yīshān	Kleidung

湿透	shītòu	durchnäßt
闹	nào	lärmen
不知所措	bù zhī suǒ cuò	aus der Fassung geraten
女主人	nǚzhǔrén	Hausfrau
招	zhāo	(Kunden) anlocken
招徕顾客	zhāolái gùkè	um Kunden werben
迭	dié	abwechselnd
待客	dàikè	mit Kunden umgehen
试用	shìyòng	etw probeweise gebrauchen
承诺	chéngnuò	versprechen
保修	bǎoxiū	Garantie
终生	zhōngshēng	das ganze Leben lang
优质	yōuzhì	ausgezeichnet
周到	zhōudào	umsichtig
周到的服务		aufmerksamer Kundendienst
死角	sǐjiǎo	nicht erfaßter Bereich
购物	gòuwù	Warenverkauf
感受	gǎnshòu	spüren, empfinden
信条	xìntiáo	Grundsatz
下功夫	xià gōngfu	Zeit und Mühe aufwenden
掀起	xiānqǐ	*(siehe Anmerkung 1)*
降价	jiàngjià	den Preis senken
仍然	réngrán	weiterhin
张岩	Zhāng Yán	(Name)
名言	míngyán	bekannter Ausspruch
负	fù	übernehmen
责任	zérèn	Verantwortung
维修队伍	wéixiū dùiwǔ	Wartungs-Team
支出	zhīchū	Ausgaben
巨	jù	riesig, groß
彻底	chèdǐ	gänzlich
解除	jiěchú	s.freimachen (z.B.von Sorgen)
后顾之忧	hòugù zhī yōu	sich Sorgen machen
市场份额	shìchǎng fèn'é	Marktanteil
得意	déyì	zufrieden, stolz
抓	zhuā	Nachdruck auf etw legen

抓产品质量		auf die Qualität
		der Produkte Wert legen
划算	huásuàn	sich bezahlt machen
真诚	zhēnchéng	aufrichtig
感激	gǎnji	Dankbarkeit
面对	miàndùi	gegenüberstehen
反复	fǎnfù	wiederholt
真情	zhēnqíng	wahre Empfindungen
洗衣机	xǐyījī	Waschmaschine
柜台	gùitái	Verkaufspult
贾洪钢	Jiǎ Hónggāng	(Name)
不厌其烦	bùyán qī fán	unverdrossen
拜年	bàinián	einen Neujahrsbesuch machen
流传	liúchuán	in Umlauf sein,
		sich verbreiten
等式	děngshì	identische Gleichung
发票	fāpiào	Rechnung
丢失	diūshī	verlieren
属	shǔ	*(siehe Anmerkung 2)*
随口	súikǒu	unüberlegt
闻	wén	von etw hören
立即	lìjí	= 立刻 sofort
严肃	yánsù	ernsthaft
处理	chǔlǐ	behandeln, maßregeln
当事人	dāngshìrén	der Betreffende
赔礼道歉	péilǐ dàoqiàn	sich entschuldigen
整体	zhěngtǐ	ein einheitliches Ganzes
环节	huánjié	Glied (einer Kette)
细小	xìxiǎo	klein, winzig
失误	shīwù	Fehler
破坏	pòhuài	zerstören
意义	yìyì	Bedeutung, Sinn
播	bō	verbreiten

Anmerkungen

1)

"掀起" - "etwas in Gang setzen" (z.B. Kampagne, Debatte)

z.B.:

他掀起了一场激烈的辩论。

2)

"属（于）" - "gehören zu..."

z.B.:

a) 德国属于工业大国，它的经济总能力占世界第四位，在国际贸易
中甚至占第二位。

b) 从综合经济实力来看，中国目前仍处于低收入国家水平，还属于
发展中国家。

Beantworten Sie die Fragen zum Text:

1）三联商业总公司主要经营什么？

2）在"三联"十多年的发展历史中，他们用什么办法招徕
顾客？

3）"魅力服务"的含义是什么？

4）为什么说，"三联"的魅力服务已超出了柜台的范围？

5）请用一个实例来说明"三联"的优质服务。

6）"三联"为何不搞大幅降价销售？

7）对"三联"来说，为什么"100 — 1 = 0 "？

Übung 1: Ergänzen Sie ein passendes Verb:

　　　　抓、提供、缩小、得到、招、引起 oder 消灭.

1）这台洗衣机＿＿＿＿＿＿了消费者的极大的兴趣。

2）我们公司在生产上主要＿＿＿＿＿产品的质量。

3）如果需要的话，我们愿按最优惠的利率向您＿＿＿＿＿贷款。

4）谁把服务＿＿＿＿＿上去了，在价格上取得明显优势，谁就能
占领市场。

5）＿＿＿＿＿＿东部地区和西部地区之间的差别，还需要较长的
时间。

6）"三联"在激烈的市场竞争中，"靠服务占领市场"＿＿＿＿＿
来了众多的顾客。

7）凡是"三联"的顾客都可以＿＿＿＿＿＿三联维修队伍24小时
的周到服务。

8）＿＿＿＿＿＿贫困是各国政府最重要的责任。

9）"三联"优质服务＿＿＿＿＿了众多顾客的注意。

10）香港作为中国对外开放的窗口，也将在技术、管理经验
等方面为内地＿＿＿＿＿服务。

Übung 2: Ergänzen sie die Sätze und mit einem der folgenden
Ausdrücke:

举足轻重、家喻户晓、必由之路、不厌其烦、雨后春笋、
卓有成效 oder 不知所措

1）建国47年以来，我国轻工业涌现出一大批_____的产品，
这些产品达到或接近达到了国际先进水平。

2）面对这种情况，他全然_____。

3）张老师的确是一位好老师，每当我有问题时，他总是_____
地反复地给我讲解。

4）北京乡镇工业企业近年来_____般涌现，目前已增加到近
二万家。

5）香港作为亚洲的重要商业中心，对美国与亚洲和中国的
贸易都有_____的作用。

6）中国的纺织工业在世界已具有举足轻重的地位。

7）改革开放是中国现代化的_____。

8）近十多年来，中国进行了_____的改革。

9）南部经济在美国整个经济中已占有_____的地位。

10）中德两国在科技和财政金融方面的合作也是_____的。

11）中国名牌走向世界是中国改革开放的产物，也是中国进一步
扩大开放的_____。

Übung 3: Übersetzung
1) Die Konkurrenzfähigkeit unserer Waren auf dem internationalen
Markt hat sich weiter erhöht.
2) Gegenwärtig besteht die vordringlichste Aufgabe unserer Firma
darin, die Qualität der Produkte zu erhöhen.
3) Wir hoffen, daß Ihre Firma Stahlerzeugnisse und Maschinen zu
konkurrenzfähigen Preisen anbieten kann.
4) Unsere Firma hat die Preise für Waschmaschinen stark reduziert/
erhöht.
5) Die von uns verkauften Haushaltsgeräte haben ein Jahr Garantie.
6) Es lohnt sich nicht, minderwertige Produkte herzustellen.
7) Um den Wünschen ihrer Kunden nachzukommen, bietet die
Firma "Sanlian" einen 24 Stunden-Service an.
8) China ist der weltweit größte Bekleidungs-Exporteur.
9) Unsere Textilwaren haben auf dem europäischen Markt einen
bereits ziemlich hohen Bekanntheitsgrad erlangt.
10) Die chinesische Bekleidungsindustrie ist auf dem internationalen
Mark mit einer starken Konkurrenz konfrontiert.

第三十四课
Lektion 34
Die "Bank of China" und die "Aufbaubank" auf dem Weg zur Kommerzbank

课文 Text a:

注重质量 提高效益
中行九五业绩卓著

1995年，中国银行坚持"改革、管理、发展" 以及 "注重质量提高效益" 的指导思想，稳步推进向国有商业银行的转化，整体实力不断增强，业绩斐然.

1995年，中国银行在继续发挥外汇业务主渠道作用的同时，大力支持我国对外贸易事业和国家重点项目建设. 截止去年末，用于支持进出口贸易的人民币贷款达3500多亿元. 同时完成了与日本输出入银行等金融机构的贷款谈判，引进外资数十亿美元. 中国银行还加快设立海外机构的步伐. 目前，海外机构已达519家，分布在19个国家和地区. 继1994年成功地在香港参与发行港币后，去年10月又在澳门发行澳门元成功，为港澳地区的繁荣稳定做出了贡献.

据统计，截止去年末，中行人民币存款余额达3904.12亿元，其中新增储蓄存款超700亿元，创历史最高水平；外币存款余额达270.89亿美元；人民币贷款余额4178.76亿元；办理进出口结算业务1370亿美元；信用卡发卡量突破242万张.

（《人民日报》海外版，1996年1月12日）

课文 Text b:

建设银行1995年再创佳绩

中国人民建设银行行长王岐山在前不久召开的全国建设银行工作会议上说，1995年是建设银行继财政职能移交和政策性业务分离之后，向商业银行转变的重要一年. 全行业务市场份额进一步上升，资金实力明显壮大，集中调控资金的能力继续增强，经济效益有所改善.

王岐山介绍说，1995年该行实现利润33.8亿元，比上年增长16.2%，

超额完成预定的上交利润计划，上交财政税利总额达到63亿元．去
年末，全行一般性存款余额达到7589亿元，当年新增2175亿元，在5
大国有商业银行*) 中所占比例分别为21.9%和25.4%，以较强优势位
居第二；全年储蓄存款和企业存款分别新增1174亿元和1001亿元，
再创历史最好水平；该行在房地产金融领域的优势继续巩固和扩大，
新增存款243亿元，余额达1245亿元，累计公积金达179亿元，分别
占全国总量的70%和90%以上；信用卡业务发展迅速，全年新增300万
张卡，信用卡存款余额达到65亿元．

　　王岐山说，国际金融业务在1995年也得到稳步发展．外汇存贷款
业务稳中有升，国际业务结算量比1994年增长62%，合资创建的中国
国际金融有限公司也已投入运转．特别是香港分行的设立，使该行
有了第一个境外业务机构，这对于该行业务的国际化有着重要的示
范和推动作用。

（《人民日报》海外版，1996年1月20日）

*) 这五大国有商业银行是：中行、交行、建行、农行和工商行。

Vokabeln:

a)

卓著	zhuōzhù	bemerkenswert, hervorragend
坚持	jiānchí	*(siehe Anmerkung 1)*
指导	zhǐdǎo	leiten
指导思想		Leitgedanke
推进	tūijìn	vorantreiben
商业银行	shāngyè yínháng	Kommerzbank
向...转化	xiàng...zhuǎnhuà	Umwandlung in...
实力	shílì	Stärke
斐然	fěirán	glanzvoll
业绩斐然	yèjī fěirán	hervorragende Leistung
发挥	fāhūi	*(siehe Anmerkung 2)*
发挥...作用	fāhūi..zuòyòng	eine Funktion als ... ausüben
事业	shìyè	Unternehmen, Sache
截止	jiézhǐ	bis ...
完成	wánchéng	vollenden, beenden
完成计划		einen Plan erfüllen
输出	shūchū	exportieren

输入	shūrù	importieren
步伐	bùfá	*(siehe Anmerkung 3)*
加快步伐	jiākuài bùfá	die Gangart beschleunigen
继。。之后	jì...zhīhòu	*(siehe Anmerkung 4)*
发行	fāxíng	in Umlauf bringen
繁荣	fánróng	gedeihend, blühend
贡献	gòngxiàn	Verdienste
为..做出贡献		für...einen Beitrag leisten
存款	cúnkuǎn	Guthaben, Einlagen
余额	yú'é	Saldo, der verbleibende Betrag
储蓄存款	chǔxù cúnkuǎn	Spareinlagen
外币	wàibì	ausländische Währung
贷款	dàikuǎn	Kredit
办理	bànlǐ	erledigen
结算	jiésuàn	das Konto ausgleichen
信用卡	xìnyòngkǎ	Kreditkarte
b)		
佳	jiā	ausgezeichnet, gut
王崎山	Wáng Qíshān	(Name)
财政	cáizhèng	Finanzwesen,Finanz...
职能	zhínéng	Funktion
移交	yíjiāo	übergeben
分离	fēnlí	abtrennen, abspalten
转变	zhuǎnbiàn	*(siehe Anmerkung 5)*
资金	zījǐn	Geldmittel, Kapital
壮大	zhuàngdà	*(siehe Anmerkung 6)*
实现利润	shíxiàn lìrùn	realisierter Gewinn
超额	chāo'é	über dem Soll ...
预定	yùdìng	festsetzen, festlegen
上交	shàngjiāo	abliefern (an eine Behörde)
比例	bǐlì	Proportion
巩固	gǒnggù	festigen, konsolidieren
公积金	gōngjījīn	Rücklagen
创建	chuàngjiàn	gründen, errichten
运转	yùnzhuǎn	in Betrieb sein
分行	fēnháng	Filiale
示范	shìfàn	ein Beispiel geben

Anmerkungen:

1)
"坚持" bedeutet: "an etwas festhalten", "beharren".
z.B.:
天津市政府坚持"谁投资，谁受益"的原则。
2)
"发挥" bedeutet: "zur Geltung bringen", (eine Funktion) "ausüben".
z.B.:
a)东部沿海地区发挥资金、技术、人才和地缘优势。
b)外资企业在山东的整体经济中发挥出越来越重要的作用。

3)
"步伐" bedeutet: "Schritt", "Gangart".

z.B.:
上海加快建设国际金融中心的步伐。
4)
Die Konstruktion "继" ... "之后" bedeutet: "unmittelbar nach"
z.B.:
a)中国目前已是继美国和日本之后韩国的第三大贸易伙伴。
b)继去年吸收外资创历史最高水平之后，今年中国引进外资的势头
  仍然很好。

5)
"转变" - "verwandeln", "ändern"
  (Subjekt + "转变" + 局面、态度、立场、作风、方向 usw.)
z.B.:
a) 这些工作人员除了服务态度还转变了工作作风。
b) 王经理在会上转变了过去的立场。
6)
"壮大" bedeutet: "stärker werden", "erstarken".
z.B.:
企业财力的壮大也增强了它们的还贷能力。

Frage zu Text 1 und 2:
1995年，中国银行和中国人民建设银行在哪些方面的发展有相同之
处？

Übung 1: Sind die folgenden Sätze Ihrer Meinung nach inhaltlich richtig?
   (siehe Text a)

ja/nein

---- 1）截止1995年底，中国银行境外机构的总数达到519家。

---- 2）1995年中国银行的海外业务不断发展，当年在19个国
       家和地区设立了金融机构。

---- 3）1995年中行向日本输出入银行提供了数十亿美元
       贷款。

---- 4）1995年中国银行的各项人民币存款大幅度增长，其中
       储蓄存款的增长特别快。

---- 5）储蓄存款成为中国银行重要的稳定的资金来源。

---- 6）中国银行主要经营进出口贸易结算、项目贷款、外汇
       交易等业务。

Übung 2: Ergänzen Sie die fehlenden Wörter (siehe Text b)

1995年是中国人民建设银行从政策性银行转变为------**(1)** 银行重要
一年。该行的资金------**(2)** 不断增强，经济------**(3)** 大幅度提
高。与1994年相比，建行---------**(4)** 增长16.2%。1995年末，一般
性存款余额达到7589亿元，在五大国有商业中所占的比重为21.9%，
在中国银行------**(5)** 位于第二名。在房地产金融方面，该行
------**(6)** 了它的优势，存款余额达到1245亿元，占全国总量的
90%。1995年，建行新发放了300万张-------**(7)**。
目前建设银行国际------**(8)** 发展势头良好。该行的------**(9)** 业务
包括进出口贸易结算、外汇交易等。1995年，它的外汇存贷款
------**(10)** 发展。为了推动国际金融业务的发展，建行于1995年在
香港------**(11)** 了该行第一个境外分支机构。

Übung 3: Ergänzen Sie 变化 oder 转变.

1）我国已从一个农业国_____成为一个工业国。

2）张经理的态度一下子就_____了。

3）近几年形势_____得很快。

4）近几年中国城市居民生活水平不断提高，消费观念也随之

_____。

5）"八五"时期的对外开放在层次和渠道上出现了深刻_____。

6）香港从一个制造业的中心_____为一个服务业的中心。

7）香港的_____对美国在亚太地区的经济利益关系重大。

8）中国的经济体制在"八五"期间发生了重大_____。

9）半年前他才_____了对我的态度.

10）李鹏总理认为，中国改革开放政策不会_____。

Übung 4: Ergänzen Sie ein passendes Adjektiv.

重要、明显、繁忙、完善、繁荣、强大、巩固 oder 迅速、

1）对外开放政策对中国经济的好处是很_____的。

2）中国的经济得到了_____的发展。

3）香港的地下铁路系统是世界上最_____的。

4）内地的改革开放为香港经济的_____提供了_____的
推动力。

5）1997年物价上升幅度同1996相比将出现的下降趋势。

6）服务业在世界经济和贸易中发挥着越来越_____的作用。

7）他认为，1997年以后的香港将继续保持_____。

8）经济增长已经达到新水平，人民的生活水平有了
_____的改善。

9）南京的交通、能源、通讯等基础设施建设日益_____。

10）中德经贸合作具有_____的互补性和吸引力。

11）香港的国际金融中心的地位将继续得到_____。

Übung 5: Korrigieren Sie die folgenden, möglicherweise
grammatikalisch falschen Sätze :

1）中国内地向澳门的出口1993年上升到34亿澳元，比1992年
的32亿澳元再增长了7%。

2）据海关统计，今年上半年，两岸贸易额达八十四亿美元，
相比1994年同期上升百分之二十一。

3）头九个月整个经济的生产力同上年同期比下降了11%。同
时，工业生产下降了17%。投资比去年同期减少了10%。

4）今年上半年，中华人民共和国的工业生产同上一年相比，增
长了18%。仅三月份才增长了20%。

5）1978年到1993年贸易额由1.4亿美元升至6.78亿美元，增加
了3.8次。1994年，贸易额达到8亿美元，比上年增长18%.

6）1995年农业增加值达1.1万多亿元，比起来上年增长4.5%。

7）今年1至6月，对香港进出口总额是7亿美元，又比去年同
期增长28%。

8）据统计，1994年全国外商投资企业的工业产值约4000亿元人
民币，在全国工业总产值的13%；进出口额为876亿美元，
在全国进出口总额的28%。

9）中国自改革开放以来，经济发展以平均每年9%的速度递
增，近两三年的速度更占11%以上。

10）从5、6月份开始，外商来华投资已经大增加。

Übung 6:
Lesen Sie die folgenden Wortverbindungen und bilden Sie
damit Sätze:

a)

发挥重要的作用　　　　　　发挥越来越大的作用
发挥更大的作用　　　　　　发挥导向作用
发挥基础性作用　　　　　　发挥举足轻重的作用
发挥骨干作用　　　　　　　发挥示范作用

b)

推进经济体制改革　　　　　推进与中国的合作
推进政治体制改革　　　　　推进对外开放工作
推进金融改革　　　　　　　推进产业结构的调整

第三十五课
Lektion 35
Chinesisch- amerikanische Vereinbarung im Konflikt um die geistigen Eigentumsrechte

课文 Text a:

在京港人就中美知识产权纠纷认为
美国应采取务实态度

美国政府因知识产权纠纷而公布了所谓对华贸易制裁措施和清单*)后，一些在北京的香港经贸界人士纷纷对此表示遗憾，他们在接受记者采访时指出：美国如对中国采取制裁措施，非但不能解决问题，反而会使问题复杂，使中美双方及香港都受到损失. 而美国潜在的损失将更为巨大。

香港贸易发展局北京办事处代表吴子衡在接受记者采访时表示：美国因知识产权纠纷而公布的所谓对华制裁措施和清单如若实施，"将对中美两国及香港地区都造成巨大损失, 而美国潜在的损失将更为巨大."他说,眼前美国消费者将受到没有来自中国的低价消费品的损失，而且由于中国大量减少购买美国的商品，美国人的就业机会将明显减少。从长远看,更主要的一点是美国将失去中国这一世界上最有潜力的市场,使美国失去潜在的投资机会和利润,这是得不偿失的。

在京的中国香港（地区）商会会长许统强说，中国在保护知识产权方面已经做了许多工作,取得了很好的成效，美国政府无视事实,这对解决问题没有什么好处. 这种做法也没有什么道理。他表示相信，中国政府保护知识产权的愿望是真诚、认真的。

他说，美国一向将自己视为世界超级强国,总是使用强权压制其他国家。美国在中美知识产权谈判中要求中国关闭13家光盘企业，让美国企业取而代之，这是不符合平等竞争的市场经济原则的。中国政府没有必要向强权低头。双方间的矛盾可以在平等、相互尊重的基础上,通过谈判来解决。如果采取制裁措施,将影响中美两国的友好关系,影响美国在华的投资和项目,也影响了两国间的正常贸易,会使中美两国及香港地区都受到不必要的损失。

在谈到不久后中美将就知识产权问题恢复磋商时，许统强希望，中美双方能平心静气地进行谈判,把事情摆在桌上,相互探讨、研究,以务实的态度解决问题,这才是正确的方法。

吴子衡也表示,单方面采取贸易制裁措施并不能解决中美之间的贸易纠纷,希望中美双方能在相互尊重和平等协商的基础上通过谈判加以解决,这也是全体港人的希望。

（《人民日报》海外版，1996年6月4日）

*)1996年4月30日美国政府将中国再次列入特殊301条款"重点考虑国家"名单;5月15日又公布了中国对美年出口值为30亿美元的制裁清单。

课文 Text b:

中美知识产权磋商达成一致
美方取消拟对华采取的贸易报复措施
中方同时取消拟对美国的贸易反报复

为期5天的中美知识产权正式磋商今天在这里以双方达成一致而告结束,从而使两国间避免了一场双方都不愿看到的贸易战。

这次磋商是13日在北京开始举行的。外经贸部副部长石广生和来访的美国代理贸易代表查伦·巴尔舍夫斯基从15日起共同主持了磋商。

巴尔舍夫斯基在谈判结束时宣布,美方将取消拟对华采取的贸易报复措施,并承诺将中国从特殊301重点国家名单中去掉。

有鉴于此,石广生也宣布中方同时取消拟对美国的贸易反报复。

据介绍,这次磋商是坦率和建设性的,取得了令人满意的结果。此间人士认为,中美就知识产权问题达成一致,再次证明了解决国与国之间分歧的唯一途径是平等协商。制裁与报复不仅无助于问题的解决,反而会使分歧更加复杂化。中美知识产权问题的解决有利于中美经贸关系发展大局,符合两国根本利益,必将受到双方经济界和其他有关方面的欢迎。

石广生说,保护知识产权是中国改革开放的需要,更是中国自身经济发展和科技进步的需要,中国将一如既往地保护知识产权。

（《人民日报》海外版，1996年6月18日,gekürzt）

Vokabeln:
a)

知识产权	zhīshi chǎnquán	geistiges Eigentum

纠纷	jiūfēn	Streit
务实的态度	wùshí de tàidù	pragmatische Einstellung
公布	gōngbù	veröffentlichen
制裁	zhìcái	Sanktion
清单	qīngdān	detaillierte Aufstellung
遗憾	yíhàn	Bedauern
非但...反而	fēidàn...fǎn'ér	nicht nur ...sondern im Gegenteil
复杂	fùzá	kompliziert
局	jú	Amt Behörde
办事处	bànshìchù	Büro
吴子衡	Wú Zǐhéng	(Name)
如若	rúruò	falls
实施	shíshī	durchführen
潜在	qiánzài	*(siehe Anmerkung 1)*
得不偿失	dé bù cháng shī	mehr verlieren als gewinnen
许统强	Xǔ Tǒngqiáng	(Name)
成效	chéngxiào	Wirkung, Erfolg
无视事实	wúshì shìshí	die Tatsachen übersehen
认真	rènzhēn	gewissenhaft
一向	yíxiàng	von jeher
超级强国	chāojí qiángguó	Supermacht
使用	shǐyòng	*(siehe Anmerkung 2)*
强权	qiángquán	Gewalt
压制	yāzhì	unterdrücken
关闭	guānbì	schließen
光盘	guāngpán	CD (Compact Disc)
取代	qǔdài	an die Stelle von etw treten
符合	fùhé	*(siehe Anmerkung 3)*
低头	dītóu	den Kopf senken, nachgeben
矛盾	máodùn	Widerspruch
尊重	zūnzhòng	achten
恢复	huīfù	wiederaufnehmen
磋商	cuōshāng	sich beraten
平心静气	píngxīn jìngqì	in aller Ruhe
摆	bǎi	stellen, legen

探讨	tàntǎo	(Probleme) diskutieren
协商	xiéshāng	beraten,Beratung
加以	jiāyǐ	*(siehe Anmerkung 4)*
全体	quántǐ	alle

b)

达成一致	dáchéng yízhì	Übereinstimmung erzielen
取消	qǔxiāo	aufheben, widerrufen
拟	nǐ	beabsichtigen
报复	bàofù	Vergeltung üben
为期...	wéiqī...	für die Dauer
告	gào	bekanntmachen
从而	cóng'ér	dadurch, infolgedessen
避免	bìmiǎn	vermeiden
贸易战	màoyìzhàn	Handelskrieg
举行	jǔxíng	abhalten, veranstalten
副部长	fùbùzhǎng	stellvertretender Minister
石广生	Shí Guǎngshēng	(Name)
代理	dàilǐ	als Bevollmächtigter fungieren
查伦·巴尔舍夫斯基	Chálún Bā'ěrshěfūsījī	(Name)
主持	zhǔchí	die Leitung übernehmen
宣布	xuānbù	bekanntmachen
承诺	chéngnuò	versprechen
去(掉)	qù(diào)	beseitigen
鉴于	jiànyú	*(siehe Anmerkung 5)*
坦率	tǎnshuài	aufrichtig
令	lìng	*(siehe Anmerkung 6)*
证明	zhèngmíng	beweisen, bestätigen
分歧	fēnqí	Differenzen
唯一途径	wéiyī tújìng	einziger Weg
有利	yǒulì	vorteilhaft
大局	dàjú	allgemeine Lage
根本利益	gēnběn lìyì	grundsätzliche Interessen
一如既往	yì rú jì wǎng	nach wie vor

Anmerkungen :

1)

"潜在"bedeutet: "potentiell".

z.B.:

中国是一条潜在巨龙。

2)

"使用" — (eine Maschine, Geldmittel, Personal usw.) "anwenden" oder
        "gebrauchen"

z.B.:

许多工厂到九十年代还在使用六十、七十年代的机器设备。

3)

"符合 " - "mit etwas übereinstimmen", "entsprechen"

z.B.:

发展中德两国之间长期稳定友好合作关系，不仅符合两国人民的
   根本利益，也有利于世界的和平与稳定。

4)

"加以" ist ein Verb. Es steht vor einem anderen zweisilbigen Verb.

z.B.:

大家的建议我们一定加以认真考虑。

5)

"鉴于" - "in Anbetracht", "in Hinblick auf"

z.B.:

鉴于张先生过去的经验，我们信任他。

6)

"令" bedeutet: "veranlassen"

z.B.:

中国石油工业的现状和发展前景令人乐观。

Fragen zum Text:

1）按照文中香港经贸界人士的看法，美国对中国采取贸易制
   裁，将对中美双方及香港产生什么影响？

2）为什么说： "美国潜在的损失将更为巨大"？

3）中美之间的贸易纠纷究竟是如何解决的？

Übung 1: Ergänzen Sie ein passendes Verb.

   1996年5月15日美国政府公布了对华贸易报复清单，要求中国
   _____(1) 一批CD工厂。中国政府对美国_____(2) 了相应的反报复
措施。

一些在北京的香港经贸人士认为,贸易报复不但无助于问题的解决，而且会对两国经济贸易关系_____(3) 来严重影响，也将_____(4) 美国自己的利益。这些经贸界人士希望中美双方_____(5) 对话和谈判来解决知识产权保护问题。

6月17日中美双方贸易代表团就中美知识产权问题_____(6) 了正式磋商并达成一致。美方_____(7) 将中国从特殊301重点国家名单中去掉和取消贸易报复，中方同时取消相应的反报复。这表明，只要双方相互尊重、平等协商，两国在一些问题上的分歧就能_____(8) 或得到解决。中美就知识产权问题达成一致_____(9) 中美经济贸易界的利益，也_____(10) 两国根本利益。

Übung 2: Was paßt zusammen?

1）中国是发展中国家，美国一旦失去中国市场，
2）张总经理认为近几年中国
3）他希望两国经贸关系
4）他不认为单方面的制裁
5）他仍然希望中美双方通过对话和谈判
6）中国和美国
7）美国在中美知识产权谈判中要求
8）中国保护知识产权的态度
9）中美之间既有共同利益，

	a）中国关闭13家光盘企业。
	b）能解决问题。
	c）在保护知识产权方面发展很快。
	d）能恢复到有利于双方共同利益的方向上来。
	e）来解决知识产权保护问题。
	f）是认真的。
①	g）长远而言，将会造成巨大损失。
	h）都是世界上有重要影响的国家。
	i）也存在分歧。

Übung 3: Ergänzen Sie die Präpositionen 以、对、就、向、据、为oder 给:

1）在两年之内，中国政府一共三次＿＿二百八十四种商品降低了关税。
2）双方＿＿共同关心的问题进行了会谈。
3）今年以来，我国外贸呈现进口稳定发展，进口始终＿＿15%左右的速度增长。
4）德国企业界＿＿加强同中国的合作很感兴趣。
5）中国保持长期稳定，＿＿经济迅速的发展创造了必要的条件。
6）近年来，山东的游客量每年＿＿25%的速度递增。
7）＿＿介绍，目前中国肉类消费呈现三个较为明显的特点。
8）亚太地区经济的迅速发展，＿＿中国经济发展提供了有利的条件。
9）美国政府要求台湾开放市场，＿＿美国购买产品。
10）请代我＿＿张经理表示谢意。
11）德国企业家＿＿巨大的兴趣关注中国的发展情况。
12）＿＿统计，今年上半年福建省出口达36亿美元。

Übung 4: Zur Unterscheidung: Ergänzen Sie 使用、利用 oder 运用 *(siehe auch die Lektionen 26 u. 30)*.

1）通过＿＿＿＿外资，电子工业提高了企业的管理水平，扩大了电子产品的出口。
2）对外国人＿＿＿＿此项规定是不可能的。
3）这台机器才＿＿＿＿了三十年就坏了。
4）他们在设备改造方面，＿＿＿＿着刚学来的新技术。
5）造纸技术不但在国内被广泛＿＿＿＿，而且传到了世界各国。
6）水利资源只有很小一部分被＿＿＿＿了。
7）这套技术我们＿＿＿＿了很长时间。
8）这家工厂因为资金的问题还在＿＿＿＿几十年前的设备。
9）因为管理上的问题，许多资料没能充分地＿＿＿＿起来。
10）他的时间＿＿＿＿得真好。
11）为了这项研究他们已经＿＿＿＿了一大笔资金了。
12）这块地三年多没＿＿＿＿了。

Übung 5:

Lesen Sie die folgenden Wortverbindungen und bilden Sie
damit Sätze:

符合条件　　　　符合中国的国情
符合国家规定　　符合国际市场的需要
符合要求　　　　符合美国的现实利益
符合事实　　　　符合两国人民的根本利益

Schlüssel für die Lektionen 21 - 35

21. Lektion
Übung 1:
1)b 2)c 3)b 4)b 5)c 6)a 7)a 8)b
Übung 2:
1) 联系2) 关系 3) 关系 4) 联系 5) 相关6) 关系 7) 关系
8) 关系9) 联系10) 联系
Übung 3:
1) 情况 2) 情况 3) 局面 4) 情况 5) 形势 6) 局面 7) 局面
8) 局面 9) 形势 10) 局面

22. Lektion
Übung 1:
1) 开展 2) 开放 3) 改革、改造 4) 改善 5) 改善 6) 开展 7) 开展
8) 开展 9) 改善10) 改造
Übung 2:
1）中国是最大的发展中国家，有巨大的投资需求。
2）轻工产品成为我国出口创汇的支柱性产业。
3）中国欢迎德国企业界参与中国市场的竞争。
4）中国的投资环境不断改善，而且会越来越好。
5）德国同中国合作的前景是远大的。
6）上半年北京市经济发展最为显著的特点是第三
　　产业增长迅速。
7）国有企业是国民经济的支柱。
8）电话普及率由1.1% 提高到5.5%。
9）第三产业在国民经济中的比重明显上升。
10）城乡居民生活水平继续得到改善和提高。
Übung 3: Übersetzung
1）近几年来，去中国进行投资的外国企业家越来越多。
2）昨天几个外国记者对李鹏总理进行了采访。
3）李鹏认为，外国投资者在中国有美好的前景。
4）自行车在中国市场已经饱和了。
5）德国同中国的经济联系越来越紧密。
6）中国是世界上发展最快的国家之一。
7）今年前五个月中国的国民生产总值提高14%。
8）中国在经济改革方面已经取得了巨大的成功。
9）在家用电器市场上，竞争十分激烈。
10）在国际市场上，竞争能力起着决定性作用。

23. Lektion
Übung 1:

1) 访问 2) 就 3) 前景 4) 签订 5) 势头 6) 将 7) 技术含量

8) 强项 9) 互补性 10) 大

Übung 2:

1) 中国政府愿与德国政府发展长期友好合作关系，不仅要在经贸领
域扩大交流，而且要在政治领域加强合作。

2) 法国在亚洲市场的占有率仅有2%，不仅低于美、德等国，而且也
低于法国在国外的平均市场占有率6%。

3) 深圳人不仅物质文化生活水平提高而且生活环境优化。

4) 外商投资天津开发区，不仅提高了天津的加工能力，而且加速了
天津工业的技术改造。

5) 经济的发展，不仅解决了人们的温饱问题，而且使居民收入
增多了。

6) 前来投资的不仅有中小企业，而且有不少世界知名的大企业。

Übung 3: (Lösungsmöglichkeit:)

1) ... 影响的国家。

2) ... 发展与中国的关系。

3) ... 前景广阔。

4) ... 领域。

5) ... 长期友好合作关系。

6) ... 利益。

7) ... 德中关系。

8) ... 十分广阔的前景。

9) ... 一个新水平。

10) ... 较强的互补性。

Übung 4:

1) 亚洲的经济和人口数字现已表明它具有突出的重要性：亚洲居住着
59%的世界人口，其贸易额占世界贸易的25%，社会生产总值占全球
的27%。

2) 我国改革开放和现代化建设取得了伟大的历史性成就。

3) 中美两国经济互补性很强，合作领域广阔，发展潜力巨大。

4) 由于居民消费性支出增长，各地区社会消费品零售总额均比去年
同期明显扩大。

5) 对外经济在德国的经济生活中起着决定性作用。

6) 中国的经济改革使中国发生了"成功的革命性变化"。

7) 多数人认为，中国是具有世界性影响的大国，发展潜力巨大。

8) 宏观改革取得突破性进展。

9) 国民经济持续发展，宏观经济稳定性增强。

10）李鹏总理说，中国政局稳定，而且这种稳定可以长期保持
下去。

24. Lektion
Ergänzen Sie die Sätze (siehe Text a)
1) 份额 2) 进一步扩大 3) 领先 4) 发展 5) 占
Stellen Sie den Text richtig (siehe Text b)
1995年2月2日西门子公司的一位发言人接受了报社记者的采访。这位发言
人表示，西门子公司在中国已经建立了近20家合资企业，到本世纪末在中
国预计将有50家合资企业。
这位发言人还说，据估计，到本世纪末与中国的贸易额将达到大约100亿
美元。（oder：这位发言人还说，到本世纪末与从中国的贸易额预计将达到
大约100亿美元。）
西门子公司1993/94年的世界销售额为528亿美元，其中从亚洲获得的销售
额占9%。1993/94年欧洲的订货额比两年前少一些，而从美国获得的订货
额增加了10%以上。
Übung 1:
1) 估计 2) 估计 3) 预计 4) 计划 5) 估计 6) 估计 7) 预计
8) 估计 9) 预计 10) 计划 11) 计划 12) 估计
Übung 2:
1) 扩大、提高 2) 加 3) 提高 4) 增加 5) 加 6) 增长 7) 提高提高
8) 增加 9) 扩大
Übung 3:
1) 自 2) 向 3) 向 4) 为 5) 对 6) 向 7) 对 8) 向
9) 向 10) 对、对
Übung 4:
1）发展中德经贸合作是发展中德关系的基础。
2）中国是世界上发展最快的国家之一。
3）外商在第三产业的投资项目首次超过工业项目。
4）改革开放已使中国成为发展最快的市场。
5）中国总理向"商报"主编介绍了中国经济形势。
6）中国的经济改革取得了巨大成就。
7）德国同中国合作的前景是远大的。
8）中国今年经济增长率预计为9%左右。
9）深圳人不仅物质文化生活水平提高而且生活环境优化。
10）石油化工是中国重点发展的支柱产业之一。
11）中德两国都是在世界上有重要影响的国家。
12）美国对亚洲的贸易已经超过了它对欧洲的贸易。

25. Lektion
Ergänzen Sie die Sätze (siehe Text).
1) 消费品 2) 进入 3) 计划 4) 饮料、小食品和快餐 5) 良好的声誉
6) 极重要的 7) 青睐 8) 营业额

Übung 1:
1) 管理 2) 经营 3) 管理/经营 4) 管理/经营 5) 经营，经营
6) 经营 7) 管理 8) 经营 9) 经营 10) 管理

Übung 2:
1) 营业 2) 生意 3) 业务 4) 业务 5) 业务 6) 营业 7) 业务
8) 营业 9) 生意 10) 营业 11) 营业 12) 业务

Übung 3:
1) 具有 2) 拥有 3) 占有 4) 占有 5) 拥有 6) 具有 7) 具有
8) 拥有 9) 拥有 10) 有

26. Lektion
Übung 1:
1) 发达 2) 丰富 3) 投向 4) 组成 5) 重大的进展 6) 关注
7) 开发 8) 水平

Übung 2:
1) 设立 2) 形成 3) 成立 4) 建 5) 形成 6) 设立
7) 建 8) 形成 9) 建立 10) 建立 11) 建设 12) 成立

Übung 3:
1) 紧密 2) 广阔 3) 紧密 4) 巨大 5) 优良
6) 长远 7) 长足 8) 丰富 9) 广阔 10) 强劲 11) 广阔 12) 丰富

Übung 4:
1) 在中国，长江三角洲是经济增长率最高的地区之一。
2) 八十年代，长江三角洲的廉价劳动力曾引起了很多外国企业家们的关注。
3) 近几年来，越来越多的外国企业家投资于农业。
4) 为了进一步开发中国市场，西门子公司在中国又建立了几家合资企业。
5) 在未来五年中，百事集团将大幅度增加对中国的投资。
6) 双方商定在上海合资建造和经营一家灌瓶厂。
7) 在四年之内，百事集团在中国市场的份额翻了一番。
8) 明年中国的总进口额预计将达到一千亿美元。
9) 德国的投资只占外国在中国全部投资的百分之一。
10) 中国的对外贸易在近十年来有了很大的发展。

27. Lektion
Übung 1:
1) 得到 2) 达到 3) 取得 4) 得到 5) 得到 6) 达到

7) 取得，取得 8) 得到 9) 达到 10) 赢得 11) 取得 12) 赢得

Übung 2:

1) 加强 2) 加深 3) 推动 4) 加强 5) 加深 6) 加强

7) 推动 8) 加强 9) 加强，推动 10) 推动

Übung 3:

1）中国轻工生产今年以来保持快速增长势头。

2）中国的经济发展趋势是健康的。

3）中国计算机技术正在缩小与世界水平的差距。

4）今年中国对外经济贸易继续保持良好的发展势头。

5）中德两国在经济领域的合作是很有潜力的。

6）中国跟世界上100多个国家保持着相当密切的经济联系。

7）国际贸易的增长推动了不少国家经济的发展。

8）中国国民经济发展的总规模不断扩大。

9）发展社会主义市场经济必须加强和改善宏观调控。

10）中国1994年的经济增长率达13.5%。

28. Lektion

Übung 1:

1) 方面 2) 领域 3) 范围，方面 4) 范围 5) 方面 6) 领域 7) 方面

8) 规模 9) 环境 10) 规模 11) 区域 12) 环境 13) 范围 14) 范围

Übung 2:

1)-f; 2)-i; 3)-g; 4)-j; 5)-b; 6)-e; 7)-a; 8)-h; 9)-d; 10)-c;

Übung 3:

1）世界银行对中国提供了十亿美元的无息贷款。

2）这笔贷款将用于建造一座大型水力发电站。

3）世界银行提供的贷款期限为15到20年。

4）在消灭西部地区贫困方面中国已取得了巨大的成就。

5）世界银行将继续给予中国资金上的支持。

6）中国政府希望，世界银行与中国的合作关系能够得到
进一步加强。

7）与沿海省份相比，中国西部还是相对落后的。

8）在经济发展方面，中国东部和西部之间还存在着巨大的差距。

9）这种差距需要较长的时间才能消除。

10）为了遏制通货膨胀，中国政府已经采取了一系列重要的措施。

29. Lektion

Übung 1:

1) a; 2) b; 3) b; 4) b; 5) b; 6) c; 7) a; 8) c;

Übung 2:

1) 表明 2) 表示 3) 表现 4) 表明 5) 表现 6) 表现

7) 表示 8) 表示 9) 表明 10) 表示 11) 表示 12) 表明

Übung 4:

1) 进行 2) 进行 3) 做 4) 实行 5) 实行 6) 进行

7) 进行 8) 进行 9) 做 10) 进行 11) 实行 12) 进行 13) 做

14) 进行 15) 进行

30. Lektion:

Übung 1:

1) 得到 2) 管理 3) 相比 4) 接待 5) 管理 6) 达到

Übung 2:

1) -h; 2) -f; 3) -c; 4) -b; 5) -g; 6) -d; 7) -a; 8) -e;

Übung 3:

1) c; 2) b; 3) a; 4) a; 5) b; 6) a; 7) c; 8) a;

Übung 4:

1）杭州市"八五"期间旅游业稳步发展。

2）旅游业呈现持续上升势头。

3）今年上半年接待海外游客有较大幅度的增长。

4）旅游产业的地位在中国社会主义市场经济中已得到充分认识。

5）旅游业是中国改革开放后新兴的产业。

6）"八五"期间是中国旅游业发展最快的时期。

7）"九五"期间中国旅游业的发展前景是好的。

8）中国有着丰富的旅游资源。

Übung 5:

上半年来华旅游人数稳增

我国国际旅游业今年上半年又呈稳步增长势头。来华旅游入境人数为2000万人次，比去年同期增长3%。其中外国人入境250万人次，比去年同期增长8%。

在客源市场中，亚洲、大洋洲客源继续呈较强的增长势头，来华旅游人数分别比去年同期增长10%和平12%；欧洲来华旅游人数增长6%；美洲游客与去年同期持平。

在主要客源市场中，日本仍是来华旅游人数最多的客源地，上半年达50万人次，比去年同期增加6%；韩国来华旅游人数上半年达20万人，增加最快，比去年同期增加50%；增加较快的还有菲律宾，达35%；德国、澳大利亚的增长率也分别在10%以上。

从目的地情况看，接待入境旅游者最多的广东、北京、上海、福建、江苏、浙江、云南、山东、广西、海南等10个省、区、市；其中浙江、山东、海南和云南的接待量比去年同期有较大增长。

经初步测算，今年上半年全国国际旅游（外汇）收入为37亿美元，比去年同期增长6%。

预计下半年来华旅游人数和我国国际旅游创汇仍将保持良好的发展势头。

31. Lektion:
Übung 1:
1) 打击 2) 关注 3) 购买 4) 才 5) 构成 6) 损害 7) 声誉 8) 愿意
Übung 2:
1) -e; 2) -i; 3) -a; 4) -h; 5) -g; 6) -j; 7) -b; 8) -c; 9) -f ;10) -d;
Übung 3:
1) 有 2) 买，买 3) 配 4) 购买 5) 构成 6) 合作 7) 形成
8) 有 9) 构成 10) 配合 11) 出现 12) 出现
Übung 4:
1）1996年,新型桑塔纳轿车的年产量同上一年相比增长了
　40%多。
2）不久以前，新型桑塔纳轿车已批量投入生产。
3）目前，上海大众汽车厂每年生产四万辆小汽车，其部件70%
　在中国制造。
4）与正规渠道进口的汽车相比，走私进口的汽车质量总是
　很低的。
5）随着生活水平的提高，高档轿车的需求也增长了。
6）走私汽车不但损害汽车制造商的良好声誉，而且威胁消费
　者的安全。
7）中国旅游业每年平均以超过10%的速度发展。
8）1995年，中国旅游外汇收入达50亿美元，到2000年预计
　将达到100亿美元。
9）来自德国的游客占来华游客的比重由过去的4%增长到5%。
10）北京的名胜古迹对国内外游客很有吸引力。

32. Lektion
Übung 1:
1) 产量 2) 生产 3) 增强 4) 进军 5) 冲击 6) 差距 7) 发展
8) 推
Übung 2:
1）中国旅游业是改革开放以后全面发展起来的新兴产业。
2）中国家电工业在外来竞争的压力下更快地发展起来，
　许多产品已大量出口。
3）中美两国关系正常化使中美贸易的前景更加广阔。
4）你应该把这项工作管理起来。
5）在几年之内，轻纺工业大大发展了。
6）中国经过十几年的改革开放，各方面的经验都在逐步丰富
　起来。
7）我想起来了，他一九九三年到过北京。
8）预计中国的快餐市场会很快发展起来，尤其在一些南方城

市。

9）在短短的三年时间里，工厂就建设起来了。

10）近几年，机电产品又发展起来了。

11）到中国以后，我认识的中国朋友慢慢儿地多起来了。

12）两国建立外交关系已经十三年了。

Übung 3:

1) 推出 2) 经过，具备 3) 销售 4) 说明，表明 5) 高于 6) 占

Übung 4:

1) 经过 2) 涌 3) 增强 4) 争取 5) 经过 6) 涌 7) 增强

8) 争取 9) 经过 10) 涌现 11) 涌 12) 增强

Übung 5:

1...................... D		5.......................... G	
2...................... E		6.......................... F	
3...................... B		7.......................... H	
4...................... C		8.......................... A	

33. Lektion

Übung 1:

1) 引起 2) 抓 3) 提供 4) 抓 5) 缩小 6) 招 7) 得到 8) 消灭

9) 引起 10) 提供

Übung 2:

1) 家喻户晓 2) 不知所措 3) 不厌其烦 4) 雨后春笋

5) 举足轻重 6) 举足轻重 7) 必由之路 8) 卓有成效 9) 举足轻重

10) 卓有成效 11) 必由之路

Übung 3:

1）我们的产品在国际市场上的竞争能力进一步增强。

2）提高产品的质量，是我们公司的当务之急。

3）我们希望，你们公司能以竞争性的价格提供钢材和机械。

4）我们公司大幅度降低（提高）洗衣机价格。

5）我们销售的家用电器保修一年。

6）生产低档的产品不划算。

7）为了满足顾客的要求，"三联"公司提供24小时全天
　服务。

8）中国是世界上最大的服装出口国。

9）我国纺织品在欧洲市场上有了一定的知名度。

10）中国的服装工业在国际市场上面临着激烈的竞争。

34. Lektion

Übung 1:

1) ja; 2) nein; 3) nein; 4) ja; 5) ja; 6) ja;

Übung 2:

1) 商业性 2) 实力 3) 效益 4) 实现利润 5) 之后 6) 扩大

7) 信用卡 8) 业务 9) 金融 10) 稳步 11) 设立

Übung 3:

1) 转变 2) 转变 3) 变化 4) 转变 5) 变化 6) 转变

7) 变化 8) 转变 9) 转变 10) 变化

Übung 4:

1) 明显 2) 迅速 3) 繁忙 4) 繁荣，强大 5) 明显 6) 重要

7) 繁荣 8) 明显 9) 完善 10) 强大 11) 巩固

Übung 5:

1）中国内地向澳门的出口1993年上升到34亿澳元，比1992年的32亿澳元又增长了7%。

2）据海关统计，今年上半年，两岸贸易额达八十四亿美元，比1994年同期上升百分之二十一。

3）头九个月整个经济的生产力同上年同期相比下降了11%。同时，工业生产下降了17%。投资比去年同期减少了10%。

4）今年上半年，中华人民共和国的工业生产同上一年相比，增长了18%。仅三月份就增长了20%。

5）1978年到1993年贸易额由1.4亿美元升至6.78亿美元，增加了3.8倍。1994年，贸易额达到8亿美元，比上年增长18%.

6）1995年农业增加值达1.1万多亿元，比上年增长4.5%。

7）今年1至6月，对香港进出口总额为7亿美元，又比去年同期增长28%。

8）据统计，1994年全国外商投资企业的工业产值约4000亿元人民币，占全国工业总产值的13%；进出口额为876亿美元，占全国进出口总额的28%。

9）中国自改革开放以来，经济发展以平均每年9%的速度递增，近两三年的速度更在11%以上。

10）从5、6月份开始，外商来华投资已经大大增加了。

35. Lektion

Übung 1:

1) 关闭 2) 采取 3) 带 4) 损害 5) 通过 6) 进行 7) 承诺

8) 缩小 9) 符合 10) 符合

Übung 2:

1) -g; 2) -c; 3) -d; 4) -b; 5) -e; 6) -h; 7) -a; 8) -f; 9) -i;

Übung 3:

1) 为 2) 就 3) 以 4) 对 5) 为 6) 以 7) 据 8) 给 9) 向 10) 向

11) 以 12) 据

Übung 4:

1) 利用 2) 运用 3) 使用 4) 运用 5) 使用 6) 利用

7) 运用 8) 使用 9) 利用 10) 利用 11) 使用 12) 利用

Vokabelliste Chinesisch - Deutsch

安排	ānpái	organisieren, arrangieren /L1
安全	ānquán	Sicherheit, Schutz /L15
安置	ānzhì	für jn einen Platz finden /L5
安装	ānzhuāng	installieren /L13
按 ... 计算	àn... jìsuàn	nach…berechnen /L11
按照	ànzhào	gemäß /L27
罢工	bàgōng	Streik, streiken /L16
白酒	báijiǔ	Schnaps, Branntwein /L2
白葡萄酒	báipútáojiǔ	Weißwein /L2
百货商场	bǎihuòshāngchǎng	Kaufhaus /L4
百威啤酒	Bǎiwēipíjiǔ	Budweiser (*eine Bier-Marke*) /L2
摆	bǎi	stellen, legen /L35
拜访	bàifǎng	einen Besuch abstatten /L10
拜年	bàinián	einen Neujahrsbesuch machen /L33
班轮	bānlún	Linienschiff /L15
搬移	bānyí	an einen anderen Platz tragen /L17
搬运	bānyùn	Beförderung, Transport /L15
办公室	bàngōngshì	Büro /L7
办理	bànlǐ	erledigen /L34
办事处	bànshìchù	Büro /L35
扮演	bànyǎn	ein Rolle spielen /L1 z
包括...在内	bāokuò..zàinèi	umfassen, beinhalten /L24
包装	bāozhuāng	Verpackung /L15,25
饱和	bǎohé	gesättigt sein /L22
保持	bǎochí	bewahren, aufrechterhalten/L10,27
保兑	bǎoduì	garantiert einlösbar /L19
保护	bǎohù	schützen /L20,21
保险	bǎoxiǎn	Versicherung /L11,22
保险费	bǎoxiǎnfèi	Versicherungsgebühr /L12
保险人	bǎoxiǎnrén	Versicherer /L16
保修	bǎoxiū	Garantie /L33
保障	bǎozhàng	sichern, gewährleisten /L15
保证	bǎozhèng	garantieren, Garantie /L7,31
报酬	bàochóu	Lohn, Belohnung /L5

报废	bàofèi	schrottreif /L31
报复	bàofù	Vergeltung üben /L35
报告	bàogào	Bericht /L6,18
报关	bàoguān	Zollerklärung /L7
报户口	bào hùkǒu	sich beim Meldeamt anmelden /L6
报价	bàojià	Preisangebot /L11
抱怨	bàoyuàn	sich beschweren /L20
北京烤鸭店	Běijīng kǎoyādiàn	Restaurant "Beijing-Ente" /L3
被保险人	bèibǎoxiǎnrén	Versicherter /L16
备货	bèihuò	Waren bereitstellen /L11
备注	bèizhù	Anmerkung /L6
背面	bèimiàn	Rückseite /L7
比较	bǐjiào	verhältnismäßig /L5
比例	bǐlì	Proportion /L5,34
比重	bǐzhòng	Anteil /L26
彼此	bǐcǐ	einander, gegenseitig /L21
闭关自守	bìguān zìshǒu	s. von d. Außenwelt abkapseln/L21
必要	bìyào	notwendig, nötig /L15
必由之路	bì yóu zhī lù	der einzig gangbare Weg /L23
避免	bìmiǎn	vermeiden /L20,35
编制	biānzhì	ausarbeiten /L11
变更	biàngēng	ändern, verändern /L13
变质	biànzhì	verderben /L20
便宴	biànyàn	informelles Essen /L3
便于	biànyú	bequem, handlich /L15
遍及	biànjí	sich erstrecken /L30
辩证	biànzhèng	dialektisch /L27
标记	biāojì	Zeichen /L17
标志	biāozhì	Symbol, symbolisieren /L29
标准	biāozhǔn	Standard, Norm /L5
表	biǎo	Formular /L6
表明	biǎomíng	etw klar erkennen lassen /L21
表示	biǎoshì	zeigen, ausdrücken /L1,25
表现	biǎoxiàn	etw an den Tag bringen /L23
别墅	biéshù	Villa /L22
宾馆	bīnguǎn	Hotel /L22

播	bō	verbreiten /L33
博览会	bólǎnhuì	Messe /L12
补	bǔ	ergänzen; wettmachen /L20
补偿	bǔcháng	kompensieren /L16
补充	bǔchōng	ergänzen /L19
不便	bùbiàn	ungünstig; unbequem /L20
不当	bùdàng	unpassend; unangemessen /L20
不断	bùduàn	ununterbrochen /L11
不仅仅....而	bùjǐnjǐn..ér	nicht nur ... sondern auch /L23
不可撤销	bù kě chèxiāo	unwiderruflich /L14
不幸	bùxìng	unglücklicherweise /L18
不厌其烦	bù yán qī fán	unverdrossen /L33
不知所措	bù zhī suǒ cuò	aus der Fassung geraten /L33
不足	bùzú	unzulänglich /L27
步入	bùrù	eintreten in /L32
步行	bùxíng	zu Fuß gehen /L9
步骤	bùzhòu	Schritt, Prozeß /L11
部(门)	bù (mén)	Abteilung /L1
财产	cáichǎn	Eigentum, Vermögen /L5,31
财政	cáizhèng	Finanzwesen,Finanz.../L34
材料	cáiliào	Material, Dokument /L6
采访	cǎifǎng	Material sammeln /L22
采取	cǎiqǔ	ergreifen /L27
采用	cǎiyòng	verwenden, anwenden /L14
菜单	càidān	Speisekarte /L2
菜市场	càishìchǎng	Gemüsemarkt /L4
参观	cāngguān	besichtigen, besuchen /L4
参阅	cānyuè	siehe /L7
餐厅	cāntīng	Speisehalle, Restaurant /L2
残损	cánsǔn	mangelhaft /L18
仓促	cāngcù	eilig; übereilt /L20
测定	cèdìng	durch Vermessung feststellen /L20
测算	cèsuàn	schätzen, berechnen /L29
测重	cèzhòng	Gewicht feststellen /L20
差距	chājù	Unterschied, Abstand /L27

查收	cháshōu	prüfen u. in Empfang nehmen /L17
查验	cháyàn	kontrollieren, überprüfen /L17
拆	chāi	aufmachen, entsiegeln /L7
产量	chǎnliàng	Produktionsmenge /L31
产品	chǎnpǐn	Produkt /L21
产生	chǎnshēng	produzieren, hervorbringen /L20
阐述	chǎnshù	erläutern, darlegen /L22
长城	Chángchéng	Große Mauer /L3 z
长期	chángqī	langfristig /L12
长足	chángzú	rasch (Entwicklung) /L22
常识	chángshí	Elementarkenntnisse /L23
厂家	chǎngjiā	Firma, Fabrik /L15
超出	chāochū	überschreiten /L29
超额	chāo'é	über dem Soll .../L34
超过	chāoguò	übertreffen /L18,22
超级强国	chāojí qiángguó	Supermacht /L35
超级市场	chāojíshìchǎng	Supermarkt /L4
朝...方向	cháo..fāngxiàng	in Richtung auf ..../L27
车流量	chēliúliàng	Kraftfahrzeugsaufkommen /L29
车型	chēxíng	Autotype /L31
彻底	chèdǐ	gänzlich /L33
撤回	chèhuí	zurückziehen /L13
撤销	chèxiāo	widerrufen, abschaffen /L14
衬垫	chèndiàn	Unterlage; Futter /L19
衬衫	chènshān	Hemd /L4
称	chēng	nennen
成本	chéngběn	Kosten /L12
成功	chénggōng	Erfolg /L3,25
成果	chéngguǒ	Erfolg, Leistung /L3
成绩	chéngjī	Errungenschaft, Leistung /L21
成交	chéngjiāo	einen Handel abschließen /L13
成立	chénglì	1. errichten /L25; 2. haltbar /L20
成效	chéngxiào	Wirkung, Erfolg /L35
成员	chéngyuán	Mitglied /L1,24
呈现	chéngxiàn	sich zeigen /L30
承保	chéngbǎo	Versicherung abschließen /L16

承担	chéngdān	übernehmen, tragen /L14
承兑	chéngduì	einlösen, akzeptieren /L14
承诺	chéngnuò	versprechen /L33
承认	chéngrèn	zugeben; anerkennen /L20
承运人	chéngyùnrén	Spediteur /L18
橙汁	chéngzhī	Orangensaft /L2 z
乘车	chèngchē	mit dem Bus fahren /L9
吃惊	chījīng	erstaunt; erschrecken /L20
吃水	chīshǔi	Tiefgang /L20
持续	chíxù	andauern /L29
充分	chōngfèn	voll, im vollen Ausmaß /L13
冲击	chōngjī	angreifen, Angriff /L31
重复	chóngfù	wiederholen /L22
抽样	chōuyàng	Stichprobe /L20
筹划	chóuhuà	planen und vorbereiten /L29
筹集	chóují	Geld beschaffen /L26
出口	chūkǒu	Export, exportieren /L11
出入境	chūrùjìng	Aus- und Einreise /L6
出色	chūsè	ausgezeichnet /L10
出售	chūshòu	zum Verkauf anbieten /L12,31
出现	chūxiàn	erscheinen /L18,31
出租车	chūzūchē	Taxi /L9,31
除了..以外	chúle...yǐwài	außer... /L23
储备	chǔbèi	Reserve, aufbewahren /L14
储户	chǔhù	Einleger, Einzahler /L8
储蓄	chǔxù	sparen, einlegen /L8
储蓄存款	chúxù cúnkuǎn	Sparguthaben /L34
处理	chǔlǐ	behandeln, maßregeln /L18,33
处于	chǔyú	sich befinden in /L21
触角	chùjiǎo	Fühler /L26
传	chuán	weiterleiten /L31
传票	chuánpiào	Rechnungsbeleg /L8
传真	chuánzhēn	Fax /L7
船体	chuántǐ	Schiffsrumpf /L20
创建	chuàngjiàn	gründen,errichten /L5,25
从而	cóng'ér	dadurch, infolgedessen /L35

促进	cùjìn	fördern, vorantreiben /L15,29
催	cūi	Mahnung, mahnen /L11
存款	cúnkuǎn	Guthaben, Einlagen /L34
存款折	cúnkuǎnzhé	Sparbuch /L8
存在	cúnzài	existieren /L21
磋商	cuōshāng	sich beraten /L11,35
错交	cuòjiāo	falsche Lieferung /L20
措施	cuòshī	Maßnahme /L16,25
达成	dáchéng	erzielen, erreichen /L13
达成一致	dáchéng yízhì	Übereinstimmung erzielen /L35
达到	dádào	erreichen /L24
答复	dáfù	Antwort /L13
答谢	dáxiè	sich erkenntlich zeigen /L3
打击	dǎjī	bekämpfen /L31
打开	dǎkāi	öffnen; entfalten /L20
打扰	dǎrǎo	stören; belästigen /L19
打算	dǎsuàn	planen, vorhaben /L5
大局	dàjú	allgemeine Lage /L35
大批	dàpī	große Anzahl /L26
大使馆	dàshǐguǎn	Botschaft /L12
大蒜	dàsuàn	Knoblauch /L20
大厅	dàtīng	Halle
大型	dàxíng	Groß.. /L26
大洋洲	Dàyángzhōu	Ozeanien /L30
大宗	dàzōng	große Menge /L15
代	dài	an js Stelle treten, ersetzen /L3
代办	dàibàn	für jn etwas machen /L7
代表	dàibiǎo	Vertreter; im Namen /L1
代表处	dàibiǎochù	Vertretungsbüro /L26
代表团	dàibiǎotuán	Delegation /L1
代理	dàilǐ	jn vertreten /L35
待客	dàikè	mit Kunden umgehen /L33
贷款	dàikuǎn	Kredit /L28
单	dān	Formular, Liste /L7
单价	dānjià	Einzelpreis /L17
单据	dānjù	Dokumente, Beleg /L14

单人房间	dānrén fángjiān	Einzelzimmer /L2 z
单位	dānwèi	(Organisations-)Einheit /L7
单证	dānzhèng	Dokumente, Rechnungen /L17
淡季	dànjì	Nebensaison /L30
当事人	dāngshìrén	der Betreffende /L14,33
当务之急	dāng wù zhī jí	eine dringliche Aufgabe /L32
档次	dàngcì	Güteklasse /L30
导向	dǎoxiàng	Leitlinie /L22
到...为止	dào..wéizhǐ	bis ... /L26
到岸价格	dàoàn jiàgé	cif /L12
到底	dàodǐ	eigentlich; doch /L20
盗贼	dàozéi	Dieb /L15
得不偿失	dé bù cháng shī	mehr verlieren als gewinnen L35
得到	dédào	erreichen /L27
得手	déshǒu	gelungen, gut geglückt /L15
得意	déyì	zufrieden, stolz /L33
德国马克	Déguó mǎkè	Deutsche Mark /L8
登记	dēngjì	registrieren /L6
登记表	dēngjìbiǎo	Formular /L2
等	děng	usw. /L4
等式	děngshì	identische Gleichung /L33
低头	dītóu	nachgeben /L35
抵达	dǐdá	ankommen, eintreffen /L6,17
地带	dìdài	Gegend /L29
地点	dìdiǎn	Ort /L4 z
地区	dìqū	Region, Gebiet, Zone /L7
地铁	dìtiě	U-Bahn /L9
地震	dìzhèn	Erdbeben /L16
电冰箱	diànbīngxiāng	Kühlschrank /L4 z
电车	diànchē	Obus /L9
电力工业	diànlìgōngyè	Elektrizitätswirtschaft /L5
电器	diànqì	Elektrogeräte /L4
电扇	diànshàn	Ventilator /L11,33
电视机	diànshìjī	Fernsehapparat /L4 z
电梯	diàntī	Fahrstuhl, Lift /L2
电子邮件	diànzǐyóujiàn	E-Mail /L7

调查	diàochá	untersuchen /L11,26
迭	dié	abwechselnd /L33
订舱	dìngcāng	Laderaum bestellen /L11
订单	dìngdān	Bestellbuch /L31
订购	dìnggòu	bestellen /L12
订货	dìnghuò	Waren bestellen /L24
订票	dìngpiào	ein Ticket buchen /L9
定货	dìnghuò	bestellen, Bestellung /L14
定期	dìngqī	periodisch, befristet /L8,25
丢失	diūshī	verlieren /L33
董事	dǒngshì	Vorstandmitglied /L5
董事会	dǒngshìhuì	Aufsichtsrat, Vorstand /L5, 24
动植物	dòngzhíwù	Tiere und Pflanzen /L17
逗留	dòuliú	bleiben, sich aufhalten /L2
独具风味	dújù fēngwèi	einzigartiger Geschmack /L25
度	dù	Grad /L21
短重	duǎnzhòng	Fehlgewicht /L20
断	duàn	unterbrechen /L33
对策	dùicè	Gegenmaßnahmen /L31
对儿	duìr	(ein) Paar /L4
对外	duìwài	auswärtig, außen /L6
对外开放	duìwài kāifàng	Öffnung nach Außen /L21
对象	duìxiàng	Objekt, Ziel /L11
兑换	duìhuàn	umwechseln /L8
敦请	dūnqǐng	jn.mahnen /L18
多元	duōyuán	multi-, viel- /L25
俄罗斯	Éluósī	Rußland /L11,30
额	é	Zahl, Quote /L21
恶劣气候	èliè qìhòu	schlechtes Wetter /L16
遏制	èzhì	in Grenzen halten,eindämmen /L27
发表	fābiǎo	herausgeben, veröffentlichen /L24
发车	fāchē	abfahren /L9
发达	fādá	entwickeln /L27
发挥	fāhuī	zur Geltung bringen /L34
发霉	fāméi	schimmeln /L16
发盘	fāpán	Preisangebot /L13

发票	fāpiào	Rechnung /L7,33
发行	fāxíng	in Umlauf bringen /L34
发言人	fāyánrén	Sprecher /L11,24
发展	fāzhǎn	entwickeln /L11
法定	fǎdìng	gesetzlich /L6
法规	fǎguī	gesetzliche Bestimmung /L5
法国法郎	Fǎguó fǎláng	Französischer Franc /L8
法兰克福	Fǎlánkèfú	Frankfurt /L1,24
法律	fǎlǜ	Gesetz; Recht /L19
法人	fǎrén	juristische Person /L6
番	fān	(Zählwort) /L24
翻	fān	vervielfachen /L24
凡是	fánshì	alle, jeder /L18,23
繁忙	fánmáng	arbeitsreich, rastlos /L29
繁荣	fánróng	gedeihend, blühend /L34
反复	fǎnfù	wiederholt /L33
反映	fǎnyìng	widerspiegeln /L21
饭馆	fànguǎn	Restaurant, Gaststätte /L2
范围	fànwéi	Bereich, Rahmen /L16,26
方面	fāngmiàn	Hinsicht, Aspekt /L13 z
方式	fāngshì	Weise, Art /L5
防潮	fángcháo	feuchtigkeitsbeständig /L15
防水	fángshuǐ	wasserdicht /L15
房产	fángchǎn	Hausbesitz /L6
房地产	fángdìchǎn	Immobilien /L22
访问	fǎngwèn	besuchen; Besuch /L1 z
纺织	fǎngzhī	Textilien /L11
纺织工业	fǎngzhī gōngyè	Textilindustrie /L11 z,22
放心	fàngxīn	sich keine Sorge machen /L15
放行	fàngxíng	durchlassen /L17
放映	fàngyìng	vorführen (Film) /L29
非但...反而	fēidàn...fǎn'ér	nicht nur ...sondern /L35
非官方	fēiguānfāng	inoffiziell /L31
飞机	fēijī	Flugzeug /L9
飞速	fēisù	mit großer Geschwindigkeit /L32
斐然	fěirán	glanzvoll /L34

费用	fèiyòng	Kosten /L14
分别	fēnbié	Anteil /L31
分布	fēnbù	verstreut-, verteilt sein /L25
分担	fēndān	Verantwortung teilen/L5
分店	fēndiàn	Filiale /L25
纷纷	fēnfēn	einer nach dem anderen /L21
分割	fēngé	abtrennen, spalten /L21
分行	fēnháng	Filiale /L34
分离	fēnlí	abtrennen, abspalten /L34
分配	fēnpèi	Verteilung /L5
分歧	fēnqí	Differenzen /L35
分支机构	fēnzhī jīgòu	Zweigstelle /L28
芬达	fēndá	Fanta /L2 z
粉	fěn	rosa /L4
奋斗	fèndòu	kämpfen, nach etw streben /L27
份额	fèn'é	Anteil /L24
丰富	fēngfù	reichlich /L26
风土人情	fēngtǔ rénqíng	lokale Sitten und Gebräuche /L9
风险	fēngxiǎn	Risiko /L5,22
封口	fēngkǒu	zukleben /L15
扶	fú	Hilfe leisten, unterstützen /L28
幅	fú	(Zählwort) /L4 z
服务台	fúwùtái	Rezeption /L2
服务业	fúwùyè	Dienstleistungsgewerbe /L5,22
服务员	fúwùyuán	Kellner, Bedienungspersonal /L2
服装	fúzhuāng	Kleidung /L4,11
服装工业	fúzhuāng gōngyè	Bekleidungsindustrie /L32
符合	fúhé	entsprechen /L17,35
付汇	fùhuì	Geld bezahlen /L11
付款条件	fùkuǎn tiáojiàn	Zahlungsbedingung /L14
付款通知	fùkuǎn tōngzhī	Zahlungsanzeige /L17
负	fù	übernehmen /L33
负担	fùdān	übernehmen, tragen /L16
负责	fùzé	verantwortlich sein /L12,28
负责人	fùzérén	der/die Verantwortliche /L31
附件	fùjiàn	Anlage, Beilage /L12

复核	fùhé	Nachprüfung /L8
复验	fùyàn	nochmals prüfen /L18
复杂	fùzá	kompliziert /L5,35
副本	fùběn	Abschrift, Kopie /L15
副部长	fùbùzhǎng	stellvertr. Minister /L35
副总裁	fùzǒngcái	stellvertr. Generaldirektor /L25
副总经理	fùzǒngjīnglǐ	stellvertr. Direktor /L1
富于	fùyú	reich an ... /L25
该	gāi	der, die (oben) erwähnte /L28
改	gǎi	korrigieren /L19
改进	gǎijìn	verbessern /L15
改善	gǎishàn	verbessern /L22
改造	gǎizào	umgestalten /L22
干杯	gānbēi	prosten; austrinken /L3
感兴趣	gǎn xìngqù	sich interessieren /L12
感激	gǎnji	Dankbarkeit /L33
感慨	gǎnkǎi	seufzen /L21
感受	gǎnshòu	spüren, empfinden /L33
感谢	gǎnxiè	Dank; sich bedanken /L3
赶上	gǎnshàng	einholen /L27
钢材	gāngcái	Stahlprodukte /L11
港	gǎng	Hafen /L12
港币	gǎngbì	Hongkong Dollar /L8
高档	gāodàng	erstklassig /L22
高级	gāojí	hochrangig /L5
告	gào	bekanntmachen /L35
告别	gàobié	sich verabschieden /L10
告辞	gàocí	Abschieden nehmen /L2
格局	géjú	Struktur, Aufbau /L21
各位	gèwèi	jeder; alle /L1
根本利益	gēnběn lìyì	grundsätzliche Interessen /L35
根除	gēnchú	mit der Wurzel ausrotten /L31
更换	gēnghuàn	ersetzen; wechseln /L20
工程	gōngchéng	Bauprojekt /L26
工商	gōngshāng	Industrie und Handel /L6
工业	gōngyè	Industrie /L3 z

工艺品	gōngyìpǐn	kunstgewerbliche Produkte /L4
工资	gōngzī	Lohn, Gehalt /L5,29
工作	gōngzuò	Arbeit /L1
公安局	gōng'ānjú	Amt für öffentliche Sicherheit /L6
公布	gōngbù	veröffentlichen /L35
公共	gōnggòng	öffentlich /L9 z
公共汽车	gōnggòng qìchē	öffentlicher Bus /L9
公积金	gōngjījīn	Rücklagen /L34
公认	gōngrèn	allgemein anerkannt /L13
公司	gōngsī	Firma; Unternehmen /L1
公务	gōngwù	öffentlicher Dienst /L31
公证	gōngzhèng	notarielle Beglaubigung /L18
供货商	gònghuòshāng	Lieferant /L13
巩固	gǒnggù	festigen, konsolidieren /L34
共同	gòngtóng	zusammen /L3
贡献	gòngxiàn	Verdienste /L10,34
构成	gòuchéng	bilden, formen /L21
购买	gòumǎi	kaufen /L12,31
购物	gòuwù	Warenverkauf /L33
购物中心	gòuwùzhōngxīn	Einkaufszentrum /L4
估计	gūjì	annehmen, einschätzen /L23
估算	gūsuàn	einschätzen /L26
谷物	gǔwù	Getreide /L11
股份有限公司	gǔfèn yǒuxiàn gōngsī	Ges mbH /L24
骨干	gǔgàn	Stütze /L26
鼓励	gǔlì	fördern, ermuntern /L5
固定	gùdìng	festlegen /L19
固定资产	gùdìng zīchǎn	Anlagevermögen /L26
顾客	gùkè	Kunde /L4,25
雇员	gùyuán	Arbeitnehmer /L5
挂号	guàhào	Einschreiben /L7
关闭	guānbì	schließen /L35
关键	guānjiàn	Angelpunkt /L5
关境	guānjìng	Zoll- und Landesgrenze /L17
关系人	guānxìrén	die betroffenen Personen /L18
观点	guāndiǎn	Standpunkt, Auffassung /L27

官员	guānyuán	Beamter /L26
管理人员	guǎnlǐ rényuán	Management /L5
灌瓶厂	guànpíngchǎng	Abfüllanlage /L25
光临	guānglín	Ihr geschätzter Besuch /L3
光盘	guāngpán	CD (Compact Disc) /L35
广度	guǎngdù	Umfang /L26
广泛	guǎngfàn	umfassend /L23
广告	guǎnggào	Werbung /L25
广阔	guǎngkuò	weit, ausgedehnt /L23
广州	Guǎngzhōu	Guangzhou (*Ortsname*) /L1 z
归属	gūishǔ	Zugehörigkeit /L5
规定	gūidìng	Bestimmung, Vorschrift /L5,29
规范	gūifàn	Standard, Norm /L25
规格	gūigé	Standard, Norm /L12
规模	gūimó	Ausmaß /L27
柜台	gùitái	Verkaufspult /L33
柜员	gùiyuán	Kassier /L8
国别	guóbié	Staat /L17 z
国际	guójì	international /L5
国际互联网	guójì hùliánwǎng	Internet /L7
国际开发协会	Guójì kāifā xiéhùi	IDA /L28
国民生产总值	Guómín shēngchǎn zǒngzhí	Bruttonationalprodukt /L21
国务院	Guówùyuàn	Staatsrat /L22
果盘	guǒpán	Obst-Nachtisch /L2
过程	guòchéng	Verlauf, Prozeß /L21
过目	guòmù	durchsehen /L20
海关	hǎiguān	Zollamt /L7
海关总署	hǎiguān zǒngshǔ	Oberste Zollbehörde /L31
海啸	hǎixiào	Flutwelle /L16
海运	hǎiyùn	Seetransport /L7
韩国	Hánguó	Südkorea /L11,30
函件	hánjiàn	Briefe /L7
含量	hánliàng	Gehalt,Inhalt /L23
含义	hányì	Bedeutung /L5
汉堡	Hànbǎo	Hamburg /L1
汉诺威	Hànnuòwēi	Hannover /L12

航班	hángbān	Flugnummer /L9
航海	hánghǎi	Seeschiffahrt /L16
航(空)	hángkōng	Luftfahrt /L9
航空信	hángkōngxìn	Luftpostbrief /L7
行业	hángyè	Gewerbe, Branche /L5,21
好	hǎo	(Verbkomplement) /L31
好象...一样	hǎoxiàng ..yíyàng	so...wie /L23
合并	hébìng	zusammenlegen (z.B. Firma) /L25
合成纤维	héchéngxiānwéi	synthetische Faser /L11
合格	hégé	der Norm entsprechend /L20
合理	hélǐ	vernünftig/L13 z,27
合算	hésùn	lohnend /L15
合同	hétóng	Vertrag /L6
合资经营	hézī jīngyíng	Joint-Venture /L5
合作	hézuò	Zusammenarbeit /L1
和睦	hémù	Eintracht /L29
核准	hézhǔn	etw. nach Prüfung genehmigen /L6
宏观调控	hóngguān tiáokòng	Makro-Steuerung /L27
红葡萄酒	hóngpútáojiǔ	Rotwein /L2 z
红烧鱼	hóngshāoyú	in Sojasoße gekochter Fisch /L2
洪水	hóngshuǐ	Hochwasser /L16
后顾之忧	hòugù zhī yōu	sich Sorgen machen /L33
后果	hòuguǒ	Folgen; Auswirkungen /L18
后者	hòuzhě	der letztere /L13
候机室	hòujīshì	Flughafenwartehalle /L10
互补	hùbǔ	sich gegenseitig v Nutzen sein /L23
户籍	hùjí	ständiger Wohnsitz /L6
户名	hùmíng	Name des Kontoinhabers /L8
户主	hùzhǔ	Hausherr /L6
护照	hùzhào	Paß /L2
花店	huādiàn	Blumengeschäft /L4
花瓶	huāpíng	Vase /L4
花色的	huāsède	bunt, färbig /L4
划算	huásuàn	sich bezahlt machen /L33
化肥	huàféi	chem. Düngemittel /L11
化工	huàgōng	chemische Industrie /L23

化学	huàxué	Chemie /L5
化妆品	huàzhuāngpǐn	kosmetische Artikel /L21
怀疑	huáiyí	zweifeln /L20
欢迎	huānyíng	Begrüßung; begrüßen /L1
还价	huánjià	um den Preis handeln /L13
还盘	huánpán	um den Preis handeln /L13
环节	huánjié	Kettenglied /L11,33
环境	huánjìng	Umgebung, Verhältnisse /L21
换货	huànhuò	Warenaustausch /L20
灰色市场	huīsè shìchǎng	Schwarzmarkt /L31
恢复	huīfù	wiederaufnehmen /L35
回国	huíguó	in die Heimat zurückkommen /L4
回话	huíhuà	Antwort /L1
汇给	huìgěi	überweisen /L14
汇率	huìlǜ	Wechselkurs /L8
汇票	huìpiào	Wechsel, Tratte /L14
会议	huìyì	Konferenz /L32
会议室	huìyìshì	Konferenzraum /L7
活期	huóqī	unbefristet /L8
火车	huǒchē	Zug /L9
伙伴	huǒbàn	Partner /L11
货币	huòbì	Währung /L8
货号	huòhào	Produkt-Nummer /L14
货款	huòkuǎn	Kaufgeld /L14
货物	huòwù	Waren, Güter /L7
货样	huòyàng	Warenprobe, Warenmuster /L7
货运单据	huòyùn dānjù	Frachtbrief, Frachtschein /L14
获得	huòdé	erlangen /L29
机场	jīchǎng	Flughafen /L1
机床	jīchuáng	Werkzeugmaschine/L11
机构	jīgòu	Institution, Organisation /L18,26
机械	jīxiè	Maschinen /L26
机械工业	jīxiègōngyè	Maschinenbauindustrie /L5
机械工业部	jīxiè gōngyèbù	Ministerium f Maschinenbau /L31
机械制造	jīxiè zhìzào	Maschinenbau /L5
基本上	jīběn shàng	im großen u ganzen /L30

基础设施	jīchǔ shèshī	Infrastruktur /L22
稽查	jīchá	nachprüfen /L17
几乎	jīhū	beinahe /L26
激烈	jīliè	heftig, erbittert /L21
即将	jíjiāng	bald /L10
集团	jítuán	(Firmen)Gruppe /L21
急需	jíxū	etw dringend brauchen /L12
集约化	jíyuēhuà	Intensivierung /L32
集中	jízhōng	konzentrieren /L28
集装箱	jízhuāngxiāng	Container /L15
既...又	jì...yòu	sowohl...als auch /L21
既...也	jì .. yě	sowohl...als auch /L27
计划	jìhuà	planen,Plan /L1 z,24
计算	jìsuàn	kalkulieren /L13
计算机	jìsuànjī	Computer /L4
记录	jìlù	Protokoll /L19
记者	jìzhě	Journalist /L11
纪念品	jìniànpǐn	Souvenir /L4
技术	jìshù	Technik /L5
继...之后	jì...zhīhòu	unmittelbar nach ... /L34
继续	jìxù	fortsetzen, weiterführen /L10
佳	jiā	ausgezeichnet, gut /L34
加	jiā	addieren, steigern /L12,22
加大	jiādà	vergrößern /L25
加工工业	jiāgōng gōngyè	weiterverarbeitende Industrie /L26
加固	jiāgù	festigen /L15
加快步伐	jiākuài bùfá	die Gangart beschleunigen /L34
加强	jiāqiáng	verstärken, verbessern /L27
加深	jiāshēn	vertiefen /L22
加以	jiāyǐ	L35
家用	jiāyòng	Privatgebrauch /L11
家喻户晓	jiāyù hùxiǎo	allbekannt /L25
假冒	jiǎmào	Fälschung /L31
价目表	jiàmùbiǎo	Preisliste /L12
价值	jiàzhí	Wert /L7
坚持	jiānchí	an etw festhalten /L34

监督	jiāndū	überwachen /L8
减价	jiǎnjià	den Preis senken /L20
检验	jiǎnyàn	prüfen, testen /L11
检疫	jiǎnyi	Quarantäne /L17
简称	jiǎnchēng	Abkürzung /L5
见到	jiàndào	treffen; sehen /L1
见解	jiànjiě	Meinung, Auffassung /L21
见面	jiànmiàn	jn treffen /L1 z
建设	jiànshè	aufbauen, Aufbau /L8,26
建议	jiànyì	Vorschlag, Anregung /L5,21
建筑材料	jiànzhù cáiliào	Baumaterial /L5
健康	jiànkāng	Gesundheit /L3 z
鉴定	jiàndìng	Gutachten, prüfen, /L17
鉴于	jiànyú	in Anbetracht /L35
降低	jiàngdī	reduzieren, senken /L13
降价	jiàngjià	den Preis senken /L33
交	jiāo	zahlen, übergeben /L4
交货期	jiāohuòqī	Lieferfrist /L11
交纳	jiāonà	zahlen, bezahlen /L16
交通	jiāotōng	Verkehr /L8
交通工具	jiāotōng gōngjù	Verkehrsmittel /L9 z
交通警	jiāotōngjǐng	Verkehrspolizei /L9
交通运输	jiāotōng yùnshū	Transport /L22
交易	jiāoyì	Geschäft, Handel /L8,12
交织	jiāozhī	mit etw verflochten sein /L21
胶带	jiāodài	Klebstreifen /L15
胶卷	jiāojuǎn	Film /L4 z
轿车	jiàochē	Kraftwagen /L5,31
较量	jiàoliàng	Kraftprobe /L21
接	jiē	abholen /L1
接待	jiēdài	(Besuch) empfangen /L30
接近	jiējìn	sich annähern /L30
接受	jiēshòu	annehmen /L11,20
接下来	jiēxiàlái	anschließend /L5
结构	jiégòu	Struktur /L27
结果	jiéguǒ	Ergebnis; Folge /L3

结合体	jiéhétǐ	Kombination, Verbindung /L32
结汇	jiéhuì	Devisenabrechnung/L11
结束	jiéshù	beenden /L23
结算	jiésuàn	das Konto ausgleichen / L34
结帐	jiézhàng	eine Rechnung bezahlen /L2
截止	jiézhǐ	bis .../L34
截至	jiézhì	bis .. /L28
解除	jiěchú	lösen, aufheben /L33
解释	jiěshì	erklären /L13 z
借...机会	jiè...jīhuì	die Gelegenheit...benutzen /L3
金额	jīn'é	Geldsumme, Geldbetrag /L8
金刚石	jīngāngshí	Diamant /L7
金融	jīnróng	Finanz, Bankwesen /L22
金属	jīnshǔ	Metall /L15
紧锣密鼓	jǐnluó mìgǔ	L29
紧密	jǐnmì	eng (z.B.Beziehungen) /L21
尽管	jǐnguǎn	1. nur, freilich 2. obwohl /L10
尽快	jǐnkuaì	möglichst schnell /L1,12
尽	jìn	voll,ganz /L27
尽力	jìnlì	sein Bestes tun /L18
近年来	jìnniánlái	in den letzten Jahren /L20
进步	jìnbù	Fortschritt, fortschreiten /L29
进出口	jìnchūkǒu	Import und Export /L11
进军	jìnjūn	im Vormarsch sein /L32
进口	jìnkǒu	Import, importieren /L11
进行	jìnxíng	durchführen /L21
进一步	jìnyíbù	um einen Schritt weiter /L24
进展	jìnzhǎn	Fortschritt, sich entwickeln /L21
禁止	jìnzhǐ	verbieten, Verbot /L5
经办	jīngbàn	Bearbeiter /L8
经过	jīngguò	durch etw gehen,durch /L23
经济	jīngjì	Wirtschaft /L3 z
经销策略	jīngxiāo cèlüè	Verkaufsstrategie/L25
经营	jīngyíng	(Geschäfte) führen /L5,25
惊人	jīngrén	erstaunlich /L25
精确	jīngquè	scharf, genau /L13

景泰蓝	jǐngtàilán	Cloisonné /L4
敬	jìng	etw. höflich anbieten /L3
境内	jìngnèi	innerhalb der Grenzen /L5
竞争	jìngzhēng	Konkurrenz /L21
竞争力	jìngzhēnglì	Konkurrenzfähigkeit /L12,32
净重	jìngzhòng	Nettogewicht /L17
纠纷	jiūfēn	Problem, Streit /L18,35
就	jiù	(Präposition) /L23
就业岗位	jiùyè gǎngwèi	Arbeitsplatz /L29
居...之首	jū...zhīshǒu	an erster Stelle stehen /L 26
局	jú	Amt Behörde /L35
局面	júmiàn	Zustand, Lage, Situation /L21
举办	jǔbàn	veranstalten /L5
举杯	júbēi	das Glas erheben /L3
举措	jǔcuò	Vorgangsweise, Handlung /L31
举行	jǔxíng	abhalten, veranstalten /L35
举足轻重	jǔ zú qīng zhòng	von großer Wichtigkeit sein /L26
巨	jù	riesig, groß /L33
巨大	jùdà	gewaltig /L22
具备	jùbèi	besitzen,haben /L32
具体	jùtǐ	konkret, genau /L13
具有	jùyǒu	besitzen, haben /L26
锯片	jùpiàn	Sägeblatt /L7
捐款	juānkuǎn	(einen Geldbetrag) stiften /L28
卷	juǎn	(Zählwort) /L4 z
决定	juédìng	bestimmen /L5
均	jūn	alle, ganz /L5
卡	kǎ	Karte /L6
开端	kāiduān	Start, Anfang /L22
开发	kāifā	erschließen /L22
开阔	kāikuò	erweitern /L21
开辟	kāipì	eröffnen /L29
开始	kāishǐ	beginnen /L3 z
开头	kāitóu	Anfang; Beginn /L19 z
开业	kāiyè	m Geschäftstätigkeit beginnen /L21
开展	kāizhǎn	entfalten, entwickeln /L22

开支	kāizhī	Ausgaben, Kosten /L29
勘探	kāntàn	schürfen /L22
考虑	kǎolǜ	überlegen, erwägen /L12
靠	kào	auf etw angewiesen sein /L7
科	kē	Abteilung /L6
科尔总理	Kē'ěr zǒnglǐ	Bundeskanzler Kohl /L23
可撤销	kěchèxiāo	widerruflich /L14
可靠性	kěkàoxìng	Zuverlässigkeit /L20
可望	kěwàng	in naher Zukunft /L22
可喜	kéxǐ	erfreulich /L32
可行	kěxíng	durchführbar /L23
课税	kèshuì	besteuern, Besteuerung /L7
肯定	kěndìng	sicher, zweifellos /L13
空白	kòngbái	leerer Raum /L26
空调	kōngtiáo	Klimaanlage /L2 z
空运	kōngyùn	Transport m dem Flugzeug /L15
恐怕	kǒngpà	ich fürchte, daß.; vielleicht /L14
控股	kònggǔ	Mehrheitsanteil /L5
控制	kòngzhì	kontrollieren /L21
口岸	kóu'àn	Hafen /L17 z
扣除	kòuchú	abziehen; Abzug /L20
快餐	kuàicān	Fast Food /L25
快餐店	kuàicāndiàn	Schnellimbißstube /L2 z
会计	kuàijì	Buchhaltung /L8
款待	kuǎndài	jn gastlich bewirten /L3
矿泉水	kuàngquánshǔi	Mineralwasser /L2
亏损	kūisūn	Verlust /L5
扩大	kuòdà	ausdehnen, erweitern /L21
扩大	kuòdà	vergrößern /L11
来宾	láibīn	Gast; Besucher /L1
来访	láifǎng	zu Besuch kommen /L3
来临	láilín	(an)kommen /L29
来源	láiyuán	Quelle /L17
劳动	láodòng	Arbeit /L6
劳动力	láodònglì	Arbeitskraft /L32
雷电	léidiàn	Gewitter/L16

累计	lěijì	Gesamt- /L21
类	lèi	Kategorie, Typ /L5
类似	lèisì	ähnlich /L13
类型	lèixíng	Typ, Art /L4 z
冷餐会	lěngcānhuì	Empfang mit kaltem Büfett /L3
冷盘	lěngpán	kalte Vorspeise /L2
离岸价格	lí'àn jiàgé	fob, Free on Board /L12
离开	líkāi	verlassen /L3
礼品	lǐpǐn	Geschenk /L3
理由	lǐyóu	Grund; Ursache /L20
力度	lìdù	Dynamik /L25
立场	lìchǎng	Standpunkt /L22
立即	lìjí	sofort /L33
利大于弊	lì dàyú bì	Nutzen ist größer als Schaden/L29
利率	lìlǜ	Zinssatz /L8
利润	lìrùn	Gewinn /L5,31
利息	lìxī	Zinsen /L8
利益	lìyì	Interesse, Vorteil /L31
利用	lìyòng	benutzen /L26
联合	liánhé	gemeinsam /L15
联系	liánxì	1) Kontakt 2) verbinden /L7,21
连锁商店	liánsuǒ shāngdiàn	Kettenladen /L25
连同	liántóng	zusammen mit; und /L18
廉价	liánjià	billig /L26
良好	liánghǎo	gut; vorzüglich /L18
了解	liáojiě	etw. genau wissen /L4
列(为...)	liè (wéi...)	einstufen /L29
列举	lièjǔ	anführen /L5 z
临时	línshí	vorläufig, befristet /L6
淋浴	línyù	Dusche /L2 z
零部件	língbùjiàn	Ersatz-, Bauteil /L5
零配件	língpèijiàn	Ersatzteile /L31
零售	língshòu	Einzelhandel /L26
零售商	língshòushāng	Einzelhändler /L15
领导	lǐngdǎo	führend /L25
领先	lǐngxiān	in Führung liegen /L24

领域	lǐngyù	Gebiet, Bereich /L26
令	lìng	veranlassen /L35
另	lìng	anderer /L13
流传	liúchuán	in Umlauf sein /L33
陆地	lùdì	Festland /L22
陆运	lùyùn	Transport zu Lande /L15
录像带	lùxiàngdài	Videokassette /L4 z
录像机	lùxiàngjī	Videorecorder /L4 z
录音带	lùyīndài	Audiokassette, Tonband /L4 z
录音机	lùyīnjī	Tonbandgerät /L4 z
路线	lùxiàn	Linie /L29
旅馆	lǚguǎn	Hotel /L26
旅行社	lǚxíngshè	Reisebüro /L29
旅游	lǚyóu	reisen /L29
旅游业	lǚyóuyè	Fremdenverkehr /L22
履行	lǚxíng	aus- durchführen /L11
落后	luòhòu	rückständig /L27
麻烦	máfàn	umständlich; stören /L1
麻婆豆腐	mápó dòufù	Mapo Tofu (Speise) /L2
马克	Mǎkè	(Deutsche) Mark /L24
马力	mǎlì	Pferdestärke /L25
码头	mǎtou	Anlegeplatz /L26
唛头	màtóu	Versandmarkierung /L15
买卖	mǎimài	Kauf und Verkauf /L12
买主	mǎizhǔ	Kunde, Käufer /L13
迈	mài	Schritte nach vorne machen /L29
迈进	màijìn	entgegengehen /L30
满意	mǎnyì	zufrieden sein /L13
满足	mǎnzú	zufriedenstellen /L22
毛重	máozhòng	Bruttogewicht /L7
矛盾	máodùn	Widerspruch /L35
茅台酒	máotáijiǔ	Maotai Schnaps /L2 z
贸易	màoyì	Handel /L1
贸易代表团	màoyì dàibiǎotuán	Handelsdelegation /L1
贸易额	màoyì'é	Handelsvolumen /L24
贸易公司	màoyì gōngsī	Handelsfirma /L3 z

贸易战	màoyìzhàn	Handelskrieg /L35
煤	méi	Kohle /L11
煤炭工业	méitàn gōngyè	Kohlenindustrie /L11 z
美观	měiguān	schön, formvollendet /L15
美元	měiyuán	US Dollar /L8
魅力	mèilì	Zauber, attraktiv /L33
门类	ménlèi	Sparte, Art /L26
密集	mìjí	hochkonzentriert, dicht /L26
密码	mìmǎ	Geheimcode /L8
棉布	miánbù	Baumwollstoff /L11
面对	miàndùi	gegenüberstehen /L33
面临	miànlín	angesichts /L29
面向	miànxiàng	sich etw zuwenden /L31
瞄准	miáozhǔn	anvisieren /L25
名单	míngdān	Namenliste /L6
名额	míng'é	Zahl, Quote /L5
名列前茅	míngliè qiánmáo	zu den Ersten gehören /L32
名牌	míngpái	bekannte Firmenmarke /L32
名言	míngyán	bekannter Ausspruch /L33
明白	míngbái	klar, verstehen /L6 z
明信片	míngxìnpiàn	Ansichtskarte /L7
模拟	mónǐ	nachahmen, imitieren /L7 z
某	mǒu	gewiß, bestimmt /L2 z
目的	mùdì	Ziel /L12
目光	mùguāng	Blick /L26
目录	mùlù	Liste, Verzeichnis /L12
慕尼黑	Mùníhēi	München /L1 z,23
木箱	mùxiāng	Holzkiste /L15
内容	nèiróng	Inhalt /L7
南翼	nányì	Südflanke /L26
闹	nào	lärmen /L33
能力	nénglì	Fähigkeit /L12
能源	néngyuán	Energie /L23
尼龙	nílóng	Nylon /L15
拟	nǐ	beabsichtigen /L35
农产品	nóngchǎnpǐn	Agrarprodukte /L26

农贸市场	nóngmàoshìchǎng	Bauernmarkt /L4
农业	nóngyè	Landwirtschaft /L8,11 z,26
浓缩液	nóngsuǒyè	Konzentrat /L25
努力	nǔlì	sich anstrengen /L3,20
女主人	nǚzhǔrén	Hausfrau /L33
派	pài	schicken; entsenden /L1
盘	pán	(Zählwort) /L4 z
盼复	pànfù	Hoffnung auf Antwort /L12
赔礼道歉	péilǐ dàoqiàn	sich entschuldigen /L33
培育	péiyù	heranbilden /L32
配备	pèibèi	ausstatten /L25
配合	pèihé	zusammenwirken /L31
盆浴	pényù	Bad /L2 z
批发	pīfā	Großhandel /L26
批量	pīliàng	in großen Mengen /L31
批准	pīzhǔn	genehmigen /L6,21
啤酒	píjiǔ	Bier /L2
偏(高)	piān (gāo)	etwas zu (teuer) /L13
偏差	piānchā	Abweichung; Fehler /L20
贫困	pínkùn	arm, armselig /L28
品名	pǐnmíng	Bezeichnung eines Artikels/L11
品牌	pǐnpái	Marke /L15
品质	pǐnzhì	Warenqualität /L11
聘用	pìnyòng	anstellen /L5
平安	píng'ān	sicher und störungsfrei /L16
平心静气	píngxīn jìngqì	in aller Ruhe /L35
平信	píngxìn	gewöhnlicher Brief /L7
苹果水	pínguǒshuǐ	Apfelsaft /L2 z
评价	píngjià	beurteilen; einschätzen /L3 z
凭条	píngtiáo	schriflicher Beleg /L8
凭证	píngzhèng	Beleg, Bescheinigung /L14
破坏	pòhuài	zerstören /L33
破碎	pòsuì	zerbrochen, kaputt /L16
破损	pòsǔn	beschädigt, kaputt /L15t
普遍现象	pǔbiàn xiànxiàng	allgemeines Phänomen /L27
普及	pǔjí	verbreiten /L22

普通舱	pǔtōngcāng	economic class /L9
期间	qījiān	während /L2
期限	qīxiàn	Frist /L28
奇怪	qíguài	ungewöhnlich /L27
齐全	qíquán	komplett /L26
其他	qítā	andere /L1
其它	qítā	andere /L5
其中	qízhōng	darunter, darin /L11
起草	qǐcǎo	entwerfen; verfassen /L19
起点	qǐdiǎn	Ausgangspunkt /L12
起来	qǐlái	Verbkomplement /L32
启程	qǐchéng	aufbrechen, abfahren /L15
企业	qǐyè	Unternehmen /L5
汽车	qìchē	Kraftfahrzeug, Auto /L5
汽车工业	qìchē gōngyè	Automobilindustrie /L31
契机	qìjī	endscheidender Wendepunkt /L29
契约	qìyuē	Kontrakt, Vertrag /L5
恰好	qiàhǎo	gerade; ausgerechnet /L20
洽谈	qiàtán	Verhandlung; Unterredung /L3
签订	qiāndìng	unterzeichnen /L23
签发	qiānfā	ausstellen /L6 z
签署	qiānshǔ	unterschreiben /L19
签印	qiānyìn	unterschreiben und siegeln /L17
签证	qiānzhèng	Visum /L6
签字	qiānzì	unterschreiben /L7
前景	qiánjǐng	Aussicht,Perspektive /L22
前者	qiánzhě	der erstere /L13
潜力	qiánlì	Potential /L22
潜在	qiánzài	potentiell /L35
歉意	qiànyì	um Entschuldigung bitten /L20
强大	qiángdà	stark, gewaltig /L25
强调	qiángdiào	hervorheben /L21
强劲	qiángjìng	stark /L21
强权	qiángquán	Gewalt /L35
强项	qiángxiàng	Stärke /L23
强制	qiángzhì	zwingen; zwangsweise /L18

抢手货	qiǎngshǒuhuò	Verkaufssschlager /L31
亲戚	qīnqī	Verwandte /L4
青岛	Qīngdǎo	Tsingdao (*Städtename*) /L2
青睐	qīnglài	Gunst, Wohlwollen /L25
轻工业	qīnggōngyè	Leichtindustrie /L5,22
轻微	qīngwēi	leicht; gering /L20
清单	qīngdān	detaillierte Aufstellung /L17,35
情况	qíngkuàng	Umstände /L21
庆祝	qìngzhù	feiern /L3
区	qū	Bezirk /L6
区别	qūbié	Unterschied /L19 z
区域	qūyù	Region, Gebiet /L26
趋势	qūshì	Tendenz /L27
趋向	qūxiàng	Tendenz, tendieren /L29
渠道	qúdào	Weg /L21
取代	qǔdài	an die Stelle von etw treten /L35
取得	qǔdé	erzielen, erringen /L3,22
取决于	qǔjuéyú	von etwas abhängen /L15
取消	qǔxiāo	aufheben, widerrufen /L35
去(掉)	qù(diào)	beseitigen /L35
权	quán	Recht /L18
权利	quánlì	Recht /L16
全部	quánbù	alle /L5
全方位	quánfāngwèi	in allen Richtungen /L21
全套	quántào	komplett /L15
全体	quántǐ	alle /L35
劝说	quànshuō	überreden /L13 z
缺乏	quēfá	mangeln /L23
确认	quèrèn	bestätigen /L14
确认定货	quèrèn dìnghuò	Auftragbestätigung /L14
确实	quèshí	gewiß,sicher /L23
群雄纷争	qúnxióng fēnzhēng	heißumkämpft /L25
让步	ràngbù	nachgeben /L13
热烈	rèliè	herzlich /L3
人均	rénjūn	pro Kopf /L26
人物	rénwù	Person; Persönlichkeit; /L1 z

任何	rènhé	jeder, irgendwelcher /L7,27
任职	rènzhí	Amt bekleiden, Beschäftigung /L6
认可	rènkě	billigen, annehmen /L31
认真	rènzhēn	gewissenhaft /L35
仍	réng	weiterhin /L25
仍然	réngrán	weiterhin /L33
日程	rìchéng	Tagesplan, Programm; /L1 z
日渐	rìjiàn	nach und nach /L25
日益	rìyì	von Tag zu Tag /L21
日元	rìyuán	Japanischer Yuan /L8
容易	róngyì	leicht /L15
如果	rúguǒ	wenn, falls /L2
如期	rúqī	termingerecht /L17
如若	rúruò	falls /L35
如实	rúshí	wahrheitsgetreu /L17
入境	rùjìng	einreisen /L30
入网	rùwǎng	Anmeldung für das Internet/L7
入席	rùxí	einen Platz einnehmen /L3
入学	rùxué	in eine Schule eintreten /L6 z
软件	ruǎnjiàn	Software /L22
软卧	ruǎnwò	Schlafwagen (gepolstert) /L9
三角洲	sānjiǎozhōu	Delta /L26
三资企业	sānzī qǐyè	L 21
散件	sànjiàn	Einzelteile /L31
扇	shàn	Fächer /L4
商标	shāngbiào	Handelsmarke /L25
商店	shāngdiàn	Geschäft, Laden /L4
商定	shāngdìng	vereinbaren /L5,23
商检	shāngjiǎn	Warenprüfung /L11
商品	shāngpǐn	Waren, Handelsgüter /L7
商务	shāngwù	Handel /L31
商务处	shāngwùchù	Handelsabteilung
商业	shāngyè	Handel /L22
商业银行	shāngyè yínháng	Kommerzbank /L34
上交	shàngjiāo	(an eine Behörde) abliefern /L34
上升	shàngshēng	(an)steigen /L27

上旬	shàngxún	die ersten 10 Tage e Monats /L19
尚未	shàngwèi	noch nicht /L16
设备	shèbèi	Anlage, Einrichtungen /L30
设计	shèjì	planen, Projekt /L5,32
设立	shèlì	errichten /L26
设施	shèshī	Einrichtungen /L30
设宴	shèyàn	ein Bankett geben /L1
社会保障	shèhùi bǎozhàng	Sozialversicherung /L28
涉及	shèjí	betreffen /L20,L26
涉足	shèzú	(ein Gebiet) betreten /L26
伸	shēn	ausstrecken /L26
申报	shēnbào	(beim Zoll) deklarieren /L17
申请	shēnqǐng	beantragen /L6 z,26
深度	shēndù	Tiefe /L20
深化	shēnhuà	vertiefen /L27
深入	shēnrù	eindringen in /L21
深圳	Shēnzhèn	Shenzhen (*Ortsname*) /L1 z
审	shěn	prüfen /L11
甚至	shènzhì	sogar,mehr noch /L23
渗漏	shènlòu	lecken, durchsickern /L16
升级	shēngjí	im Rang erhöhen /L31
生产厂	shēngchǎnchǎng	Produktionsstätte /L25
生产力	shēngchǎnlì	Produktivkraft /L29
生产总值	shēngchǎn zǒngzhí	Gesamtproduktionswert /L21
生效	shēngxiào	in Kraft treten /L19
生锈	shēngxiù	verrosten, Rost ansetzen /L16
声誉	shēngyù	Ruf /L18,25
盛情	shèngqíng	herzlicher Empfang /L3
剩余	shèngyú	Überschuß, Rest /L5
失误	shīwù	Fehler /L20,33
湿度	shīdù	Feuchtigkeit /L20
湿透	shītòu	durchnäßt /L33
石化	shíhuà	Petrochemie /L26
石油	shíyóu	Erdöl /L11
识别	shíbié	unterscheiden, erkennen /L15
实际	shíjì	tatsächlich /L7

实力	shílì	Stärke /L34
实盘	shípán	verbindliches Angebot /L13
实施	shíshī	durchführen /L35
实现利润	shíxiàn lìrùn	realisierter Gewinn /L34
实行	shíxíng	durchführen /L18,29
实在	shízài	wirklich /L13
食品	shípǐn	Lebensmittel /L4
使	shǐ	bewirken /L24
使得	shǐde	bewirken /L26
使用	shǐyòng	anwenden /L35
世界银行	Shìjiè yínháng	Weltbank /L28
市场	shìchǎng	Markt /L4
市场份额	shìchǎng fèn'é	Marktanteil /L33
市价	shìjià	Marktpreis /L12
市内	shìnèi	in der Stadt /L9
示范	shìfàn	ein Beispiel geben /L34
事故	shìgù	Unfall, Unglücksfall /L16
事务	shìwù	Angelegenheit(en) /L28
事业	shìyè	Unternehmen, Sache /L34
事宜	shìyí	in Sachen…, über etw. /L6
势头	shìtóu	Schwung, Wucht /L21
视野	shìyě	Gesichtskreis /L21
试图	shìtú	versuchen /L13 z
试用	shìyòng	etw probeweise gebrauchen /L33
适当	shìdàng	angemessen, entsprechend /L5,22
适应	shìyìng	entsprechen /L29
收购	shōugòu	an- aufkaufen /L25
收件人	shōujiànrén	Empfänger /L7
收结汇	shōujiéhuì	Devisenabrechnung /L17
收款台	shōukuǎntái	Kassa /L4
收益	shōuyì	Ertrag, Gewinn /L5
手续	shǒuxù	Formalitäten /L6
首席代表	shǒuxí dàibiǎo	Chefdelegierter /L28
首先	shǒuxiān	zuerst /L3
受益者	shòuyìzhě	Nutznießer /L29
售货台	shòuhuòtái	Verkaufsstand /L4 z

售货员	shòuhuòyuán	Verkäufer(in) /L4
售票处	shòupiàochù	Fahrkartenschalter /L9
书面	shūmiàn	schriftlich /L19
输出	shūchū	exportieren /L34
输入	shūrù	eingeben, importieren /L8,34
蔬菜商	shūcàishāng	Gemüsehändler /L4
树立	shùlì	begründen /L32
术语	shùyǔ	Fachausdruck /L12
数量	shùliàng	Quantität, Menge /L11
双方	shuāngfāng	beide Seiten /L3,31
双人房间	shuāngrén fángjiān	Doppelzimmer /L2 z
水尺	shǔichǐ	Pegel /L20
水果商	shǔiguǒshāng	Obsthändler /L4
税率	shuìlù	Steuersatz /L7
税则	shuìzé	Steuerbestimmungen /L17
睡衣	shuìyī	Schlafanzug /L4
顺利	shùnlì	zügig, reibungslos /L1
丝绸	sīchóu	Seide /L4 z
司	sī	Abteilung /L31
司机	sījī	Fahrer /L9
思考	sīkǎo	denken; nachdenken /L1 z
斯图加特	Sītújiātè	Stuttgart (*Ortsname*) /L1 z
死角	sǐjiǎo	nicht erfaßter Bereich /L33
四处转转	sìchù zhuànzhuan	sich überall umsehen /L9
四川饭店	Sìchuān fàndiàn	Sichuan-Restaurant /L3 z
俗称	súchēng	volkstüml. Redensart /L5
素质	sùzhì	Qualität /L21
塑料薄膜	sùliào báomó	Plastikfolie /L15
塑料泡沫	sùliào pàomò	Schaumstoffe /L19
酸辣汤	suānlàtāng	scharf-saure Suppe /L2
随口	súikǒu	unüberlegt /L33
随意	suíyì	willkürlich, beliebig /L14
随着	suízhě	parallel mit... /L31
损失	sǔnshī	Verlust /L16
缩短	suōduǎn	verkürzen /L29
缩小	suōxiǎo	verkleinern /L27

缩写	suōxiě	abkürzen /L12
所	suǒ	L29
索赔	suǒpéi	Entschädigung fordern /L5,11
索取	suǒqǔ	etw.für sich reklamieren /L18
台	tái	(Zählwort) /L4 z
台阶	táijié	Stufe /L29
态度	tàidù	Einstellung; Position /L20
谈判	tánpàn	verhandeln,Verhandlung /L11,23
檀香	tánxiāng	Sandelholz /L4
坦率	tǎnshuài	aufrichtig /L35
探讨	tàntǎo	(Probleme) diskutieren /L35
糖醋排骨	tángcù páigǔ	Rippenstücke süß-sauer /L2
陶瓷器	táocíqì	Keramiken /L11
讨论	tǎolùn	Diskussion, diskutieren /L1 z,5
套	tào	Satz; Reihe /L19
套餐	tàocān	ein komplettes Essen /L2
套间	tàojiān	Appartement /L2 z
特大	tèdà	extra groß /L4
特价	tèjià	Sonderpreis /L20
特区	tèqū	Sonderwirtschaftszone /L21
T恤衫	tìxùshān	T-Shirt /L19
梯	tī	Stufe /L21
提高	tígāo	erhöhen /L21
提供	tígōng	anbieten, versorgen /L26
提交	tíjiāo	vorlegen /L6
提醒	tíxǐng	jn. an etw. erinnern /L18
提议	tíyì	vorschlagen /L3
体制	tǐzhì	System /L28
天津	Tiānjīn	Tianjin (*Ortsname*) /L1 z
天坛公园	Tiāntán gōngyuán	"Himmelstempel - Park" /L9
填	tián	ausfüllen /L2
挑	tiāo	auswählen /L4
条件	tiáojiàn	Konditionen, Bedingungen /L12
条款	tiáokuǎn	Klausel, Paragraph /L11
条形码	tiáoxíngmǎ	Streifenkode /L7
调试	tiáoshì	einstellen /L13,33

调整	tiáozhěng	regeln, wiederanpassen /L27
挺	tǐng	sehr, recht /L10
通常	tōngcháng	normalerweise /L12
通过	tongguò	mittels, durch /L7,21
通货膨胀	tōnghuò péngzhàng	Inflation /L27
通行	tōngxíng	allgemein geltend /L29
通讯	tōngxùn	Telekommunikation /L7,23
通知	tōngzhī	jm etw. ankündigen /L17
同等	tóngděng	gleich; gleichermaßen /L19
同意	tóngyì	einverstanden sein /L5
统计	tǒngjì	Statistik /L17,21
头等舱	tóuděngcāng	business class /L9
头脑清醒	tóunǎo qīngxǐng	bei klarem Verstand sein /L27
投保	tóubǎo	versichern /L16
投产	tóuchǎn	die Produktion aufnehmen /L21
投入	tóurù	investieren /L22
投资	tóuzī	investieren /L5,21
投资额	tóuzī'é	Investitionsvolumen /L5,25
投资者	tóuzīzhě	Investor /L5,22
突破	tūpò	überschreiten /L26
图案	tú'àn	Design, Muster /L15
途径	tújìng	Weg, Mittel /L7 z,32
途中	túzhōng	unterwegs /L20
土木建筑业	tǔmù jiànzhùyè	Baugewerbe /L26
团长	tuánzhǎng	Delegationsleiter /L1
团结	tuánjié	sich zusammenschließen /L27
推	tūi	vorantreiben /L29
推动	tūidòng	vorantreiben /L27
推荐	tūijiàn	empfehlen /L2
推进	tūijìn	vorantreiben /L34
托收	tuōshōu	Inkasso /L14
托运人	tuoyùnrén	Versender, Aufgeber /L18
拓展	tuòzhǎn	erschließen /L26
瓦	wǎ	Watt /L22
瓦楞纸	wǎléngzhǐ	Wellpappe /L15
外币	wàibì	ausländische Währung /L8,34

外国	wàiguó	Ausland /L1 z
外汇	wàihùi	Devisen /L13,30
外商	wàishāng	ausländ. Kaufmann /L5
完毕	wánbì	fertig; abgeschlossen /L18
完成	wánchéng	vollenden, beenden /L34
完好	wánhǎo	im guten Zustand /L17
完全	wánquán	ganz, absolut /L5
完善	wánshàn	vollkommen /L30
完税	wánshuì	nach der Steuer /L17
玩具	wánjù	Spielzeug /L4,19 z
万事如意	wànshì rúyì	Alles Gute! /L10
万一	wànyī	zufällig, falls /L15
威胁	wēixié	bedrohen, Bedrohung /L31
为期...	wéiqī...	für die Dauer /L35
违反	wéifǎn	gegen etw. verstoßen; /L20
唯一途径	wéiyī tújìng	einziger Weg /L35
维护	wéihù	schützen, erhalten /L25
维修	wéixiū	reparieren, Reparatur /L31
维修队伍	wéixiū dùiwǔ	Wartungs-Team /L33
委派	wěipài	jn in ein Amt einsetzen /L5
委托	wěituō	beauftragen /L14
委员	wěiyuán	Mitglied eines Komitees /L21
委员会	wěiyuánhuì	Kommission /L6
卫生	wèishēng	hygienisch, Hygiene /L25
位于	wèiyú	sich befinden in ... /L29
胃口	wèikǒu	Appetit /L2
文本	wénběn	Version (eines Schriftstückes) /L19
文件	wénjiàn	Dokument, Akte /L6
文具	wénjù	Schreibwaren /L4 z
闻	wén	von etw hören /L33
闻名	wénmíng	bekannt; berühmt /L20
稳步	wěnbù	stetig /L25
稳定	wěndìng	stabil /L14,27
问候	wènhòu	grüßen /L3
问价	wènjià	nach dem Preis fragen /L4 z
问路	wènlù	nach dem Weg fragen /L9

无讹	wú'é	ohne Fehler /L17
无能为力	wú néng wéi lì	nichts tun können /L13
无视事实	wúshì shìshí	die Tatsachen übersehen /L35
无损	wúsǔn	ohne Beschädigung /L17
无误	wúwù	ohne Fehler /L7
无息贷款	wúxī dàikuǎn	zinsenfreier Kredit /L28
无疑	wúyí	zweifellos /L25
无意	wúyì	keine Lust, kein Interesse /L12
五金	wǔjīn	Metallwaren /L4
务必	wùbì	unbedingt; auf jeden Fall /L18
务实的态度	wùshí de tàidù	pragmatische Einstellung /L35
西餐	xīcān	europäische Küche /L2
西红柿	xīhóngshì	Tomaten /L4
吸收	xīshōu	aufnehmen,empfangen /L22
吸引	xīyǐn	anziehen, faszinieren /L21
吸引力	xīyǐnlì	Anziehungskraft /L15
希望	xīwàng	hoffen /L1
悉	xī	wissen, erfahren /L32
洗衣机	xǐyījī	Waschmaschine /L4 z,33
喜欢	xǐhuan	mögen, gern /L2
细小	xìxiǎo	klein, winzig /L33
下班	xiàbān	Dienstschluß machen /L33
下功夫	xià gōngfu	Zeit und Mühe aufwenden /L33
下降	xiàjiàng	sinken, fallen /L24
下列	xiàliè	folgend /L4 z
下一步	xiàyíbù	nächster Schritt /L1
先后	xiānhòu	nacheinander /L30
掀起	xiānqi	etw in Gang setzen /L33
显示	xiǎnshì	zeigen, demonstrieren /L29
现状	xiànzhuàng	gegenwärtige Lage /L27
限于	xiànyú	sich beschränken auf... /L21
限制	xiànzhì	beschränken /L5
相当	xiāngdāng	ziemlich, recht /L15
相当可观	xiāngdāng kěguān	beträchtlich /L23
相对	xiāngdùi	relativ,verhältnismäßig /L27
相关	xiāngguān	in gegens. Beziehung stehen /L21

相同	xiāngtóng	gleich /L29
相信	xiāngxìn	glauben /L13
详细	xiángxì	genau,ausführlich /L7,33
享受	xiǎngshòu	genießen /L29
项目	xiàngmù	Projekt /L5,23
消费	xiāofèi	Konsum /L4
消费品	xiāofèipǐn	Konsumgüter /L25
消费者	xiāofèizhě	Konsument /L15,31
消灭	xiāomiè	abschaffen, vernichten /L27
销价	xiāojià	Verkaufspreis /L31
销售	xiāoshòu	vertreiben; verkaufen /L1
销售部	xiāoshòubù	Marketingabteilung /L1
销售额	xiāoshòu'é	Verkaufszahlen, Umsatz /L24
销售数量	xiāoshòu shùliàng	Verkaufszahlen /L25
小费	xiāofèi	Trinkgeld /L2
效力	xiàolì	Effekt /L19
效率	xiàolǜ	Leistungsfähigkeit /L29
效益	xiàoyì	Effizienz, Effekt /L27
协商	xiéshāng	beraten,Beratung /L35
协议	xiéyì	Vereinbarung /L23
协助	xiézhù	helfen /L18,25
携手	xiéshǒu	Hand in Hand /L31
写字楼	xiězìlóu	Bürogebäude /L22
欣欣向荣	xīnxīn xiàng róng	blühen und gedeihen /L27
新加坡	Xīnjiāpō	Singapur /L11
信贷	xìndài	Kredit /L8
信任	xìnrèn	Vertrauen; jm vertrauen /L20
信条	xìntiáo	Grundsatz /L33
信用卡	xìnyòngkǎ	Kreditkarte /L8,34
信用证	xìnyòngzhèng	Akkreditiv /L14
行	xíng	es geht, in Ordnung /L4
行动	xíngdòng	in Aktion treten /L29
行李	xínglǐ	Gepäck /L2
行人	xíngrén	Fußgänger /L9
行为	xíngwéi	Handlung /L13
行政管理	xíngzhèng guǎnlǐ	Administration, Verwaltung /L6

形成	xíngchéng	formen, Gestalt annehmen /L21
形式	xíngshì	Form /L5
形势	xíngshì	Lage, Verhältnisse /L21
型号	xínghào	Modell, Typ /L12
性能	xìngnéng	Funktion, Leistung /L12
性质	xìngzhì	Wesen, Beschaffenheit /L17 z
修	xiū	reparieren /L33
修改	xiūgǎi	abändern, korrigieren /L14
修理	xiūlǐ	reparieren; Reparatur /L20
虚盘	xūpán	unverbindl. Preisangebot /L13
需求	xūqiú	Nachfrage /L22
需要	xūyào	brauchen, etw. nötig haben /L6
许多	xǔduō	viele /L4 z
许可证	xǔkězhèng	Genehmigung /L17
宣布	xuānbù	bekanntmachen /L35
选择	xuǎnzé	wählen /L22
雪碧	xuěbì	Sprite (Getränk) /L2 z
询价	xúnjià	anfragen,Anfrage /L11
询盘	xúnpán	anfragen, Anfrage /L12
询问	xúnwèn	nach etw. fragen /L4 z
循环	xúnhuán	zirkulieren /L14
迅猛	xùnměng	rasant,schnell /L30
迅速	xùnsù	schnell, rasch /L7,11
压缩	yāsuō	verringern /L31
压制	yāzhì	unterdrücken /L35
延迟	yánchí	verzögern /L16
延期	yánqī	Verlängerung, verlängern /L6
延伸	yánshēn	sich ausdehnen /L26
严格	yángé	streng; strikt /L20
严肃	yánsù	ernsthaft /L33
严重	yánzhòng	ernst, kritisch /L18,31
研究	yánjiū	Forschung /L11
研讨会	yántǎohuì	Diskussionsrunde /L31
颜色	yánsè	Farbe /L4
眼镜	yǎnjìng	Brille /L4
宴会	yànhuì	Bankett /L3

宴席	yànxí	Bankett /L3
验关	yànguān	Zolkontrolle /L7
验收	yànshōu	prüfen u. annehmen /L11
验资证明	yànzī zhèngmíng	Vermögensbestätigung /L6
燕京啤酒	Yànjīng píjiǔ	Yanjing Bier (*eine Bier-Marke*) /L2
样品	yàngpǐn	Muster /L12
要求	yāoqiú	Wunsch, Forderung /l2
椰汁	yēzhī	Kokosmilch /L2 z
冶金工业	yějīngōngyè	Hüttenindustrie /L5
业绩	yèjī	Leistung, Erfolg /L25
业务	yèwù	Geschäft, beruflich /L8,25
业务关系	yèwù guānxì	Geschäftsbeziehung /L20
一定	yídìng	sicher; bestimmt; zweifellos /L1
一流	yìliú	erstklassig /L26
一切	yíqiè	alle /L16
一如既往	yì rú jì wǎng	nach wie vor /L35
一式两份	yíshì liǎngfèn	je zweimal /L6
一体	yìtǐ	organische Einheit /L21
一席之地	yì xí zhī dì	der erste Platz /L25
一系列	yíxìliè	eine Reihe von /L23
一向	yíxiàng	von jeher /35
一直	yìzhí	ununterbrochen /L29
一致	yízhì	übereinstimmen /L29
衣衫	yīshān	Kleidung /L33
医疗	yīliáo	ärztliche Betreuung /L26
医药工业	yīyàogōngyè	Pharmaindustrie /L11 z
依次	yīcì	der Reihe nach /L11
依据	yījiù	Grundlage, Basis /L18
依照	yīzhào	gemäß, nach /L17
移交	yíjiāo	übergeben /L34
遗憾	yíhàn	bedauern, jm leid tun /L13,35
以 ... 名义	yǐ ... míngyì	im Namen /L3
以...为	yǐ...wéi	mit..als /L19,22
以便	yǐbiàn	sodaß /L28
亿	yì	100 Millionen /L11
异议	yìyì	andere Meinung /L14

意大利	Yìdàlì	Italien /L11
意见	yìjiàn	Meinung; Ansicht /L20
意外	yìwài	unerwartet /L16
意向书	yìxiàngshū	Absichtserklärung /L23
意义	yìyì	Bedeutung, Sinn /L33
因素	yīnsù	Faktor /L15,21
音像商店	yīnxiàng shāngdiàn	Audio-Videokassettengeschäft/L4
银行	yínháng	Bank /L2
引进	yǐnjìn	einführen /L22
引起	yǐnqǐ	verursachen /L16
饮料	yǐnliào	Getränk /L2
隐形失业	yǐnxíng shīyè	versteckte Arbeitslosigkeit /L29
印(刷)	yìn(shuā)	drucken /L15
印(章)	yìn(zhāng)	Siegel /L8
印尼	Yìnní	Indonesien /L30
英镑	yīngbàng	Pfund Sterling /L8
英国	Yīngguó	Großbritannien /L11
婴儿	yīng'ér	Baby /L33
迎	yíng	entgegengehen /L31
盈亏	yíngkuī	Gewinn und Verlust /L5
营业额	yíngyè'é	(Geschäfts) Umsatz /L25
营业收入	yíngyè shōurù	Geschäftseinnahmen /L33
营业员	yíngyèyuán	Angestellter /L33
营业执照	yíngyè zhízhào	Gewerbelizenz /L6
赢得	yíngdé	erringen, gewinnen /L25
影响	yǐngxiǎng	beeinflussen, wirken /L14
硬件	yìngjiàn	Hardware /L22
硬卧	yìngwò	Schlafwagen (ungepolstert) /L9
硬座	yìngzuò	hartgepolsterter Sitz /L9
拥有	yōngyǒu	haben, besitzen /L25
涌（向）	yǒng (xiàng)	strömen nach /L21
涌现	yǒngxiàn	zutage treten /L32
用餐	yòngcān	essen /L2
用户	yònghù	Kunde, Abnehmer /L31
佣金	yòngjīn	Provision /L12
优惠	yōuhuì	Vorzugs.., bevorzugt /L26

优良	yōuliáng	sehr gut /L25
优缺点	yōuquēdiǎn	Vor- und Nachteil /L15 z
优势	yōushì	Überlegenheit /L32
优质	yōuzhì	ausgezeichnet /L33
幽雅	yōuyǎ	von gutem Geschmack /L25
由...组成	yóu...zǔchéng	sich zusammensetzen aus .../L26
邮递	yóudì	Postzustellung /L17
邮电	yóudiàn	Post- u Fernmeldewesen /L7
邮局	yóujú	Postamt /L2
邮票	yóupiào	Briefmarke /L7
邮政	yóuzhèng	Postwesen /L7
油焖大虾	yóumèn dàxiā	gebratete Garnele /L2
游客	yóukè	Tourist /L30
游人	yóurén	Ausflügler /L25
友好	yǒuhǎo	freundlich; freundschaftlich /L3
友谊	yǒuyí	Freundschaft /L3 z
有关	yǒuguān	betreffen, bezüglich /L5
有关部门	yǒuguān bùmén	die betreffende Abteilung /L31
有利	yǒulì	vorteilhaft /L26
有限	yǒuxiàn	beschränkt, begrenzt /L13
有限责任公司	yǒuxiàn zérèn gōngsī	Ges. m. b. H. /L5
有效期	yǒuxiàoqī	Gültigkeitsdauer /L6,12
予以	yǔyǐ	geben /L17
余	yú	mehr als /L26
余额	yú'é	Saldo /L34
娱乐	yúlè	Unterhaltung /L26
渔业	yúyè	Fischerei /L11 z
愉快	yúkuài	froh; fröhlich; glücklich /L3
逾	yú	übertreffen /L25
逾期	yúqī	überfällig (Frist) /L18
与 ... 相比	yǔ ... xiāngbǐ	im Vergleich zu /L13
雨后春笋	yǔ hòu chūnsūn	L21
预测	yùcè	im voraus berechnen /L29
预订	yùdìng	reservieren, vorbestellen /L2
预定	yùdìng	festsetzen, festlegen /L34
预付	yùfù	vorauszahlen /L14

预计	yùjì	voraussichtlich, schätzen /L15,24
预期	yùqī	erwarten, erhoffen /L3
预祝	yùzhù	etw im voraus wünschen /L3
员工	yuángōng	Belegschaft /L25
原材料	yuáncáiliào	Rohstoffe /L12,23
原产地国	yuánchǎndìguó	Herkunftsland /L7
原定	yuándìng	ursprünglich festgelegt /L16
原谅	yuánliàng	verzeihen; entschuldigen /L20
圆满	yuánmǎn	befriedigend /L19
愿望	yuànwàng	Wunsch /L3
愿意	yuànyì	bereit sein /L5
约	yāo	abwiegen /L4
约	yuē	ungefähr, etwa /L21
约束力	yuēshùlì	bindende Kraft /L12
钥匙	yàoshǐ	Schlüssel /L2
越...越	yuè...yuè	je...desto /L21
云集	yúnjí	zusammenströmen /L26
允许	yǔnxǔ	dürfen,erlauben /L3
运费	yùnfèi	Transportkosten /L12
运输	yùnshū	Transport /L9
运用	yùnyòng	anwenden /L30
运转	yùnzhuǎn	in Betrieb sein /L34
杂费	záfèi	Nebenausgaben /L17
载损	zàisǔn	Transportschaden /L18
赞扬	zànyáng	loben, anerkennen /L10
造成	zàochéng	verursachen /L16
则	zé	L22
责任	zérèn	Verantwortung /L14,33
增强	zēngqiáng	verstärken /L32
赠送	zèngsòng	schenken /L3
扎啤	zhāpí	Faßbier /L2 z
展出	zhǎnchū	ausstellen /L12
展台	zhǎntái	Ausstellungsstand /L12
崭新	zhǎnxīn	funkelnagelneu /L25
占	zhàn	(einen Platz) einnehmen /L24
占据	zhànjù	in Besitz nehmen /L31

占领	zhànlǐng	besetzen, erobern /L21
占有	zhànyǒu	besitzen, haben /L25
章程	zhāngchéng	Regeln, Statut /L6
帐单	zhàngdān	Rechnung /L20
帐号	zhànghào	Konto- Sparbuchnummer /L8
帐户	zhànghù	Konto /L8
招	zhāo	(Kunden) anlocken /L33
招待会	zhaodàihuì	Empfang /L3
找	zhǎo	herausgeben /L2
召开	zhàokāi	einberufen /L31
照相器材	zhàoxiàngqìcái	Photozubehör /L4 z
折扣	zhékòu	Rabatt /L12
真诚	zhēnchéng	aufrichtig /L33
真情	zhēnqíng	wahre Empfindungen /L33
阵	zhèn	(Zählwort) /L33
振兴	zhènxīng	etw großen Auftrieb geben /L32
争	zhēng	streben, kämpfen /L32
争取	zhēngqǔ	nach etw streben /L29
征收	zhēngshōu	(Steuern) erheben /L17
征询	zhēngxún	befragen /L25
整	zhěng	ganz /L5
整体	zhěngtǐ	ein einheitliches Ganzes /L33
正本	zhèngběn	Original; Urschrift /L19
正规	zhènggūi	normal,regulär /L31
正楷	zhèngkǎi	Normalschrift /L6
正确	zhèngquè	richtig /L22
正式	zhèngshì	offiziell; amtlich /L19
证件	zhèngjiàn	Ausweis /L6
证明	zhèngmíng	Bestätigung, bestätigen /L6,35
证实	zhèngshí	bestätigen; bekräftigen /L20
证书	zhèngshū	Zeugnis, Zertifikat /L 6,17
政策	zhèngcè	Politik /L5,17
支持	zhīchí	unterstützen /L10,22
支出	zhīchū	Ausgaben /L33
支付	zhīfù	zahlen, bezahlen /L5
支取	zhīqǔ	Geld abheben /L8

支柱	zhīzhù	Stütze /L22
知名度	zhīmíngdù	Bekanntheitsgrad /L32
知识产权	zhīshi chǎnquán	geistiges Eigentumsrecht /L21,35
执	zhí	halten; in der Hand haben /L19
执行	zhíxíng	durchführen /L28
直接	zhíjiē	direkt /L2
值得称道	zhídé chēngdào	anerkennenswert /L25
职工	zhígōng	Arbeitnehmer /L5
职能	zhínéng	Funktion /L34
职员	zhíyuán	Angestellter /L1 z,29
职责	zhízé	Aufgabe, Verpflichtung /L28
植物油	zhíwùyóu	Pflanzenöl /L11
只要...就	zhǐyào..jiù	/L27
纸板	zhǐbǎn	Pappe, Karton /L11
纸箱	zhǐxiāng	Karton /L15
指	zhǐ	hinweisen /L5,24
指导	zhǐdǎo	leiten /L34
至于	zhìyú	was...betrifft /L15
制	zhì	ausarbeiten /L11
制裁	zhìcái	Sanktion /L35
制度	zhìdù	System /L29
制品	zhìpǐn	Produkt, Fertigware /L4
制造	zhìzào	erzeugen, herstellen /L5
制造工业	zhìzào gōngyè	Fertigungsindustrie /L26
质量	zhìliàng	Qualität /L25
致词	zhìcí	eine Ansprache halten /L3
致力于...	zhìlìyú	s. ganze Kraft einsetzen für... /L25
滞报金	zhìbàojīn	Verzugsgebühr /L17
中餐	zhōngcān	chinesische Küche /L2
中方	zhōngfāng	chinesische Seite /L3
中南海	Zhōngnánhǎi	(Ortsname) /L22
中外	Zhōngwài	chinesisch und ausländisch. /L5
中央	zhōngyāng	zentral /L8
终生	zhōngshēng	das ganze Leben lang /L33
终于	zhōngyú	schließlich /L33
终止	zhōngzhǐ	aufhören /L5

衷心	zhōngxīn	herzlich; aufrichtig /L3
种类	zhǒnglèi	Art, Sorte /L25
仲裁	zhòngcái	Schiedsspruch /L11
众多	zhòngduō	viele, zahlreich /L26
众人	zhòngrén	alle, jeder /L31
重点工程	zhòngdiǎn gōngchéng	Schlüsselprojekt /L26
重量	zhòngliàng	Gewicht /L11
周到	zhōudào	umsichtig /L33
诸多	zhūduō	sehr viel; eine Menge /L20
主编	zhǔbiān	Chefredakteur /L22
主持	zhǔchí	die Leitung übernehmen /L35
主导	zhǔdǎo	leitend, führend /L21
主动	zhǔdòng	aus eigenem Antrieb /L25
主流	zhǔliú	Hauptströmung /L27
主要	zhǔyào	hauptsächlich /L5
主张	zhǔzhāng	behaupten /L5
属(于)	shǔyú	gehören zu .. /L5,33
住处	zhùchù	Unterkunft; Wohnsitz /L1
住宿	zhùsù	Unterkunft /L2
注册	zhùcè	Register /L5
注意	zhùyì	achten, aufpassen /L18,23
注意事项	zhùyì shìxiàng	Punkte zur Beachtung /L7
注重	zhùzhòng	Nachdruck legen /L29
驻	zhù	den Standort haben /L28
祝酒	zhùjiǔ	einen Toast ausbringen /L3 z
抓	zhuā	Nachdruck auf etw legen /L33
专业	zhuānyè	Fach /L4
转变	zhuǎnbiàn	verwandeln /L34
转达	zhuǎndá	ausrichten /L3
转化	zhuǎnhuà	Umwandlung /L34
转让	zhuǎnràng	überlassen /L14
转运	zhuǎnyùn	umladen, umschlagen /L15
装	zhuāng	laden /L11
装货单	zhuānghuòdān	Packliste /L17
壮大	zhuàngdà	erstarken /L34
准备	zhǔnbèi	vorbereiten /L4,12

准确	zhǔnquè	genau, korrekt, richtig /L7
卓有成效	zhuō yǒu chéngxiào	sehr erfolgreich, wirksam /L28
卓著	zhuōzhù	bemerkenswert, hervorragend /L34
着眼	zhuóyǎn	s. Augenmerk auf etw richten /L21
着重	zhuózhòng	mit Nachdruck /L27
仔细	zǐxì	sorgfältig; aufmerksam /L19
咨询	zīxún	sich beraten /L5
资本	zīběn	Kapital /L5,26
资格	zīgé	Qualifikation,Eignung /L28
资金	zījīn	Geldmittel /L26
资料	zīliào	Daten, Materialien /L29
资源	zīyuán	natürliche Ressourcen /L26
字画	zìhuà	Kalligraphien u Gemälde /L4 z
自	zì	(Präposition) /L24
自然灾害	zìrán zāihài	Naturkatastrophe /L16
自我介绍	zìwǒ jièshào	sich selbst vorstellen /L1
自行	zìxíng	aus eigener Kraft /L31
自行车	zìxíngchē	Fahrrad /L9
自愿	zìyuàn	freiwillig /L18
综合	zōnghé	zs.fassen,umfassend /L16,21
总额	zǒng'é	Gesamtbetrag /L24
总公司	zǒnggōngsī	Zentrale (einer Firma) /L3 z
总价	zǒngjià	Gesamtbetrag /L17
走私	zǒusī	schmuggeln /L17,31
租	zū	mieten /L11
租赁	zūlìn	mieten, pachten /L6
组成部分	zǔchéng bùfèn	Bestandteil /L19
组织	zǔzhì	Organisation /L5
组装	zǔzhuāng	montieren /L31
最迟	zuìchí	spätestens /L16
最低	zuìdī	günstigst, billigst /L12
尊敬	zūnjìng	verehren; hochschätzen /L3
尊重	zūnzhòng	achten /L20,35
左右	zuǒyòu	etwa, ungefähr /L5
作用	zuòyòng	Funktion, Wirkung /L21

Vokabeln aus dem Wirtschaftssbereich
Deutsch - Chinesisch

Abfüllanlage	灌瓶厂	guànpíngchǎng	L25
abheben (Geld)	支取	zhīqǔ	L08
abschließen (Abkommen)	签订	qiāndìng	L23
abschließen (Handel)	成交	chéngjiāo	L13
abschließen (Versicherung)	承保	chéngbǎo	L16
Absichtserklärung	意向书	yìxiàngshū	L23
Abteilung	部(门)	bù (mén)	L01
"	司	sī	L31
abwiegen	约	yāo	L04
abziehen,Abzug	扣除	kòuchú	L20
Agrarprodukte	农产品	nóngchǎnpǐn	L26
Akkreditiv	信用证	xìnyòngzhèng	L14
Amt bekleiden	任职	rènzhí	L06
Amt für öffentliche Sicherheit	公安局	gōng'ānjú	L06
Anfrage, anfragen	询盘	xúnpán	L12
"	询价	xúnjià	L11
Angebot	发盘	fāpán	L13
"	报价	bàojià	L11
Angestellter	营业员	yíngyèyuán	L33
"	职员	zhíyuán	L01 z,29
ankaufen	收购	shōugòu	L25
Anlagen	设备	shèbèi	L30
Anlagevermögen	固定资产	gùdìng zīchǎn	L26
Anlegeplatz	码头	mǎtou	L26
anmelden (Meldeamt)	报户口	bào hùkǒu	L06
anstellen (Personal)	聘用	pìnyòng	L05
Anteil	份额	fèn'é	L24
Arbeit	工作	gōngzuò	L01
"	劳动	láodòng	L06
Arbeitnehmer	雇员	gùyuán	L05
Arbeitskraft	劳动力	láodònglì	L32
Arbeitslosigkeit	失业	shīyè	L29

Aus- und Einreise	出入境	chūrùjìng	L06
ausfüllen (Formular)	填	tián	L02
Ausgaben	支出	zhīchū	L33
ausländische Währung	外币	wàibì	L08,34
ausländischer Kaufmann	外商	wàishāng	L05
ausstellen (z.B.Paß)	签发	qiānfā	L06 z
Ausweis	证件	zhèngjiàn	L06
Automobilindustrie	汽车工业	qìchē gōngyè	L31
Autotype	车型	chēxíng	L31
Außenhandels- ministerium	对外经贸部门		L26
Bank	银行	yínháng	L02
Bauernmarkt	农贸市场	nóngmàoshìchǎng	L04
Baumaterial	建筑材料	jiànzhù cáiliào	L05
Bauprojekt	工程	gōngchéng	L26
beantragen	申请	shēnqǐng	L06 z,26
beauftragen	委托	wěituō	L14
Bedingungen	条件	tiáojiàn	L12
befristet	定期	dìngqī	L08,25
beginnen (mit der Geschäftstätigkeit)	开业	kāiyè	L21
Bekleidungsindustrie	服装工业	fúzhuāng gōngyè	L32
Beleg	单据	dānjù	L14
Belegschaft	员工	yuángōng	L25
"	职工	zhígōng	L05
Belohnung	报酬	bàochóu	L05
beraten,Beratung	协商	xiéshāng	L35
bereitstellen (Waren)	备货	bèihuò	L11
beschaffen (Geld)	筹集	chóují	L26
Bescheinigung	凭证	píngzhèng	L14
Bestandteil	组成部分	zǔchéng bùfèn	L19
Bestellbuch	订单	dìngdān	L31
bestellen (Waren)	订货	dìnghuò	L24
"	定货	dìnghuò	L14
bestellen	订购	dìnggòu	L12
besteuern, Besteuerung	课税	kèshuì	L07

Bestimmung	规定	gūidìng	L05,29
bestätigen,Bestätigung	证明	zhèngmíng	L06,35
bestätigen (Auftrag)	确认定货	quèrèn dìnghuò	L14
betreffende Abteilung	有关部门	yǒuguān bùmén	L31
bezahlen	交纳	jiāonà	L16
"	支付	zhīfù	L05
Briefmarke	邮票	yóupiào	L07
Bürogebäude	写字楼	xiězìlóu	L22
Bruttogewicht	毛重	máozhòng	L07
Bruttonationalprodukt	国民生产总值		L21
buchen (Ticket)	订票	dìngpiào	L09
Buchhaltung	会计	kuàijì	L08
business class	头等舱	tóuděngcāng	L09
Büro	办公室	bàngōngshì	L07
Chefdelegierter	首席代表	shǒuxí dàibiǎo	L28
chemische Düngemittel	化肥	huàféi	L11
chemische Industrie	化工	huàgōng	L23
cif	到岸价格	dàoàn jiàgé	L12
Computer	计算机	jìsuànjī	L04
Container	集装箱	jízhuāngxiāng	L15
Daten	材料	cáiliào	L06
deklarieren (beim Zoll)	申报	shēnbào	L17
Delegation	代表团	dàibiǎotuán	L01
Delegationsleiter	团长	tuánzhǎng	L01
Design,Muster	图案	tú'àn	L15
detaillierte Aufstellung	清单	qīngdān	L17,35
Deutsche Mark	德国马克	Déguó mǎkè	L08
Devisen	外汇	wàihùi	L13,30
Devisenabrechnung	收结汇	shōujiéhùi	L17
"	结汇	jiéhùi	L11
Dienstleistungsgewerbe	服务业	fúwùyè	L05,22
Dienststelle	办事处	bànshìchù	L35
diskutieren, Diskussion	讨论	tǎolùn	L01 z,5
Dokumente	文件	wénjiàn	L06
"	单证	dānzhèng	L17
drucken	印刷	yìnshuā	L15

economic class	普通舱	pǔtōngcāng	L09
Eigentum	财产	cáichǎn	L05,31
eingeben (in den Computer)	输入	shūrù	L08
Einkaufszentrum	购物中心	gòuwùzhōngxīn	L04
einlegen	储蓄	chǔxù	L08
einlösen (z.B: Scheck)	承兑	chéngduì	L14
Einrichtungen	设施	shèshī	L30
Einschreiben	挂号	guàhào	L07
einsetzen (in ein Amt)	委派	wěipài	L05
einstellen (Geräte)	调试	tiáoshì	L13,33
Einzahler	储户	chǔhù	L08
Einzelhandel	零售	língshòu	L26
Einzelhändler	零售商	língshòushāng	L15
Einzelpreis	单价	dānjià	L17
Einzelteile	散件	sànjiàn	L31
Elektrizitätswirtschaft	电力工业	diànlìgōngyè	L05
E-Mail	电子邮件	diànzǐyóujiàn	L07
Empfänger	收件人	shōujiànrén	L07
Entschädigung fordern	索赔	suǒpéi	L05,11
entwerfen, planen	设计	shèjì	L05,32
Erdöl	石油	shíyóu	L11
Erfolg	业绩	yèjī	L25
Ersatz-, Bauteil	零部件	língbùjiàn	L05
Ersatzteile	零配件	língpèijiàn	L31
erstklassig	高档	gāodàng	L22
Ertrag	收益	shōuyì	L05
erzeugen	制造	zhìzào	L05
exportieren	输出	shūchū	L34
"	出口	chūkǒu	L11
Fabrik	厂家	chǎngjiā	L15
Fast Food	快餐	kuàicān	L25
Fax	传真	chuánzhēn	L07
Fehlgewicht	短重	duǎnzhòng	L20
Fertigungsindustrie	制造工业	zhìzào gōngyè	L26
feststellen (Gewicht)	测重	cèzhòng	L20
Filiale	分行	fēnháng	L34

Finanz	金融	jīnróng	L22
Finanzwesen	财政	cáizhèng	L34
Firma	公司	gōngsī	L01
Firmengruppe	集团	jítuán	L21
Fischerei	渔业	yúyè	L11 z
Fälschung	假冒	jiǎmào	L31
fob (Free on Board)	离岸价格	lí'àn jiàgé	L12
Formalitäten	手续	shǒuxù	L06
Formular	登记表	dēngjìbiǎo	L02
"	单	dān	L07
Frachtbrief	货运单据	huòyùn dānjù	L14
fragen (nach dem Preis)	问价	wènjià	L04 z
Französischer Franc	法国法郎	Fǎguó fǎláng	L08
Fremdenverkehr	旅游业	lǚyóuyè	L22
Frist	期限	qīxiàn	L28
fusionieren	合并	hébìng	L25
Garantie (f.Reparatur)	保修	bǎoxiū	L33
garantieren	保证	bǎozhèng	L07,31
geistiges Eigentumsrecht	知识产权	zhīshi chǎnquán	L21,35
Geldbetrag	金额	jīn'é	L08
Geldmittel	资金	zījīn	L26
Gemüsehändler	蔬菜商	shūcàishāng	L04
Gemüsemarkt	菜市场	càishìchǎng	L04
genehmigen (nach Prüfung)	核准	hézhǔn	L06
Genehmigung	许可证	xǔkězhèng	L17
Ges mbH	股份有限公司	gǔfèn yǒuxiàn gōngsī	L24
"	有限责任公司	yǒuxiàn zérèn gōngsī	L05
Gesamtbetrag	总额	zǒng'é	L24
Gesamtpreis	总价	zǒngjià	L17
Gesamtproduktionswert	生产总值	shēngchǎn zǒngzhí	L21
Geschäfte	业务	yèwù	L08,25
Geschäftseinnahmen	营业收入	yíngyè shōurù	L33
Geschäftsumsatz	营业额	yíngyè'é	L25
Geschäft, Laden	商店	shāngdiàn	L04
Geschäfte	交易	jiāoyì	L08,12
"	买卖	mǎimài	L12

Geschäfte führen	经营	jīngyíng	L05,25
Geschäftsbeziehung	业务关系	yèwù guānxì	L20
Gesetz	法律	fǎlǜ	L19
gesetzliche Bestimmung	法规	fǎguī	L05
Gewerbe	行业	hángyè	L05,21
Gewerbelizenz	营业执照	yíngyè zhízhào	L06
Gewicht	重量	zhòngliàng	L11
Gewinn	利润	lìrùn	L05,31
Gewinn und Verlust	盈亏	yíngkūi	L05
Großhandel	批发	pīfā	L26
Güteklasse	档次	dàngcì	L30
Gutachten	鉴定	jiàndìng	L17
Gültigkeitsdauer	有效期	yǒuxiàoqī	L06,12
Hafen	港	gǎng	L12
"	口岸	kǒu'àn	L17 z
Handel	贸易	màoyì	L01
	商务	shāngwù	L31
"	商业	shāngyè	L22
Handelsdelegation	贸易代表团	màoyì dàibiǎotuán	L1
Handelsfirma	贸易公司	màoyìgōngsī	L03 z
Handelskrieg	贸易战	màoyìzhàn	L35
Handelsmarke	商标	shāngbiāo	L25
Handelsvolumen	贸易额	màoyì'é	L24
Hardware	硬件	yìngjiàn	L22
herausgeben (Geld)	找	zhǎo	L02
Herkunftsland	原产地国	yuánchǎndìguó	L07
herstellen	制造	zhìzào	L05
Holzkiste	木箱	mùxiāng	L15
Hongkong Dollar	港币	gǎngbì	L08
Hotel	旅馆	lǚguǎn	L26
hygienisch, Hygiene	卫生	wèishēng	L25
Hüttenindustrie	冶金工业	yějīngōngyè	L05
Immobilien	房地产	fángdìchǎn	L22
Import und Export	进出口	jìnchūkōu	L11
Import, importieren	进口	jìnkǒu	L11
	输入	shūrù	L34

in Kraft treten	生效	shēngxiào	L19
Industrie	工业	gōngyè	L03 z
Industrie und Handel	工商	gōngshāng	L06
Inflation	通货膨胀	tōnghuò péngzhàng	L27
Infrastruktur	基础设施	jīchū shèshī	L22
Inkasso	托收	tuōshōu	L14
Institution	机构	jīgòu	L18,26
Internet	国际互联网	guójìhùliánwǎng	L07
investieren	投入	tóurù	L22
investieren (Kapital)	投资	tóuzī	L05,21
Investitionsvolumen	投资额	tóuzī'é	L05,25
Investor	投资者	tóuzīzhe	L05,22
Japanischer Yuan	日元	rìyuán	L08
Joint-Venture	合资经营	hézī jīngyíng	L05
juristische Person	法人	fǎrén	L06
kalkulieren	计算	jìsuàn	L13
Kapital	资本	zīběn	L05,26
Kassa	收款台	shōukuǎntái	L04
Kassier	柜员	guìyuán	L08
kaufen	购买	gòumǎi	L12,31
Kaufgeld	货款	huòkuǎn	L14
Kaufhaus	百货商场	bǎihuòshāngchǎng	L04
Kettenladen	连锁商店	liánsuǒ shāngdiàn	L25
Klausel	条款	tiáokuǎn	L11
Kohlenindustrie	煤炭工业	méitàn gōngyè	L11 z
Kommerzbank	商业银行	shāngyè yínháng	L34
Kommission	委员会	wěiyuánhuì	L06
Konferenz	会议	huìyì	L32
Konferenzraum	会议室	huìyìshì	L07
Konkurrenz	竞争	jìngzhēng	L21
Konkurrenzfähigkeit	竞争力	jìngzhēnglì	L12,32
Konsum	消费	xiāofèi	L04
Konsument	消费者	xiāofèizhě	L15,31
Konsumgüter	消费品	xiāofèipǐn	L25
Konto	帐户	zhànghù	L08
Konto ausgleichen	结算	jiésuàn	L34

Kontoinhaber	户名	hùmíng	L08
Kontonummer	帐号	zhànghào	L08
kontrollieren	控制	kòngzhì	L21
kontrollieren (z.B.Paß)	查验	cháyàn	L17
kosmetische Artikel	化妆品	huàzhuāngpǐn	L21
Kosten	成本	chéngběn	L12
"	费用	fèiyòng	L14
Kredit	贷款	dàikuǎn	L28
"	信贷	xìndài	L08
Kreditkarte	信用卡	xìnyòngkǎ	L08,34
Kunde	顾客	gùkè	L04,25
kunstgewerbliche Produkte	工艺品	gōngyìpǐn	L04
Käufer	买主	mǎizhǔ	L13
laden	装	zhuāng	L11
Laderaum bestellen	订舱	dìngcāng	L11
Landwirtschaft	农业	nóngyè	L08,26
Lebensmittel	食品	shípǐn	L04
Leichtindustrie	轻工业	qīnggōngyè	L05,22
Lieferant	供货商	gònghuòshāng	L13
Lieferfrist	交货期	jiāohuòqī	L11
Linienschiff	班轮	bānlún	L15
Liste	单	dān	L07
Lohn	工资	gōngzī	L05,29
Luftfahrt	航空	hángkōng	L09
Luftfracht	空运	kōngyùn	L15
Luftpostbrief	航空信	hángkōngxìn	L07
mahnen	催	cuī	L11
bitten	敦请	dūnqǐng	L18
Makro-Steuerung	宏观调控	hóngguān tiáokòng	L27
Managementpersonal	管理人员	guǎnlǐ rényuán	L05
Management-Erfahrung	管理经验	guǎnlǐ jīngyàn	L30
Marke	品牌	pǐnpái	L15
Marketingabteilung	销售部	xiāoshòubù	L01
Markt	市场	shìchǎng	L04
Marktanteil	市场份额	shìchǎng fèn'é	L33
Marktpreis	市价	shìjià	L12

Maschinenbau	机械制造	jīxièzhìzào	L05
Maschinenbauindustrie	机械工业	jīxiègōngyè	L05
Material	材料	cáiliào	L06
Mehrheitsanteil	控股	kònggǔ	L05
Messe	博览会	bólǎnhuì	L12
Metallwaren	五金	wǔjīn	L04
mieten,pachten	租	zū	L11
"	租赁	zūlìn	L06
Mitglied eines Komitees	委员	wěiyuán	L21
Muster	样品	yàngpǐn	L12
"	货样	huòyàng	L07
Nachfrage	需求	xūqiú	L22
Nebenausgaben	杂费	záfèi	L17
Nettogewicht	净重	jìngzhòng	L17
notarielle Beglaubigung	公证	gōngzhèng	L18
Nutznießer	受益者	shòuyìzhě	L29
Nylon	尼龙	nílóng	L15
Obsthändler	水果商	shuǐguǒshāng	L04
Organisation	机构	jīgòu	L18,26
"	组织	zǔzhì	L05
öffentlicher Dienst	公务	gōngwù	L31
Packliste	装货单	zhuānghuòdān	L17
Partner	伙伴	huǒbàn	L11
Petrochemie	石化	shíhuà	L26
Pfund Sterling	英镑	yīngbàng	L08
Pharmaindustrie	医药工业	yīyàogōngyè	L11 z
planen,Plan	计划	jìhuà	L01 z,24
Politik	政策	zhèngcè	L05,17
Post- u Fernmeldewesen	邮电	yóudiàn	L07
Postamt	邮局	yóujú	L02
Postwesen	邮政	yóuzhèng	L07
Preisliste	价目表	jiàmùbiǎo	L12
Preissenkung	减价	jiǎnjià	L20
Produkt	产品	chǎnpǐn	L21
"	制品	zhìpǐn	L04
Produktion aufnehmen	投产	tóuchǎn	L21

Produktionsmenge	产量	chǎnliàng	L31
Produktionsstätte	生产厂	shēngchǎnchǎng	L25
Produktivkraft	生产力	shēngchǎnlì	L29
Produkt-Nummer	货号	huòhào	L14
produzieren	产生	chǎnshēng	L20
Projekt	项目	xiàngmù	L05,23
Protokoll	记录	jìlù	L19
Provision	佣金	yòngjīn	L12
prüfen u. annehmen	验收	yànshōu	L11
prüfen	鉴定	jiàndìng	L17
Qualität	素质	sùzhì	L21
"	质量	zhìliàng	L25
Quantität	数量	shùliàng	L11
Rabatt	折扣	zhékòu	L12
Rücklagen	公积金	gōngjījīn	L34
realisierter Gewinn	实现利润	shíxiàn lìrùn	L34
Rechnung	发票	fāpiào	L07,33
"	帐单	zhàngdān	L20
Rechnung bezahlen	结帐	jiézhàng	L02
Rechnungsbeleg	传票	chuánpiào	L08
reduzieren	降低	jiàngdī	L13
Register	注册	zhùcè	L05
registrieren	登记	dēngjì	L06
Reisebüro	旅行社	lǚxíngshè	L29
reparieren, Reparatur	修理	xiūlǐ	L20
"	维修	wéixiū	L31
reservieren	预订	yùdìng	L02
Ressourcen	资源	zīyuán	L26
Risiko	风险	fēngxiǎn	L05,22
Rohstoffe	原材料	yuáncáiliào	L12,23
Saldo	余额	yú'é	L34
Schiedsspruch	仲裁	zhòngcái	L11
schließen (z.B. Betrieb)	关闭	guānbì	L35
schmuggeln	走私	zǒusī	L17,31
Schnellimbißstube	快餐店	kuàicāndiàn	L02 z
schriflicher Beleg	凭条	píngtiáo	L08

Schwarzmarkt	灰色市场	huīsè shìchǎng	L31
Seeschiffahrt	航海	hánghǎi	L16
Seetransport	海运	hǎiyùn	L07
senken (den Preis)	降价	jiàngjià	L33
Shenzhen (*Ortsname*)	深圳	Shēnzhèn	L01 z
Siegel	印(章)	yìn(zhāng)	L08
Software	软件	ruǎnjiàn	L22
Sonderpreis	特价	tèjià	L20
Sonderwirtschaftszone	特区	tèqū	L21
Souvenir	纪念品	jìniànpǐn	L04
Sozialversicherung	社会保障	shèhùi bǎozhàng	L28
Sparbuch	存款折	cúnkuǎnzhé	L08
Spareinlagen	存款	cúnkuǎn	L34
sparen	储蓄	chǔxù	L08
Sparguthaben	储蓄存款	chǔxù cúnkuǎn	L34
Spediteur	承运人	chéngyùnrén	L18
spenden (einen Geldbetrag)	捐款	juānkuǎn	L28
Staatsrat	国务院	Guówùyuàn	L22
Stahlprodukte	钢材	gāngcái	L11
Standard,Norm	规范	guīfàn	L25
"	规格	guīgé	L12
Statistik	统计	tǒngjì	L17,21
Statuten	章程	zhāngchéng	L06
stellvertretender			
Generaldirektor	副总裁	fùzǒngcái	L25
"	副总经理	fùzǒngjīngli	L01
stellvertretender Minister	副部长	fùbùzhǎng	L35
Steuerbestimmungen	税则	shuìzé	L17
Steuern erheben	征收	zhēngshōu	L17
Steuersatz	税率	shuìlǜ	L07
Streik	罢工	bàgōng	L16
ständiger Wohnsitz	户籍	hùjí	L06
Supermarkt	超级市场	chāojíshìchǎng	L04
Technik	技术	jìshù	L05
Telekommunikation	通讯	tōngxùn	L07,23
termingerecht	如期	rúqī	L17

Textilindustrie	纺织工业	fǎngzhī gōngyè	L11 z,22
transporieren	搬运	bānyùn	L15
Transport zu Lande	陆运	lùyùn	L15
Transport	交通运输	jiāotōng yùnshū	L22
"	运输	yùnshū	L09
Transportkosten	运费	yùnfèi	L12
Transportschaden	载损	zàisǔn	L18
Trinkgeld	小费	xiǎofèi	L02
Umsatz	销售额	xiāoshòu'é	L24
unbefristet	活期	huóqī	L08
Unternehmen	企业	qǐyè	L05
unterschreiben	签署	qiānshǔ	L19
unterschreiben und siegeln	签印	qiānyìn	L17
unverbindliches Angebot	虚盘	xūpán	L13
unwiderruflich	不可撤销	bùkěchèxiāo	L14
Urschrift	正本	zhèngběn	L19
US Dollar	美元	měiyuán	L08
überfällig (Frist)	逾期	yúqī	L18
übergeben (z.B. Ware)	交	jiāo	L04
überprüfen	查验	cháyàn	L17
überwachen	监督	jiāndū	L08
verbindliches Angebot	实盘	shípán	L13
Verbraucher	用户	yònghù	L31
vereinbaren	商定	shāngdìng	L05,23
Vereinbarung	协议	xiéyì	L23
verhandeln,Verhandlung	谈判	tánpàn	L11,23
"	洽谈	qiàtán	L03
verkaufen	销售	xiāoshòu	L01
"	出售	chūshòu	L12,31
Verkaufspreis	销价	xiāojià	L31
Verkaufspult	柜台	guìtái	L33
Verkaufsschlager	抢手货	qiǎngshǒuhuò	L31
Verkaufsstand	售货台	shòuhuòtái	L04 z
Verkaufsstrategie	经销策略	jīngxiāo cèlüè	L25
Verkaufszahlen	销售数量	xiāoshòu shùliàng	L25
Verkehr	交通	jiāotōng	L08

Verkehrsmittel	交通工具	jiāotōng gōngjù	L09 z
Verkäufer(in)	售货员	shòuhuòyuán	L04
Verlust	亏损	kūisǔn	L05
"	损失	sǔnshī	L16
Verpackung	包装	bǎozhuāng	L15,25
Versandmarkierung	唛头	màtóu	L15
Versender	托运人	tuōyùnrén	L18
Versicherer	保险人	bǎoxiǎnrén	L16
versichern	投保	tóubǎo	L16
Versicherter	被保险人	bèibǎoxiǎnrén	L16
Versicherung	保险	bǎoxiǎn	L11,22
Versicherungsgebühr	保险费	bǎoxiǎnfèi	L12
versorgen, liefern	提供	tígōng	L26
Vertrag	合同	hétóng	L06
"	契约	qìyuē	L05
vertreten	代理	dàilǐ	L35
Vertretungsbüro	代表处	dàibiǎochù	L26
Verwaltung	行政管理	xíngzhèng guǎnlǐ	L06
Verzeichnis	目录	mùlù	L12
Verzugsgebühr	滞报金	zhìbàojīn	L17
vorauszahlen	预付	yùfù	L14
vorlegen (z.B.Fragen)	提交	tíjiāo	L06
Vorstand	董事会	dǒngshìhuì	L05, 24
Vorstandsmitglied	董事	dǒngshì	L05
Waren	货物	huòwù	L07
"	商品	shāngpǐn	L07
Warenaustausch	换货	huànhuò	L20
Warenprüfung	商检	shāngjiǎn	L11
Warenqualität	品质	pǐnzhì	L11
Warenverkauf	购物	gòuwù	L33
Wartungsteam	维修队伍	wéixiū dùiwǔ	L33
Wechsel, Tratte	汇票	huìpiào	L14
Wechselkurs	汇率	huìlǜ	L08
weiterleiten (an eine Behörde)	上交	shàngjiāo	L34
weiterverarbeitende Industrie	加工工业	jiāgōng gōngyè	L26
Weltbank	世界银行	Shìjiè yínháng	L28

Werbung	广告	guǎnggào	L25
Wert	价值	jiàzhí	L07
widerrufen	撤销	chèxiāo	L14
widerruflich	可撤销	kěchèxiāo	L14
Wirtschaft	经济	jīngjì	L03 z
Währung	货币	huòbì	L08
Zahlungsanzeige	付款通知	fùkuǎn tōngzhī	L17
Zahlungsbedingung	付款条件	fùkuǎn tiáojiàn	L14
Zentrale	总公司	zǒnggōngsī	L03 z
Zertifikat	证书	zhèngshū	L06,17
Zins	利息	lìxī	L08
zinsenfreier Kredit	无息贷款	wúxī dàikuǎn	L28
Zinssatz	利率	lìlǜ	L08
Zolkontrolle	验关	yànguān	L07
Zoll- und Landesgrenze	关境	guānjìng	L17
Zollamt	海关	hǎiguān	L07
Zollerklärung	报关	bàoguān	L07
Zusammenarbeit	合作	hézuò	L01
Zweiggeschäft	分店	fēndiàn	L25
Zweigstelle	分支机构	fēnzhī jīgòu	L28

Im Text vorkommende Firmennamen

BASF	巴斯夫	Bāsīfū	L24
BMW	宝马	Bǎomǎ	L31
Chrysler	克莱斯勒	Kèláisīlè	L31
Coca Cola	可口可乐	Kěkǒukělè	L02
Ford	福特	Fútè	L31
General Motors	通用	Tōngyòng	L31
Holiday Inn	假日集团	Jiàrì jítuán	L30
Kentucky Chicken	肯德基	Kěndéjī	L25
Mercedes	奔驰	Bēnchí	L31
Nissan	日产	Rìchǎn	L31
Peninsula	半岛集团	Bàndǎo jítuán	L30
Pepsi Cola	百事集团	Bǎishì jítuán	L25
Pizza Hut	比萨饼	Bǐsàbǐng	L25
Shangrila (Hotel)	香格里拉	Xiānggélǐlā	L30
Sheraton	喜来登	Xǐláidēng	L30
Siemens	西门子	Xīménzǐ	L19,24
Toyota	丰田	Fēngtián	L31
Volkswagen	大众	Dàzhòng	L31